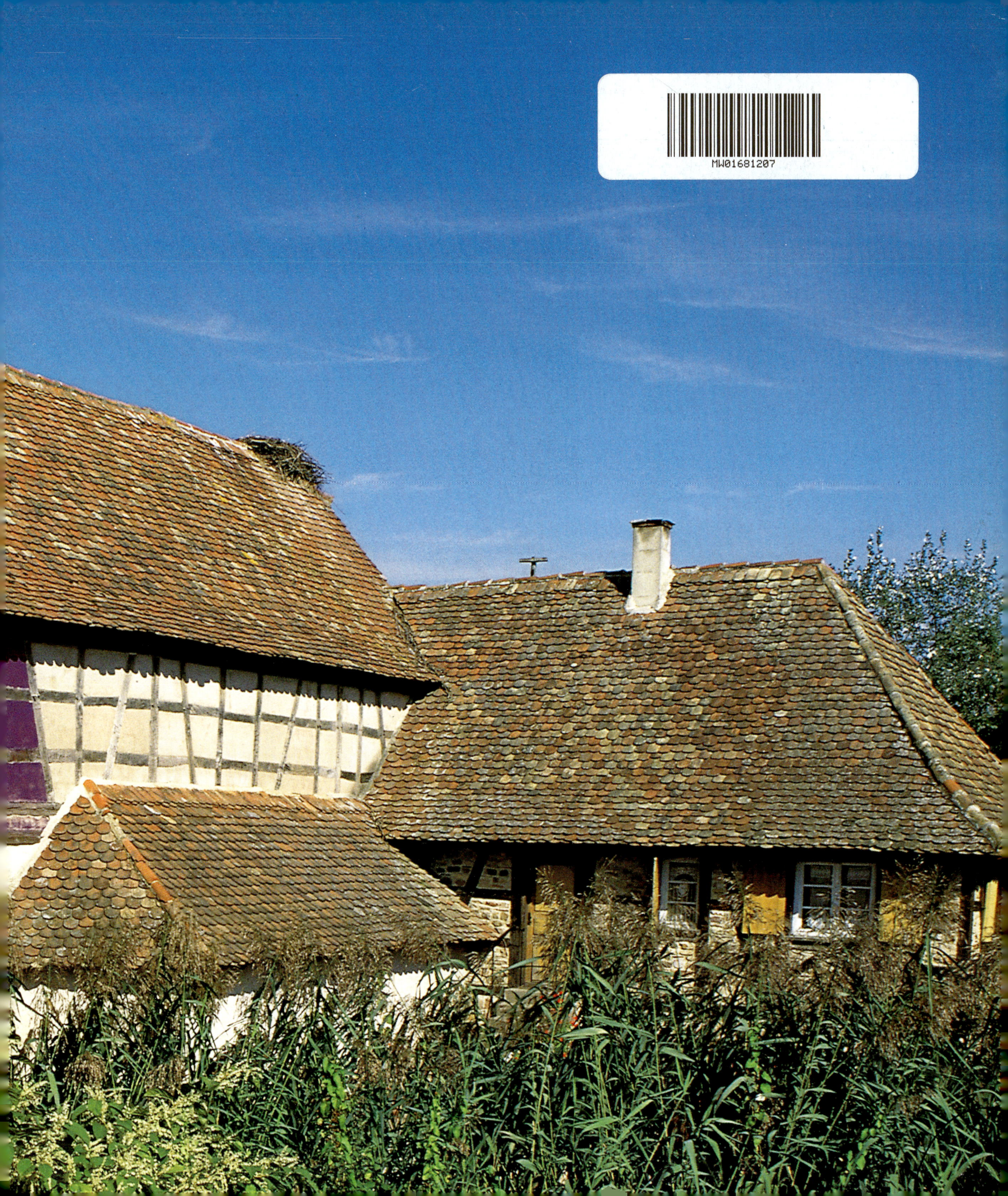

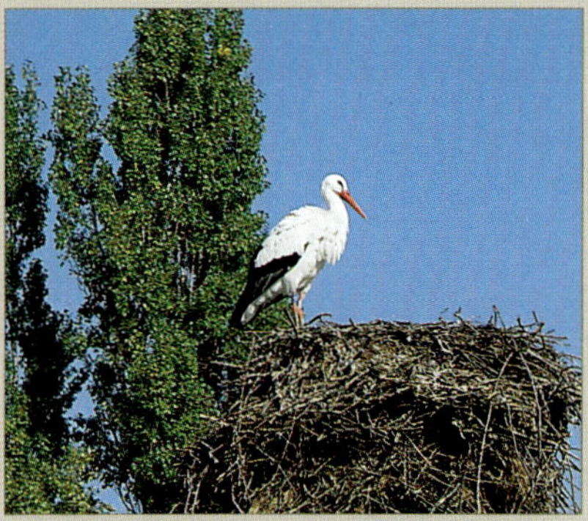

1

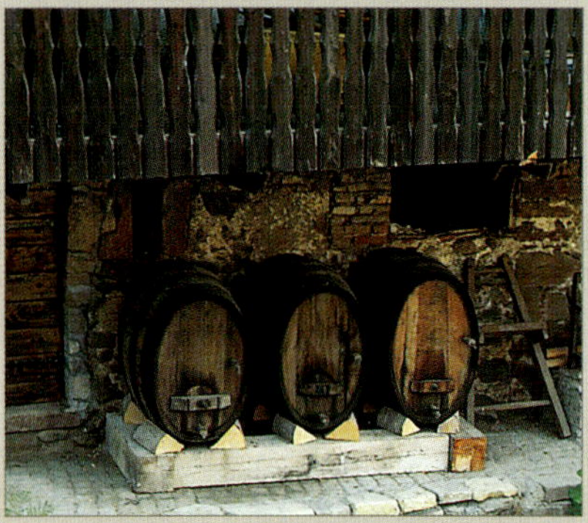

2

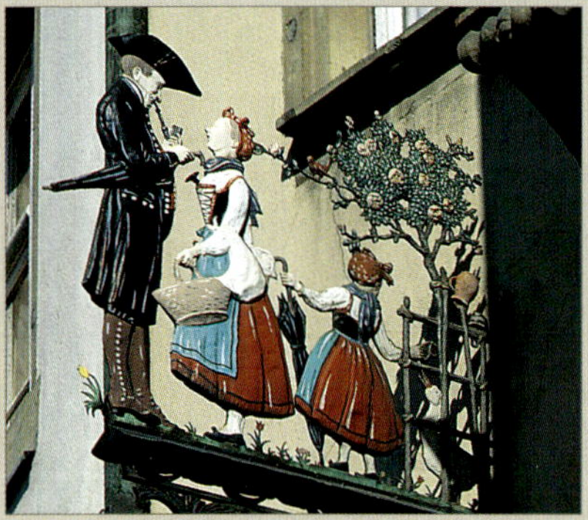

3

L'Alsace

Théodore Rieger

DU MÊME AUTEUR

La cathédrale de Strasbourg, D.-N., Strasbourg, 1954.

Églises et sanctuaires d'Alsace (en coll. avec R. Will), D.-N., Strasbourg, 1969.

L'Alsace médiévale, Marabout, Verviers, 1977.

Initiation à l'Histoire de l'Art en Alsace, C.N.D.P., 1984.

Hans Baldung Grien en Alsace, C.N.D.P., 1986.

Jean Hans Arp (en coll. avec A. Finck), C.N.D.P, 1986.

Alsace baroque et classique, Le Verger, Illkirch, 1993.

Strasbourg, architecture 1871-1918 (en coll.), Le Verger, Illkirch, 1991.

Le sanctuaire de Reinacker, Saverne, 1993.

Les chapelles d'Alsace, éd. G4J, Strasbourg, 2001.

Les cathédrales, éd. Gisserot, Paris, 2001.

Dictionnaire historique des rues de Strasbourg (en coll.), Le Verger, Strasbourg, 2002.

En première de couverture : Les Ponts Couverts et les tours de fortifications à Strasbourg. Le village de Riquewihr.

En premières gardes : Ferme du Kochersberg, écomusée d'Alsace à Ungersheim.

En page de titre : Fenêtre à Ribeauvillé.

En dernières gardes : Vignes entre Kientzheim et Sigolsheim..

En quatrième de couverture : Rocher du Mont Sainte-Odile avec l'ancienne église conventuelle. Fenêtre à Colmar. Cigognes dans le jardin de l'Orangerie à Strasbourg.

En début de chapitre : Buste de Jean Mendel, biblithèque Humaniste de Sélestat, photo de R. Ansel - page 7. « Souhait de baptême », v. 1803-04. Musée de l'Image Populaire de Pfaffenhoffen, photo de F. Luckel - page 20. Barre de tonneau de la collection de Luc Beyer à Eguisheim - page 50.

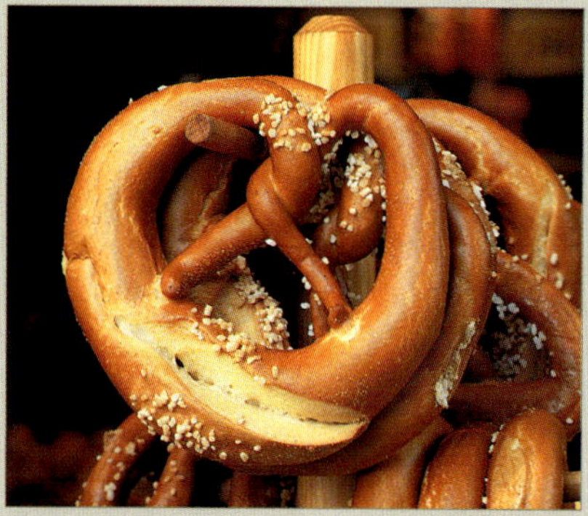

4

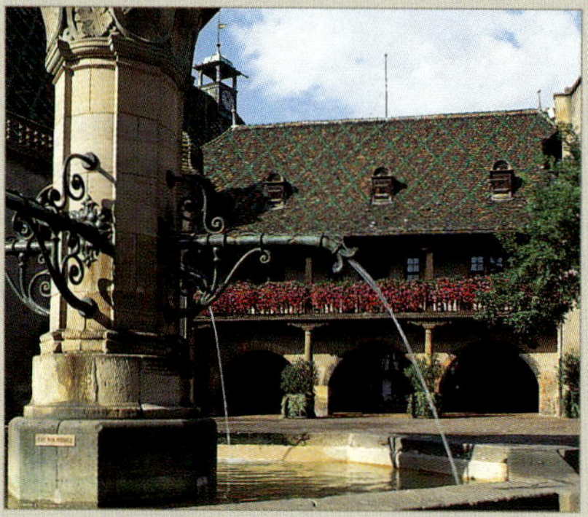

5

1 : Une cigogne à Turckheim. 2 : Sur le bord de la Weiss à Kaysersberg. 3 : L'enseigne du Musée alsacien à Strasbourg. 4 : Des Bretzels. 5 : Le Koifhüs à Colmar.

 - Imprimé et façonné par Pollina à Luçon - n° L88174
Photogravure d'Aquitaine à Bordeaux - Imprimé en France.

Théodore Rieger

L'Alsace

Photographies de Christophe Renault

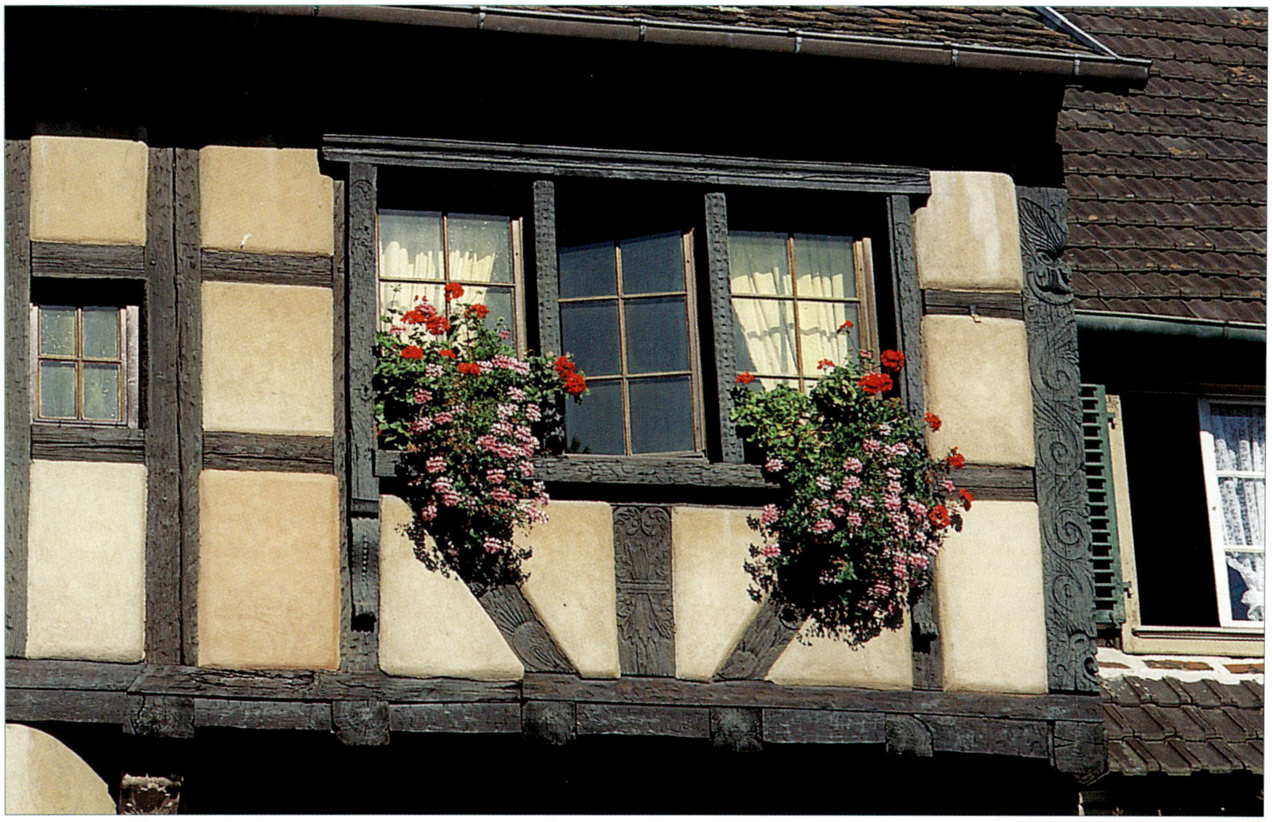

EDITIONS JEAN-PAUL GISSEROT

Histoire

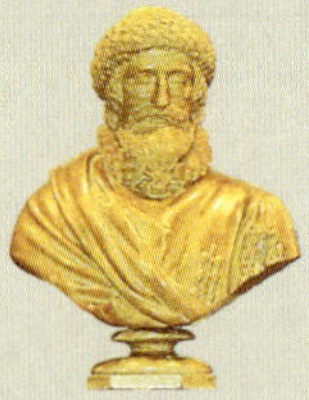

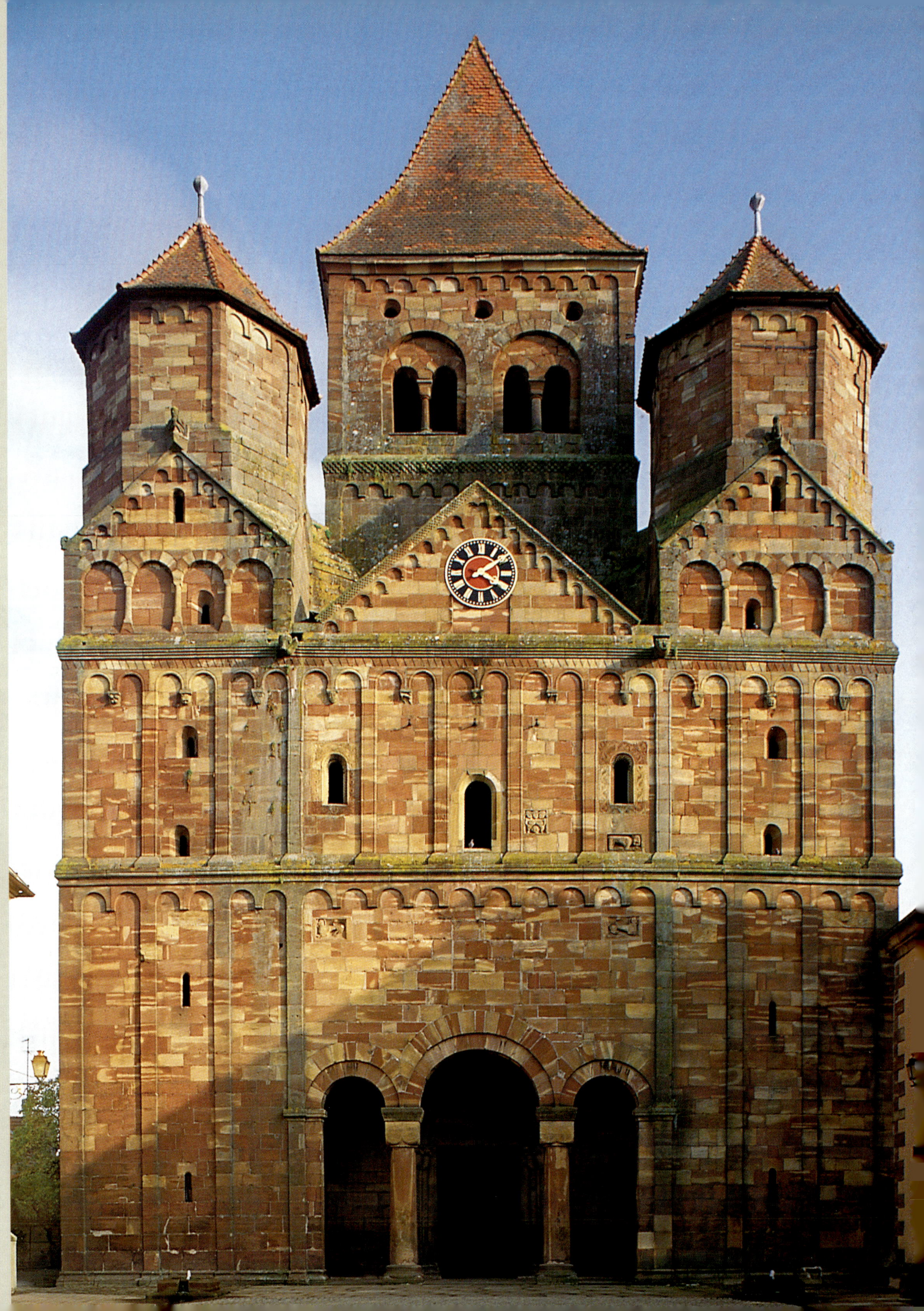

Marmoutier. Cette façade monumentale, l'une des plus impressionnantes d'Occident, réinterpréte une ultime fois le parti du clocher-porche carolingien.

L'Alsace au fil des siècles

Commencer l'histoire de l'Alsace par la conquête romaine, voici deux mille ans, n'est peut-être pas très orthodoxe, mais peut se justifier par l'importance capitale de l'apport civilisateur de Rome dans tous les domaines. Quels que soient les mérites des peuples qui se sont succédés sur la terre d'Alsace avant l'ère chrétienne, rien n'annonçait l'épanouissement de l'architecture, de la sculpture, des arts de la couleur, ni l'organisation d'une cité ordonnée et hiérarchisée. Fondée en 12 avant J.-C. par Drusus à l'emplacement d'une bourgade gauloise, Strasbourg qui s'appelait « Argentorate » (la ville sur la rivière Argens) compte à son apogée quelques 30 000 habitants groupés autour d'un castrum qui abrite une légion entière. Une conduite d'eau amène de Küttolsheim, à 20 km, plus de 3000 m^3 du précieux liquide par jour, soit 100 litres par personne. Tout le monde a accès aux thermes et aux temples.

À l'arrivée des Romains vers 58 avant J.-C., l'Alsace héberge deux peuplades : les Triboques au Nord avec « Brocomagus » (aujourd'hui Brumath) comme chef-lieu, les Rauraques au Sud, et les Médiomatriques en Alsace Bossue (qui n'a été rattachée à la province qu'à l'époque de la Révolution). Si l'Alsace Bossue fait partie de la Gaule Belgique, l'Alsace proprement dite se rattache à la Germanie Supérieure. À Strasbourg, un seul gouverneur romain est nommément connu : il s'agit d'Oppius Severus qui a dédié un autel au Père Rhin (Rhenus Pater), un dieu celtique adopté par les légions (vers 120 après J.-C.).

Après l'Édit de Milan (313), le christianisme sort de la clandestinité. Le premier évêque de Strasbourg, Amandus, est attesté dès 342. Mais l'emplacement de la première église épiscopale, c'est-à-dire de la première cathédrale, reste à déterminer.

La « Pax romana » ne dure pas quatre siècles. Elle est assez souvent interrompue par des incursions « barbares », des incendies, des rébellions. En 357, César Julien inflige aux Alamans une lourde défaite aux portes de Strasbourg. Au début du Ve siècle, le « comes Argentoratensis » tente de rétablir la situation compromise une fois de plus. C'est lui qui fait construire la basilique profane dégagée après la dernière guerre sous l'église Saint-Étienne à l'intérieur du castrum.

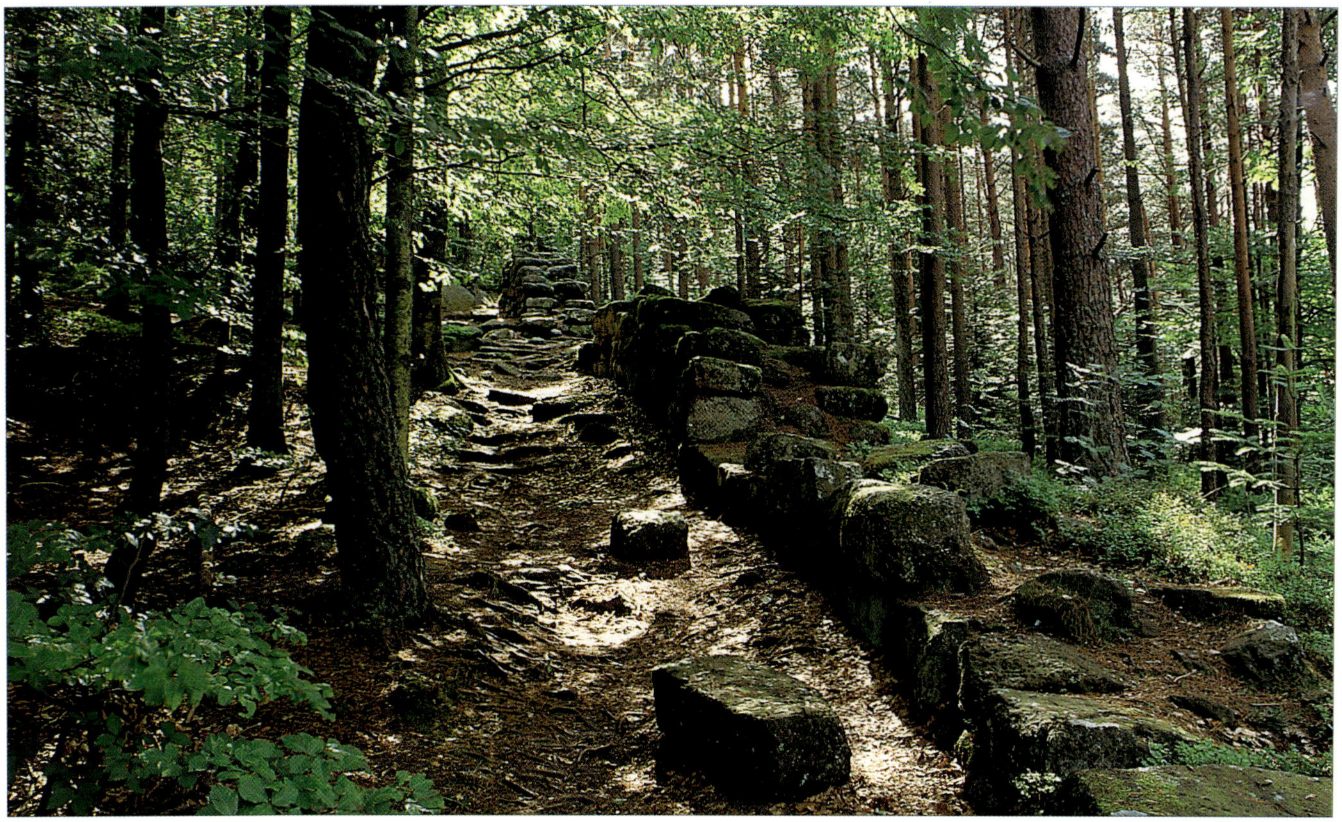

Le mur païen, l'une des enceintes préhistoriques les plus vastes d'Europe semble remonter aux I^ers^ siècles de notre ère.

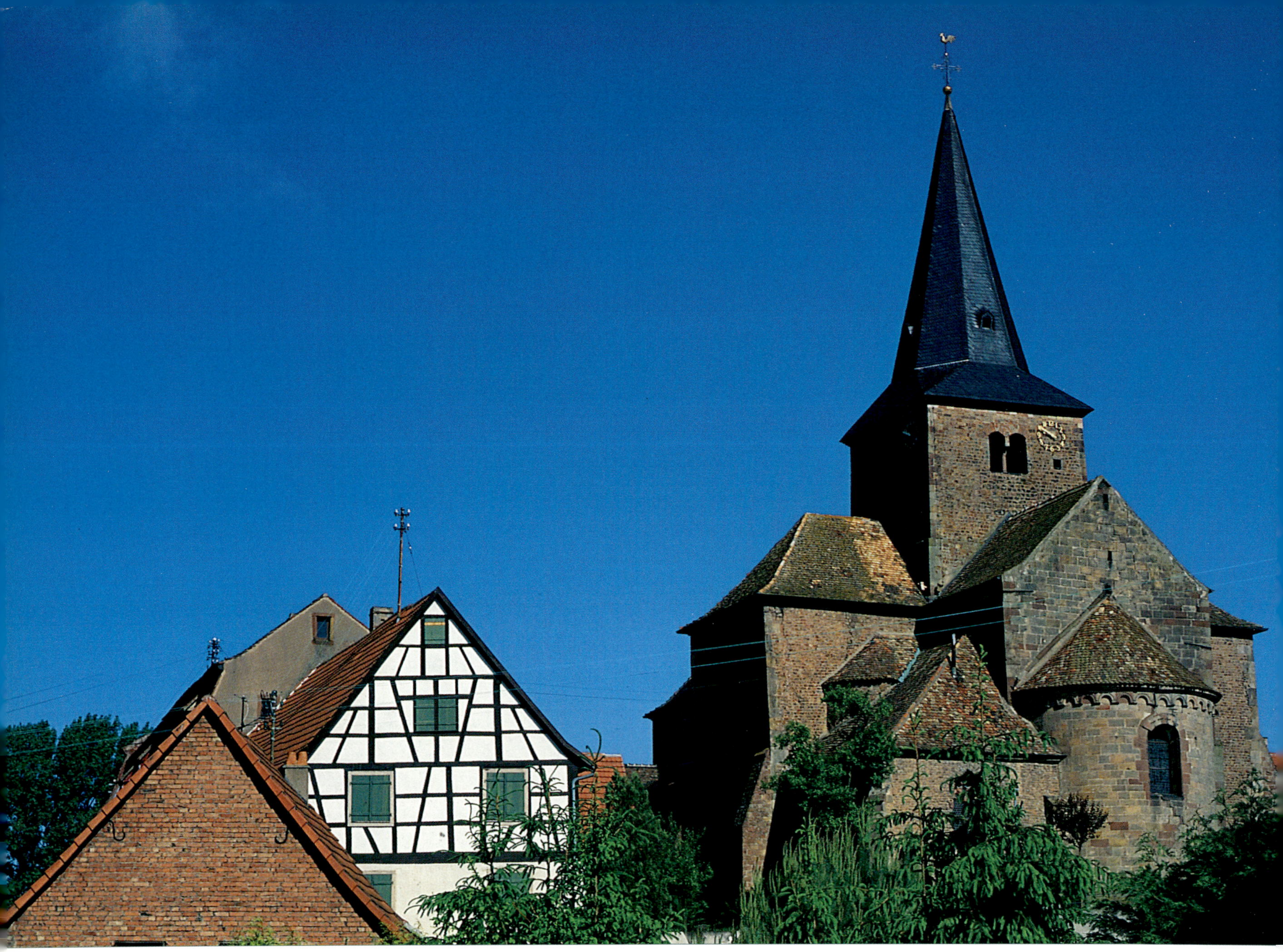

Surbourg est la plus ancienne fondation monastique d'Alsace (VIe siècle). L'édifice actuel, en grande partie roman, se compose d'une triple nef, d'un transept débordant à clocher central et d'une triple abside.

En-dehors de Strasbourg, les Romains se sont fixés dans d'autres centres comme Saverne (dont le nom dérive de « Très Tabernae », Trois Tavernes), Seltz (dont le nom romain est « Saletio »), Ehl près de Benfeld (l'antique « Ellelum »), Biesheim, Horbourg-Wihr avec les vestiges d'« Argentovaria ».

Le départ des Romains dans la deuxième décennie du Ve siècle est suivi d'invasions dévastatrices. Saint Jérôme nous apprend le transfert « d'Argentoratum » en Germanie. Quant à saint Grégoire (VIe siècle), il connaît déjà le nouveau nom germanique de la ville : « Stratiburg », la forteresse au carrefour des routes. Les Alamans et les Francs se sont installés en Alsace. Mais l'évêché a miraculeusement survécu : Arbogast, un Franc, exploite la tuilerie locale selon les techniques romaines (milieu du VIe siècle). Mais son latin laisse à désirer : les tuiles sont estampillées « Arboastis episcopus ficet » (au lieu de fecit). En 614, l'évêque Ansoald participe au synode de Paris. Curieusement, il porte le même nom que son équivalent de Poitiers à la même époque. Peut-être, s'agit-il du même personnage.

Le VIe et le VIIe siècle, c'est aussi l'époque des grandes fondations de monastères en Alsace. Après Surbourg (par l'évêque Arbogast), Niederhaslach (par l'évêque Florent) et Marmoutier (par Léobard) au VIe siècle, nous trouvons au VIIe siècle Munster (vers 660), Wissembourg (par l'évêque de Spire), Ebersmunster et Hohenbourg (le futur Mont Saint-Odile).

Saint-Étienne de Strasbourg est une fondation du duc Adalbert pour sa fille Attale (vers 721). Murbach est fondé par saint Pirmin en 728. Neuwiller (vers 741) doit son existence à l'évêque de Metz. Erstein n'a été fondé qu'au milieu du IXe siècle par l'impératrice Irmengarde, épouse de Lothaire Ier. Quant à l'abbaye d'Andlau, elle remonte à l'impératrice Richarde, épouse de Charles le Gros (vers 880). Plus tardive est encore l'abbaye d'Altorf fondée vers 974 et consacrée par Erckenbald, évêque de Strasbourg.

Le nom même de l'Alsace apparaît pour la première fois dans la chronique de Frédégaire vers 625 : « Alesaciones ». L'origine de ce terme est très controversée, d'autant plus qu'il existe de nombreuses orthographes et versions. Ce qui est important, c'est que le nom semble contemporain de la création du duché d'Alsace que l'on situe aux alentours de 640. Nommés par le roi, les ducs possédaient un territoire comparable à l'Alsace actuelle, moins l'Alsace Bossue, plus la région du Sornegau aujourd'hui en Suisse. Destinée à contrebalancer l'influence croissante du duché de Souabe, l'Alsace ducale subsiste pendant une centaine d'années. Le troisième duc, Adalric, est cité à partir de 675. Sa fille, la future sainte Odile, est la première abbesse du couvent de Hohenbourg. Au milieu du VIIIe siècle, les maires du palais, inquiétés par les pouvoirs du duc, suppriment cette charge. L'Alsace est partagée en deux comtés, le Nordgau et le Sundgau.

À la mort de Charlemagne en 814, l'immense empire carolingien reste entre les mains de Louis le Pieux, seul fils survivant, car l'empereur avait initialement prévu un partage entre ses trois fils. Le problème ressurgit à la mort de Louis le Pieux en 840. Les deux fils cadets, Charles le Chauve et Louis le Germanique, s'unissent contre l'aîné, Lothaire : c'est l'objet des fameux Serments de Strasbourg, échangés en 842, chacun dans

Le *Jugement de Salomon* (vers 1200), vitrail roman du transept nord de la cathédrale de Strasbourg.

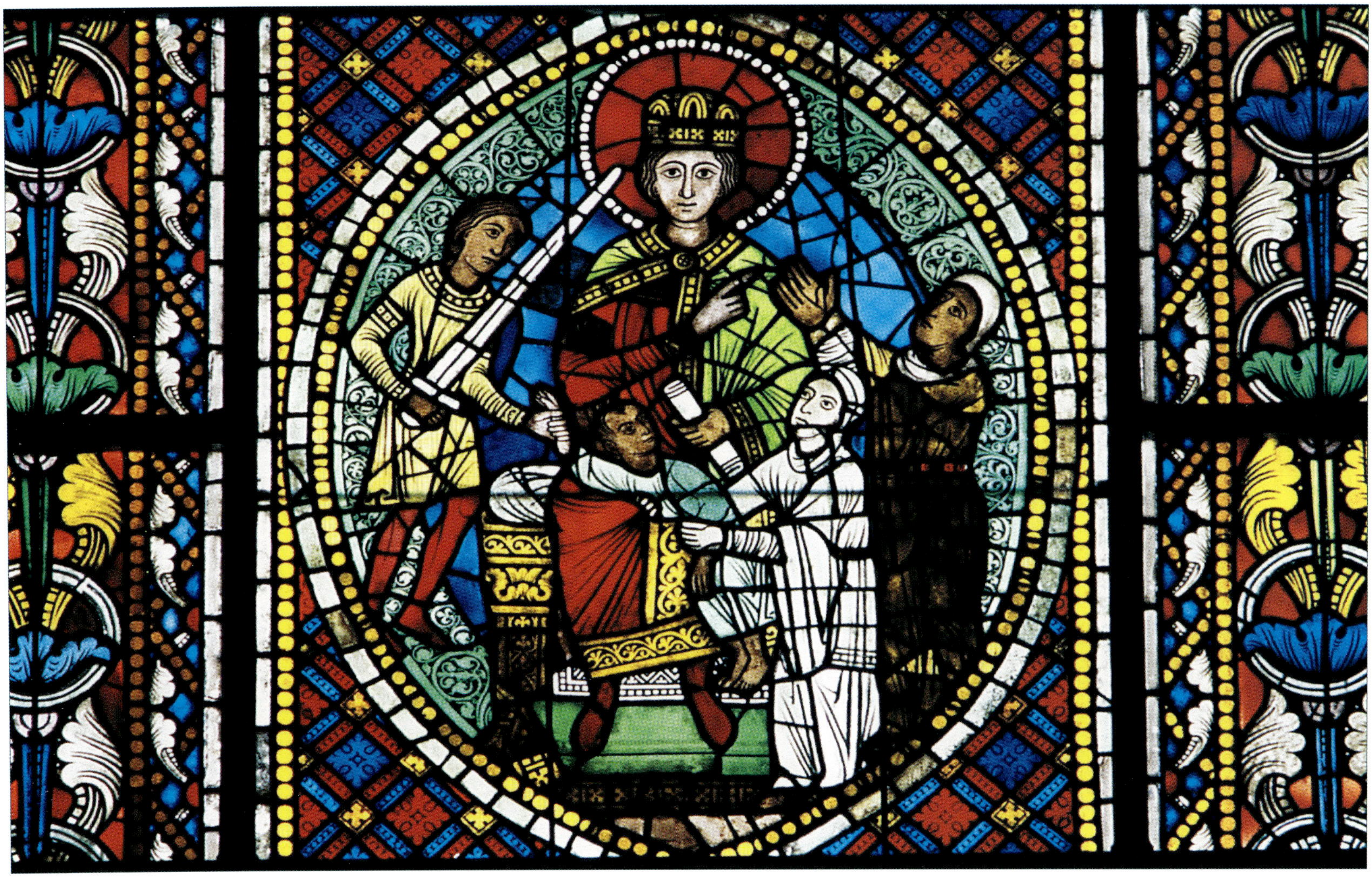

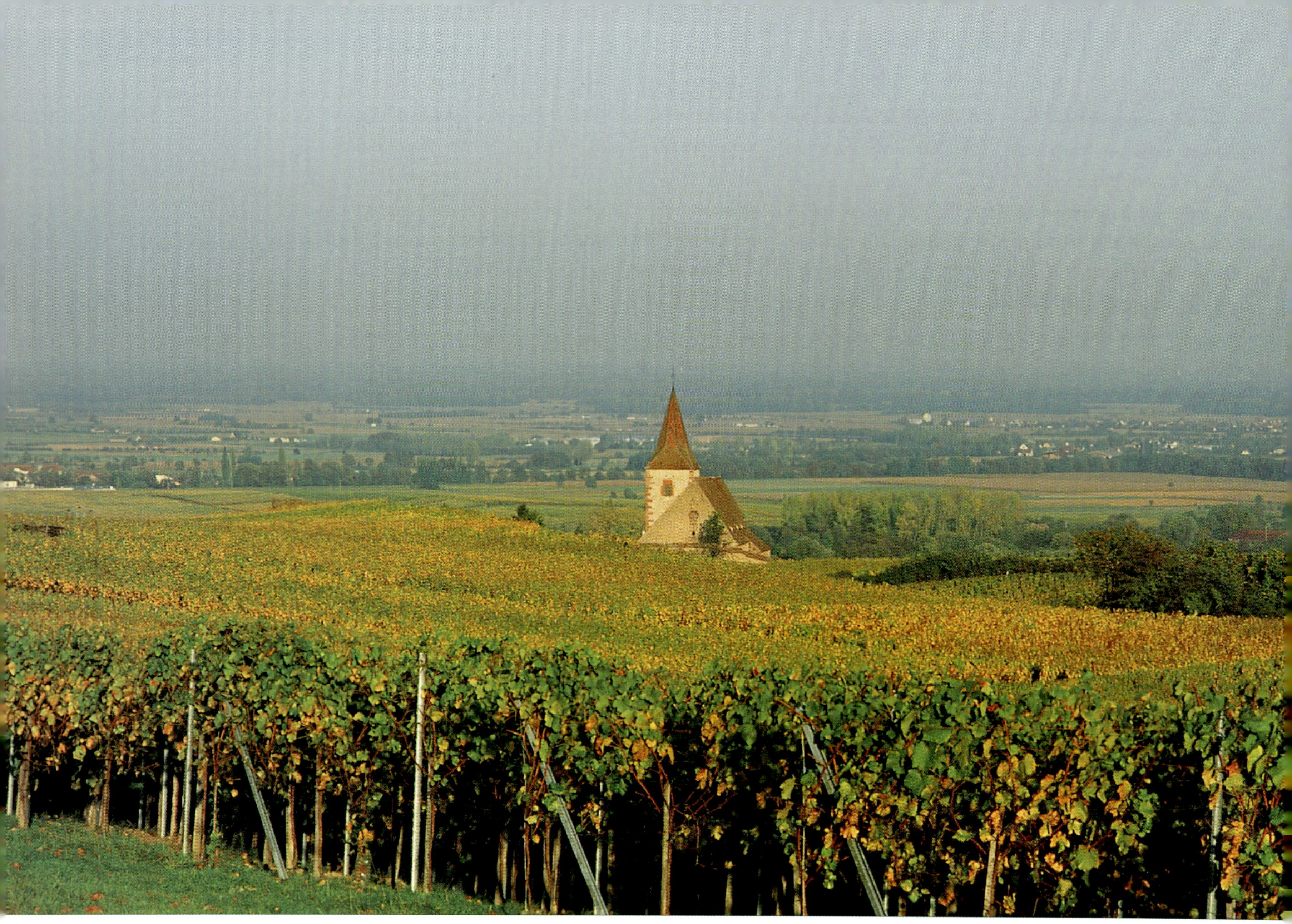

Hunawihr, au cœur du vignoble, est protégé par son église gothique fortifiée au gros clocher flanquant le chœur polygonal.

la langue de l'autre. C'est le premier document bilingue franco-allemand que nous possédons. Dès l'année suivante, en 843, le Traité de Verdun consacre la tripartition de l'empire. Charles le Chauve reçoit la Francie occidentale (la future France), Louis le Germanique la Francie orientale (la future Allemagne), tandis que Lothaire s'adjuge, outre le titre d'Empereur, le royaume médian allant de la Belgique à l'Italie et englobant entre autres la Lorraine et l'Alsace. Son fils Lothaire II garde la Lotharingie qui est également dépecée à sa mort. En 870, le Traité de Mersen attribue l'Alsace à la Francie orientale. Il est vrai que l'Alsacienne Richarde, qui avait épousé dès 862 Charles le Gros, est devenue en 881 impératrice d'Occident et en 884 reine de France. Cependant son impérial époux n'a pas toutes les qualités requises. Il est déposé en 887 à la diète de Tribur. L'empire carolingien, reconstitué pour un temps par Charles le Gros, se disloque définitivement.

C'est en 962 qu'Othon le Grand est couronné empereur par le pape à Rome. Le Saint Empire Romain Germanique, comme on l'appela plus tard, était né. Le fils d'Othon le Grand, Othon II, continue la politique de son père en favorisant l'Église. Il confie à l'évêque de Strasbourg, Erckenbald, l'atelier monétaire royal et lui accorde la pleine juridiction sur Strasbourg et sa banlieue. Il est vrai que l'évêque en personne, à la tête de ses chevaliers cuirassés, était intervenu en Italie pour soutenir les visées impériales. L'ascension de Strasbourg comme ville épiscopale est donc intimement liée à ces événements majeurs du Xe siècle.

L'essor urbain, parallèle à l'augmentation de la population et de la production agricole, se dessine dès le XIIe siècle, mais atteint son apogée au XIIIe siècle avec 42 fondations de villes. À Strasbourg, l'évêque entre en conflit avec ses ouailles qui désirent s'émanciper. À la bataille de Hausbergen (1262) la suprématie épiscopale vole en éclats et l'évêque perd une grande partie de ses prérogatives.

Au XIVe siècle, dix villes impériales alsaciennes se regroupent dans une union appelée « Décapole » (1354). Strasbourg n'y participe pas, vu son importance et sa qualité de Ville libre d'Empire. Parmi les dix villes qui adhèrent à cette ligue, nous trouvons Colmar et Haguenau, mais aussi Sélestat et Munster, Wissembourg, Rosheim et Obernai. Ce rassemblement s'est d'abord formé pour lutter contre les desseins de l'empereur qui voulait donner des villes en gage pour échapper à ses créanciers. L'impécuniosité impériale s'effaça, mais la ligue subsista, au moins sur le papier, jusqu'à la fin de l'ancien régime.

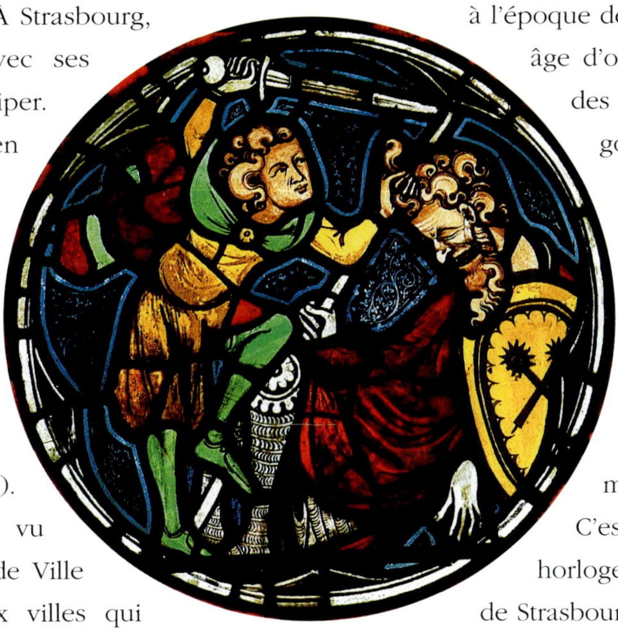

Le *Triomphe de David*. Médaillon du Temple Saint-Étienne de Mulhouse. (XIVe siècle).

En dépit des soubresauts politiques et religieux, malgré une situation économique qui s'aggrave, l'Alsace exporte ses céréales et ses vins. On assiste notamment à l'époque des Hohenstaufen à un véritable âge d'or dans le domaine des arts et des lettres. L'art roman, puis l'art gothique s'affirment et produisent des chefs-d'œuvre qui rivalisent avec les meilleures réalisations du domaine royal. Le XIVe siècle, marqué par les épidémies et les atrocités des soldatesques, reportera son besoin d'absolu, sur le mysticisme et les spéculations. C'est aussi l'époque de la première horloge astronomique à la cathédrale de Strasbourg. On commence à compter le temps, et la fragilité de l'existence humaine pénètre dans toutes les consciences.

Le XVe siècle connaît quelques épisodes difficiles, comme les incursions des « Armagnacs » ou la crainte d'une prise de pouvoir par Charles le Téméraire. Le Magistrat de Strasbourg fait raser les couvents et hameaux extra-muros en 1475, mais le duc de Bourgogne périt en 1477 à la bataille de Nancy.

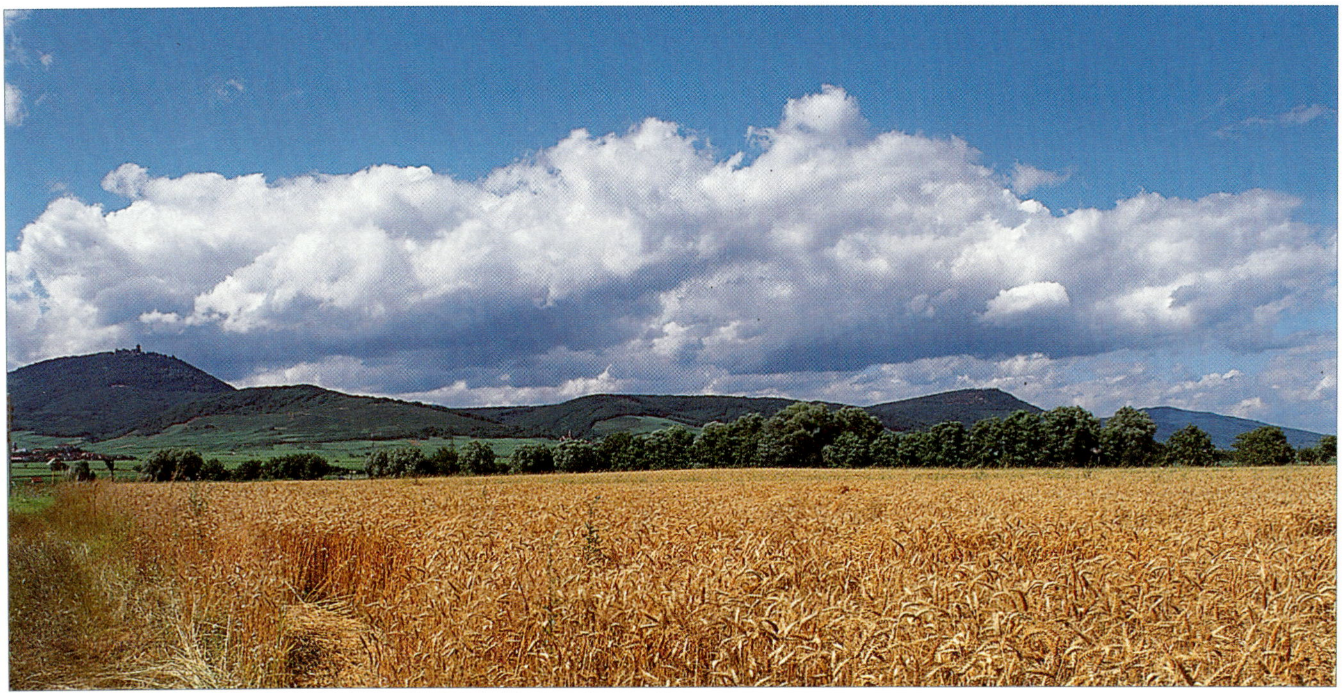

Entre Saint-Hippolyte et Orschwiller, au fond le Haut-Koenigsbourg.

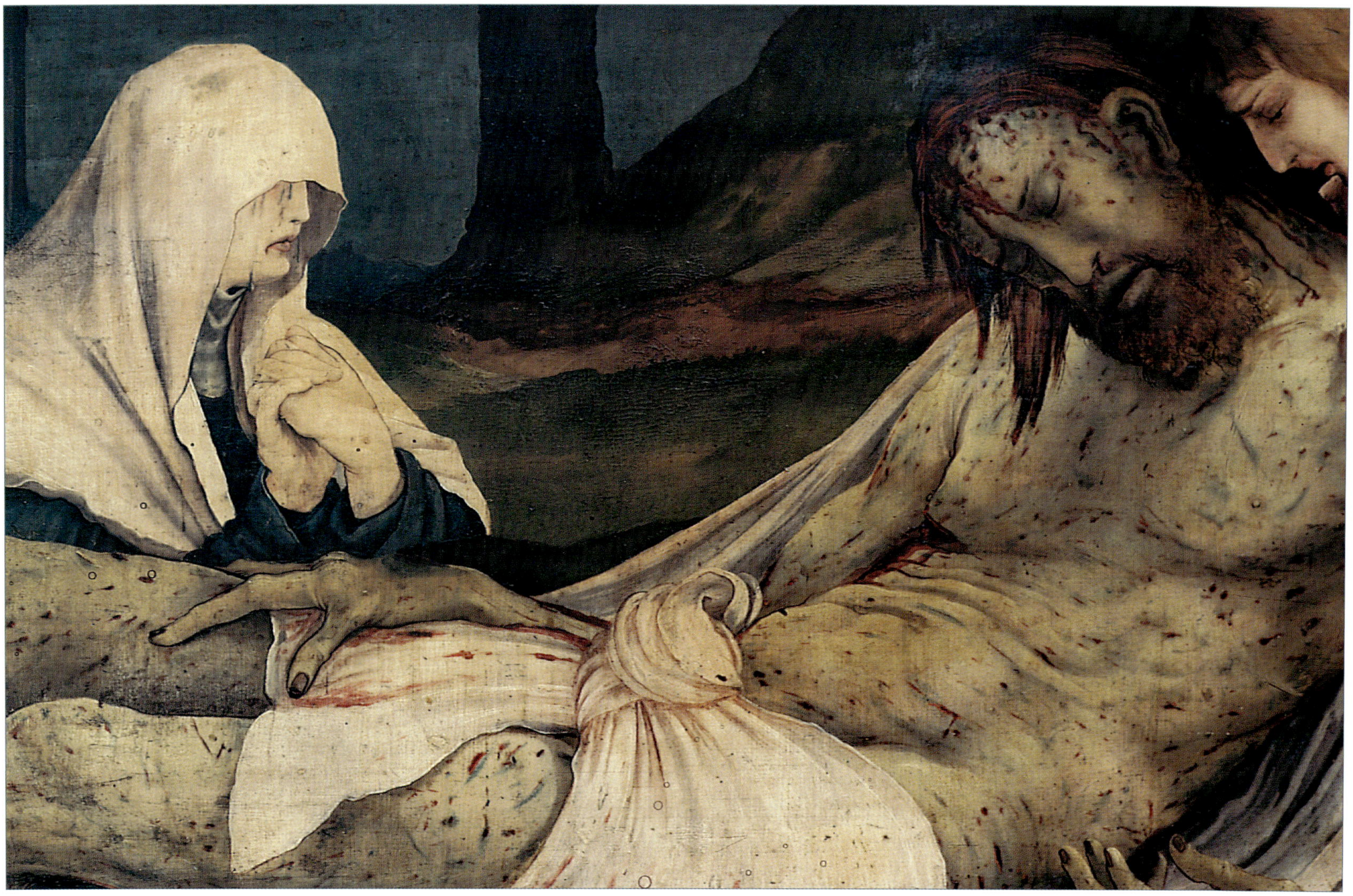

Matthias Grünewald, La *Mise au Tombeau*, Retable d'Issenheim (v. 1516). Musée Unterlinden à Colmar.
Photo : Jean-Paul Gisserot.

Page de droite : Stalles de la Collégiale de Thann (XVe siècle).

Les grandes dates ne manquent pas au XVe siècle strasbourgeois : invention de l'imprimerie à caractères mobiles par Gutenberg (vers 1440), impression de la première Bible en allemand par Mentelin en 1466, achèvement de la flèche de la cathédrale en 1439, séjour du sculpteur hollandais Nicolas Gérard de Leyde vers 1470. À Thann, la collégiale Saint-Thiébaut, véritable Sainte-Chapelle flamboyante, s'achève par une svelte flèche en 1521. À Issenheim, Mathias Grünewald peint le célèbre retable des Antonites (vers 1516).

Au début du XVIe siècle, un triple phénomène secrète un changement profond des mentalités. L'imprimerie, la Réforme et la Renaissance renouvellent les perspectives. Strasbourg choisit la doctrine luthérienne, mais beaucoup d'autres villes restent attachées à l'Église traditionnelle. Le vaste mouvement artistique de la fin du flamboyant finit par s'étioler, mais le déclin avait commencé avant les troubles religieux. La Guerre des Paysans (1525), suscitée en partie par les écrits de Luther, mais aussi par des distorsions économiques, laisse le pays exsangue.

La Renaissance, parfois considérée comme un art « papiste », concerne essentiellement l'architecture profane. Elle est relativement précoce dans certaines villes comme Sélestat et Ensisheim, plus tardive à Strasbourg qui tente de maintenir l'acquis gothique qui a fait la gloire de la cité. La Contre-Réforme s'organise, notamment à Molsheim, qui se dote d'une cathédrale, d'une magnifique église des Jésuites gothico-Renaissance et d'une Université fondée en 1618. L'empereur réplique en instaurant l'Université de Strasbourg en 1621.

La Guerre de Trente Ans change une nouvelle fois toutes les données. L'Alsace est dévastée, Strasbourg, bien qu'intact, est appauvri sinon ruiné. Le Traité de

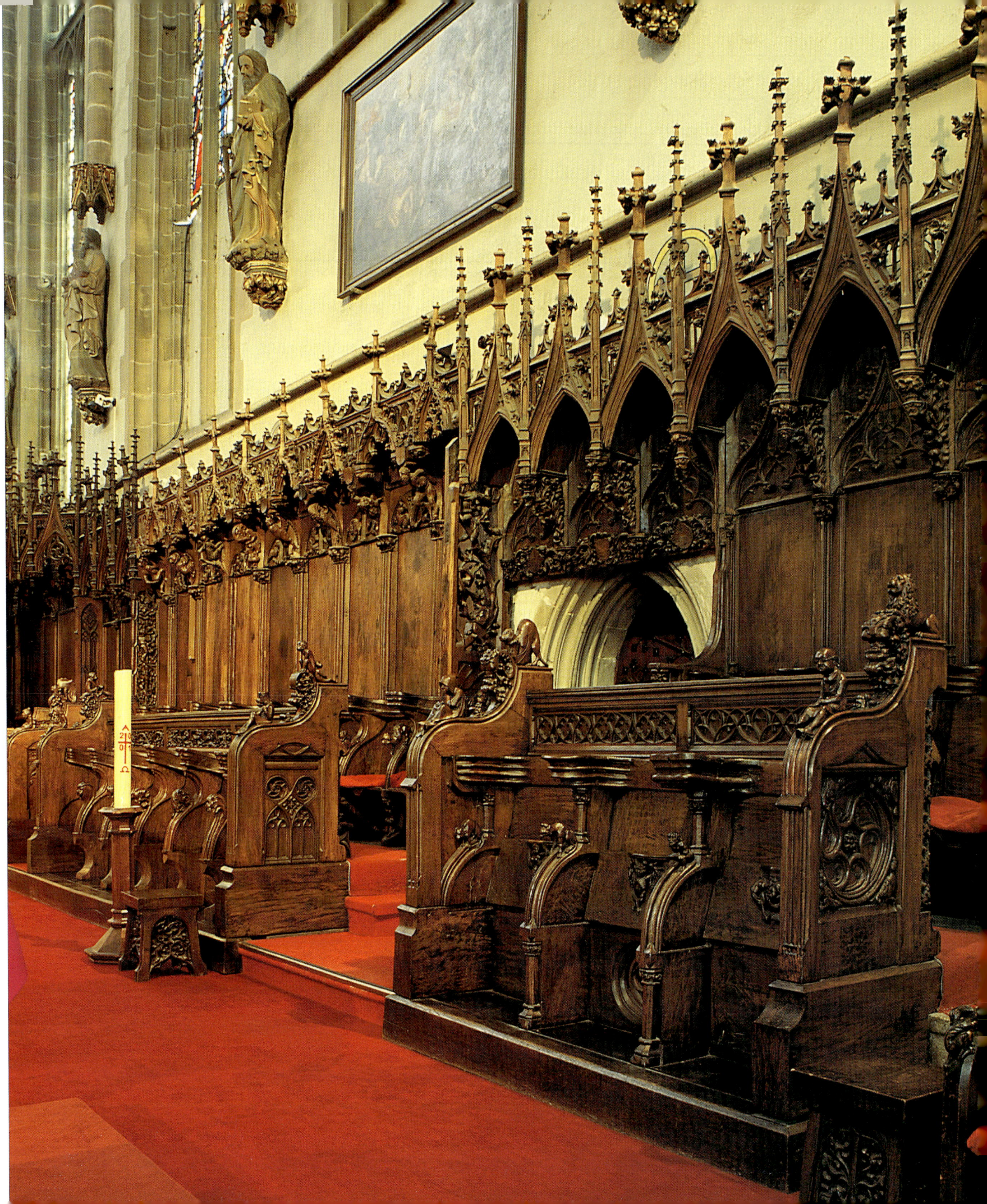

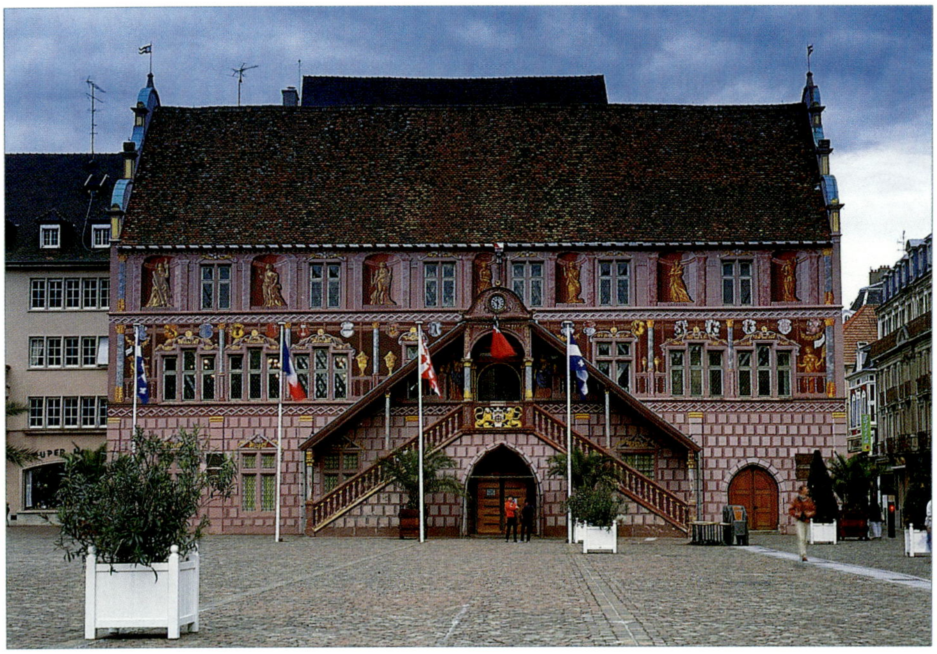

Hôtel de Ville de Mulhouse. Bâtiment représentatif de la Renaissance Rhénane avec escalier d'honneur et pignons chantournés.

Westphalie (1648) cède à la France les territoires des Habsbourg en Haute Alsace. En 1681, Strasbourg est réuni à la Couronne sans coup férir. La « capitulation » laisse une grande latitude au Magistrat. La Paix de Ryswick (1697), désastreuse pour Louis XIV, confirme cependant l'appartenance de Strasbourg à la France.

Le XVIIIe siècle est dans l'ensemble une période heureuse et prospère pour l'Alsace. La population augmente fortement. Les villes, avant tout Strasbourg, mais aussi Wissembourg, Haguenau, Sélestat et Colmar, se couvrent de palais, d'hôtels particuliers, de maison bourgeoises et d'artisans dans les nouveaux styles importés de Paris. L'influence d'outre-Rhin reste plus sensible dans l'architecture religieuse où l'abbatiale d'Ebersmunster représente le bastion le plus occidental du baroque austro-bavarois. Plus de 300 églises et chapelles sont reconstruites dans les nouvelles formes. Après l'éclipse du XVIIe siècle, la sculpture reprend ses droits. Une œuvre majeure de l'art français, le Mausolée du Maréchal de Saxe, par Pigalle, remplit le chœur de l'église Saint-Thomas à Strasbourg. Protestant, allemand et bâtard, Maurice de Saxe ne pouvait prétendre aux fastes de Saint-Denis ou de Versailles.

Le XVIIIe siècle alsacien, c'est aussi les débuts de l'industrie textile et métallurgique à Mulhouse et à Reichshoffen. À Strasbourg, les Hannong développent une manufacture réputée de faïences et de porcelaines, les Silbermann construisent des orgues de qualité.

Le style néo-classique chasse dès 1770 environ les grâces de la rocaille et annonce les rudesses de la Révolution. À Saverne, le cardinal de Rohan se fait construire par Salins de Montfort un grandiose château scandé de colonnes et de pilastres. Mais les travaux s'arrêtent en 1790.

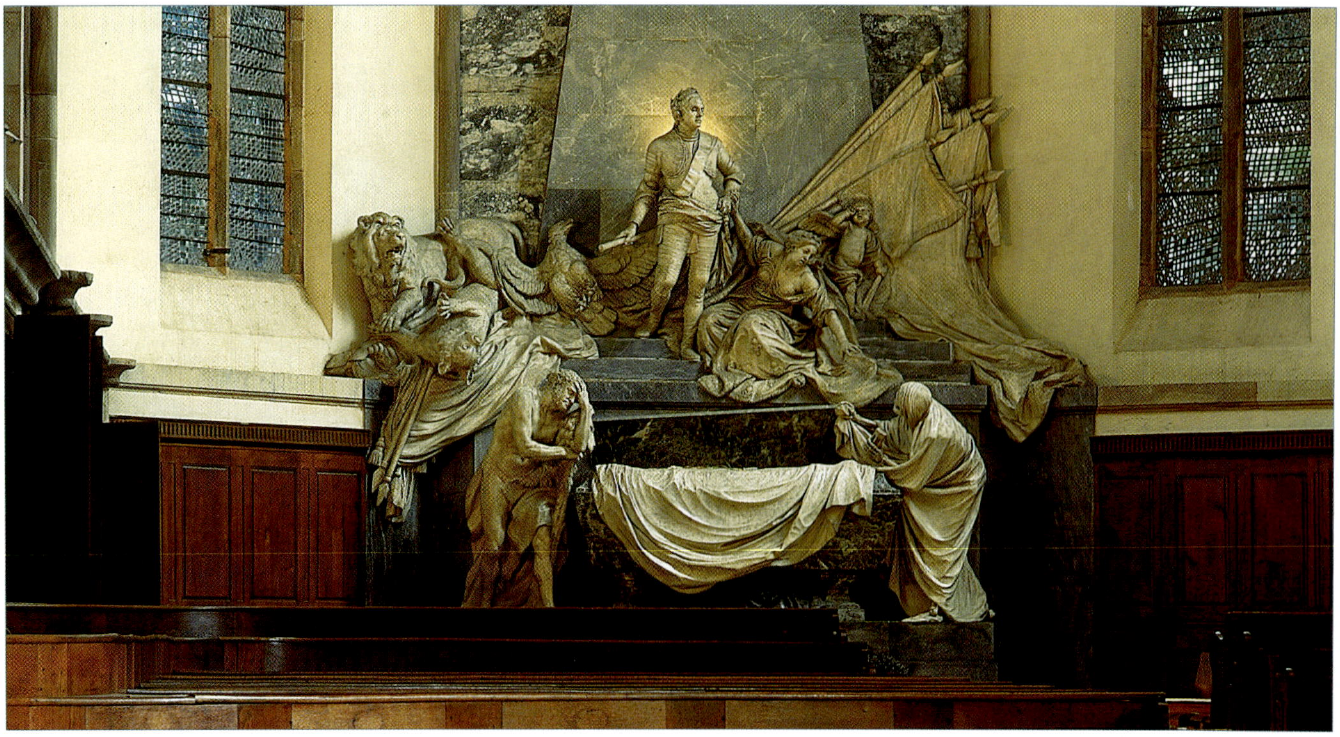

Mausolée du Maréchal de Saxe, église Saint-Thomas à Strasbourg. Chef-d'œuvre de Jean-Baptiste Pigalle entre baroque et néo-classicisme.

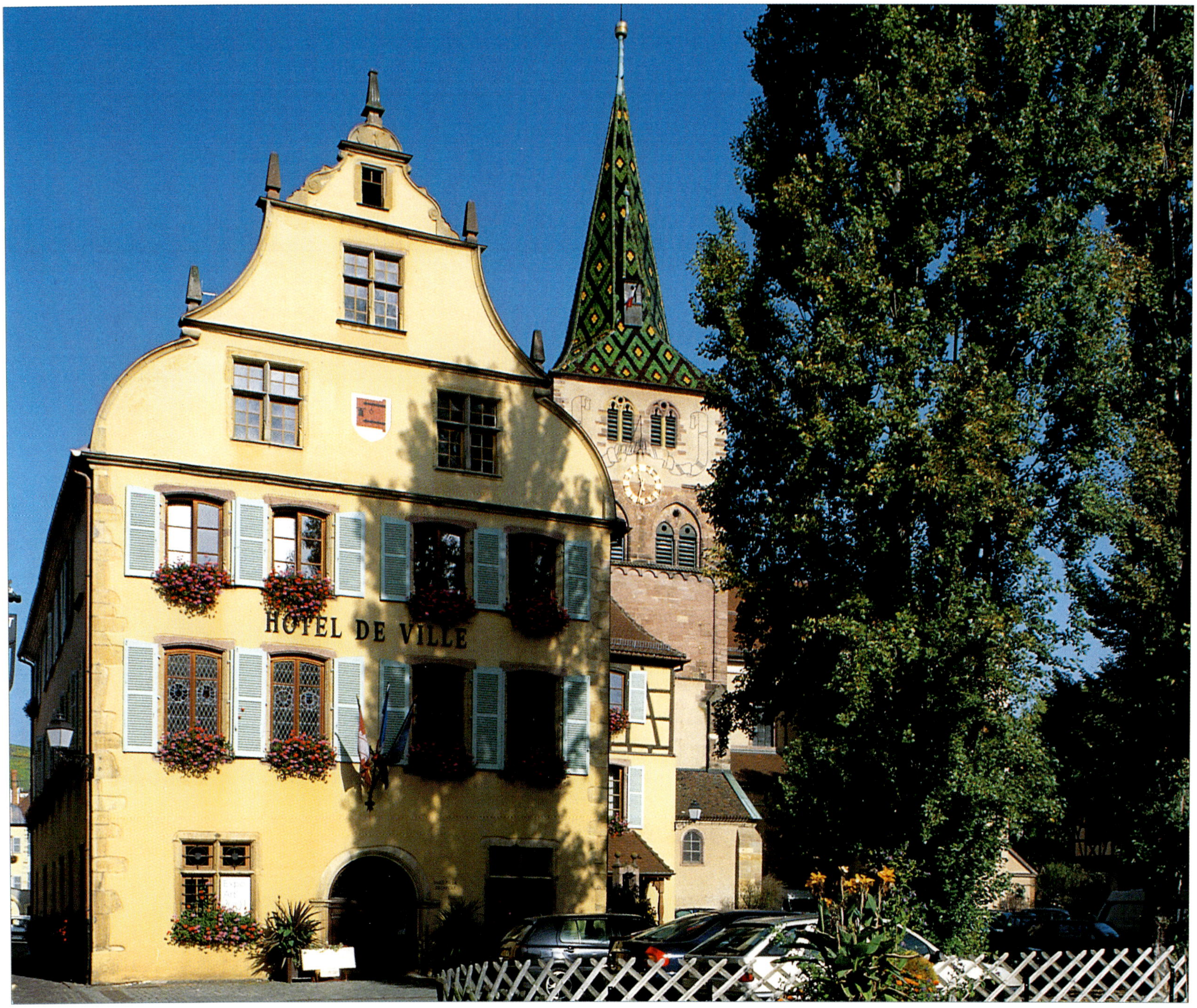

Hôtel de Ville à pignon Renaissance et clocher romano-gothique de Turckheim.

En 1792, un jeune officier, Rouget de Lisle, compose à Strasbourg le « Chant de guerre de l'Armée du Rhin » qui devient peu après la *Marseillaise*. La haute tour de la cathédrale échappe à une démolition sous prétexte qu'elle est une « insulte à l'égalité ». Un Colmarien, le bâtonnier Jean-François Rewbell, devient membre du Directoire exécutif (1795) et dirige la politique étrangère de la France. Son épouse, Marie-Anne, serait à l'origine de la « Marianne » républicaine. Mais les historiens ont démonté cette légende due à Cambacérès.

Après la Révolution et les guerres napoléoniennes, l'Alsace retrouve peu à peu une certaine croissance. L'essor de l'industrie textile (Mulhouse devient le Manchester alsacien), le creusement de canaux et l'implantation de lignes de chemin de fer sont des facteurs déterminants du développement économique. À cela s'ajoute une forte augmentation de la population qui passe de 275 000 à la fin du XVIIe siècle à 675 000 cent ans plus tard, et 1 045 000 en 1851. Mulhouse passe de 15 000 habitants en 1826 à 57 000 en 1871, Strasbourg de 58 000 en 1836 à 82 000 en 1871. L'architecture reflète une certaine aisance générale : les « maisons communes » (mairies), les écoles, et surtout les églises et chapelles tant catholiques que protestantes (en raison de l'abandon progressif du « simultaneum » des églises mixtes) ainsi que des synagogues sont édifiées par centaines dans tous les « styles » de l'éclectisme.

La guerre franco-allemande conclue par le Traité de Francfort (1871) conduit à la perte de l'Alsace-Lorraine. Des dizaines de milliers d'Alsaciens optent pour la France et quittent la mort dans l'âme leurs villes et leurs campagnes. Sans pouvoir conquérir les cœurs, l'Allemagne impériale favorise le « Reichsland » directement rattaché à Berlin. Strasbourg dévasté par le siège de 1870 est reconstruit et agrandi, sa population double en moins d'un demi-siècle. L'architecture wilhelminienne, parfois un peu trop voyante, est présente dans toutes les localités. À Strasbourg les écoles sont de véritables palais et le quartier gouvernemental entre le Palais de l'Empereur (aujourd'hui Palais du Rhin) et le Palais Universitaire n'a rien à envier à une capitale européenne.

En 1918, les troupes françaises sont accueillies avec enthousiasme. L'Alsace germanisée à outrance est refrancisée non sans difficultés économiques et parfois politiques au sujet de l'autonomisme.

Avec le Port Autonome (1924), Strasbourg se dote d'un puissant outil commercial qui en fait le deuxième port fluvial de France. D'importantes industries s'y fixent. À la Meinau, les usines Mathis produisent des milliers de voitures. À Molsheim, les usines Bugatti font des prouesses.

Sur le plan architectural, l'activité demeure assez soutenue, bien que moins spectaculaire que dans la passé. On peut noter ça et là des réalisations importantes comme les hôpitaux de Saverne et de Colmar, la gare de Mulhouse, de nombreuses écoles à Strasbourg qui se distingue aussi par une multitude de cités à logements sociaux. Dans le Haut-Rhin, des églises sont reconstruites après les destructions de la Première Guerre mondiale.

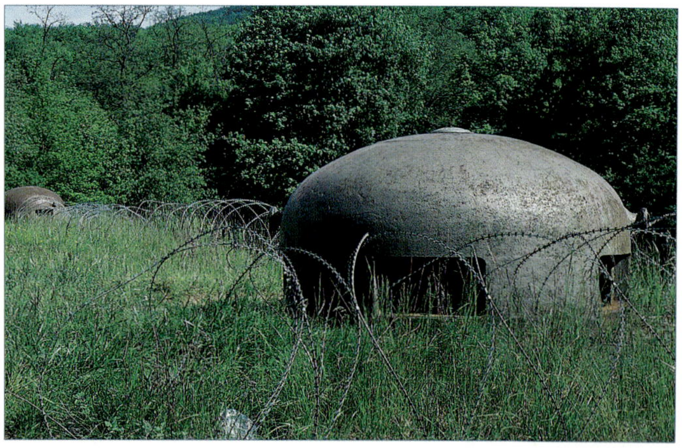

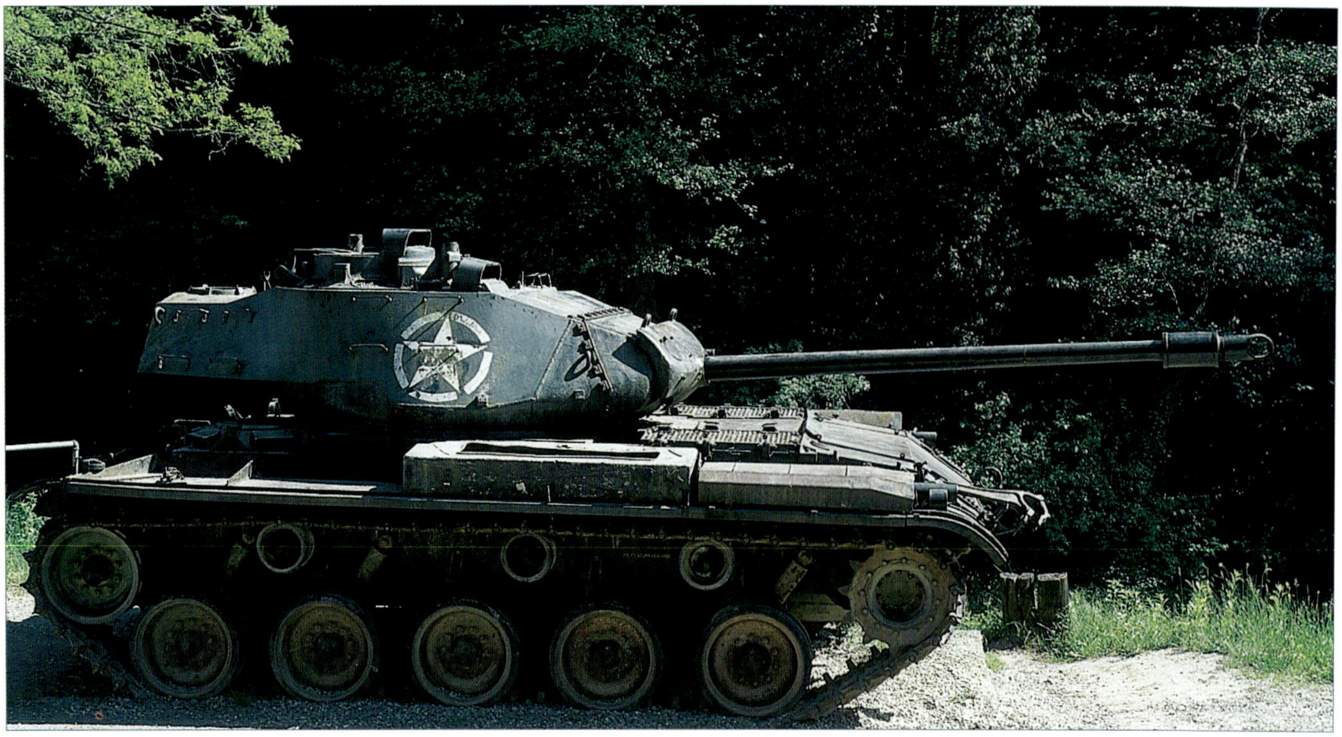

Ligne Maginot à Lembach. Ancien ouvrage du Four à Chaux avec char américain.

Page de droite : Le Mémorial de la Déportation au Camp de Concentration du Struthof dresse sa blancheur immaculée dans le ciel bleuté des Vosges.

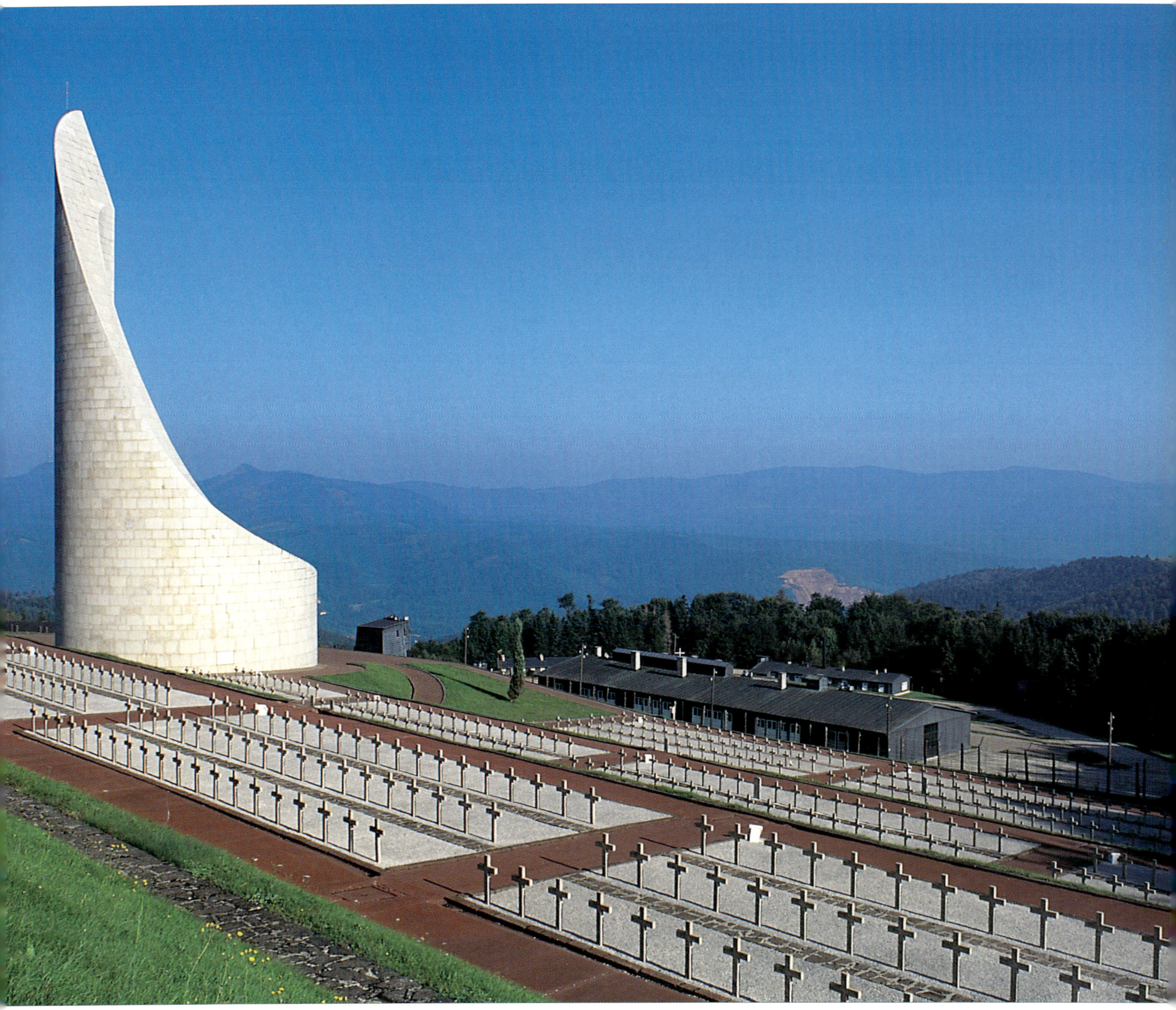

Le Camp du Struthof

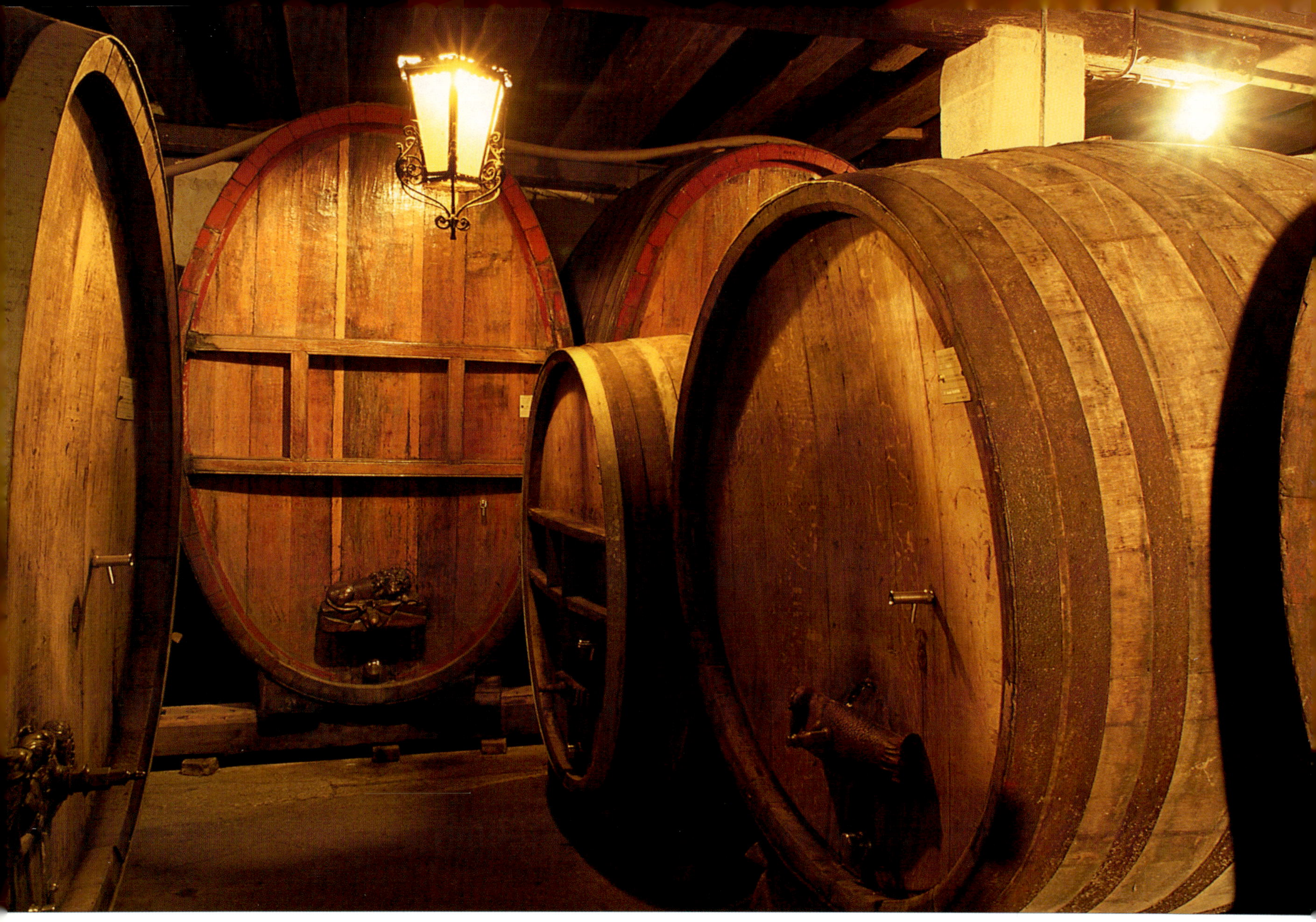

Cave de l'Hostellerie (1583). Maison Émile Beyer à Eguisheim.

Vient la tourmente de 1939 avec l'évacuation de Strasbourg dans le Sud-Ouest, la « drôle de guerre », l'effondrement des armées françaises, l'armistice et l'annexion de fait de l'Alsace et de la Moselle par l'Allemagne nazie et fanatique. 40 000 Strasbourgeois manquent à l'appel et sont aussitôt remplacés par des familles allemandes. La population autochtone est suspectée, embrigadée, chicanée. Tout souvenir français est soigneusement éliminé, même les plaques d'architectes sont martelées. À partir de 1942, les jeunes Alsaciens sont incorporés contre leur gré dans la Wehrmacht. Les bombardements alliés aggravent encore la situation. Une audacieuse manœuvre du Général Leclerc permet de libérer Strasbourg dès le 23 novembre 1944. Mais les combats durent jusqu'au printemps 1945. La paix retrouvée, il faut reconstruire les villages et les bourgades souvent détruits à 90%. À Strasbourg, mais aussi à Mulhouse les dégâts sont considérables. La pénurie de logements est aussi due à un afflux de population dans les grandes villes. Strasbourg passe de 175 000 habitants en 1946 à 254 000 en 1968, et 264 000 en 1999, à Mulhouse de 91 000 à 119 000, et 110 000 seulement en 1999. Mais les banlieues s'étoffent et de vastes cités s'édifient pendant les « Trente glorieuses ». Les industries traditionnelles (le textile et la potasse) déclinent, mais d'autres branches se développent, comme l'automobile à Mulhouse qui vient de fêter ses quarante ans et son 8 millionième véhicule (septembre 2002). Dans l'agriculture, des changements importants interviennent : les vins d'Alsace, connus depuis l'Antiquité romaine, acquièrent une renommée mondiale, les houblons aromatiques sont demandés dans beaucoup de pays, le maïs concurrence le blé et les autres céréales.

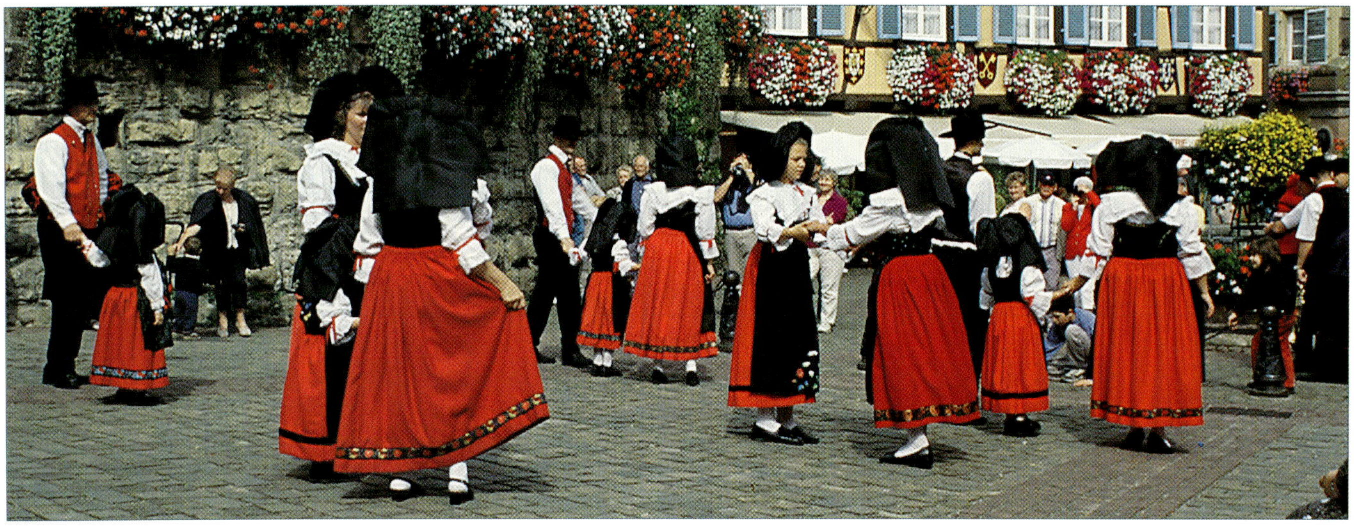

Groupe folklorique à Eguisheim.

À Strasbourg, le phénomène majeur, c'est l'idée européenne qui se concrétise autour du Conseil de l'Europe, créé en 1949, et dont le Palais (1977) s'élève face à l'Orangerie. La Cour Européenne des Droits de l'Homme se dresse depuis 1995 sur le territoire du faubourg de la Robertsau. Quant au Parlement Européen, il occupe un site magnifique au bord de l'Ill aux eaux indolentes qui reflètent les immenses parois de verre de l'édifice achevé en 1998. Le Quartier européen est complété par le Centre européen de la Jeunesse et la Pharmacopée européenne entreprise en 2002.

Siège de l'E.N.A., Strasbourg regroupe dans ses trois Universités et dans ses Grandes Écoles quelque 45 000 étudiants. À Strasbourg se trouve aussi la Fédération des Sociétés d'Histoire et d'Archéologie d'Alsace, soit une centaine d'associations qui couvrent tout le territoire. La Fédération édite le *Nouveau Dictionnaire de Biographie alsacienne* en 42 volumes. Cette publication s'ajoute à l'*Encyclopédie de l'Alsace* en 13 volumes, unique en Europe dans son genre. Cet attachement à l'alsacianité est une des caractéristiques de l'Alsacien d'aujourd'hui, qu'il soit de souche ou d'adoption. L'Alsacien est plutôt optimiste, malgré sa distanciation ironique due à une histoire mouvementée. Il sait que l'avenir c'est l'Europe, mais une Europe haute en couleurs qui respecte ses racines et ses particularismes.

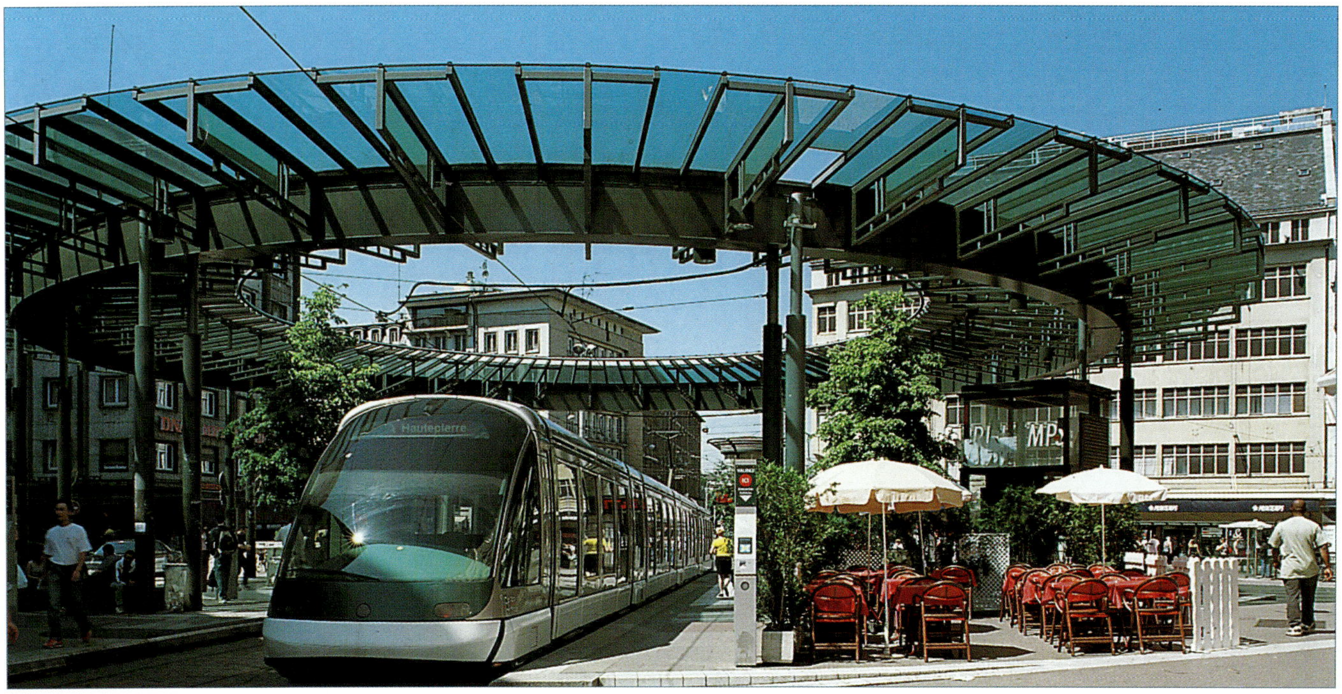

Place de l'Homme-de-Fer à Strasbourg. Station du Tram en rotonde.

Histoire de l'art

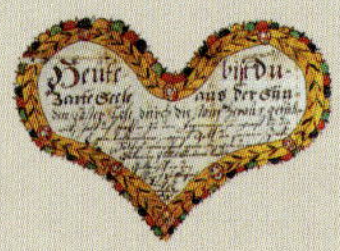

Le Haut-Koenigsbourg est l'un des châteaux le plus visité de France. Construit du XIIe au XVIIe siècle, il a été restauré au début du XXe siècle par l'Empereur Guillaume II.

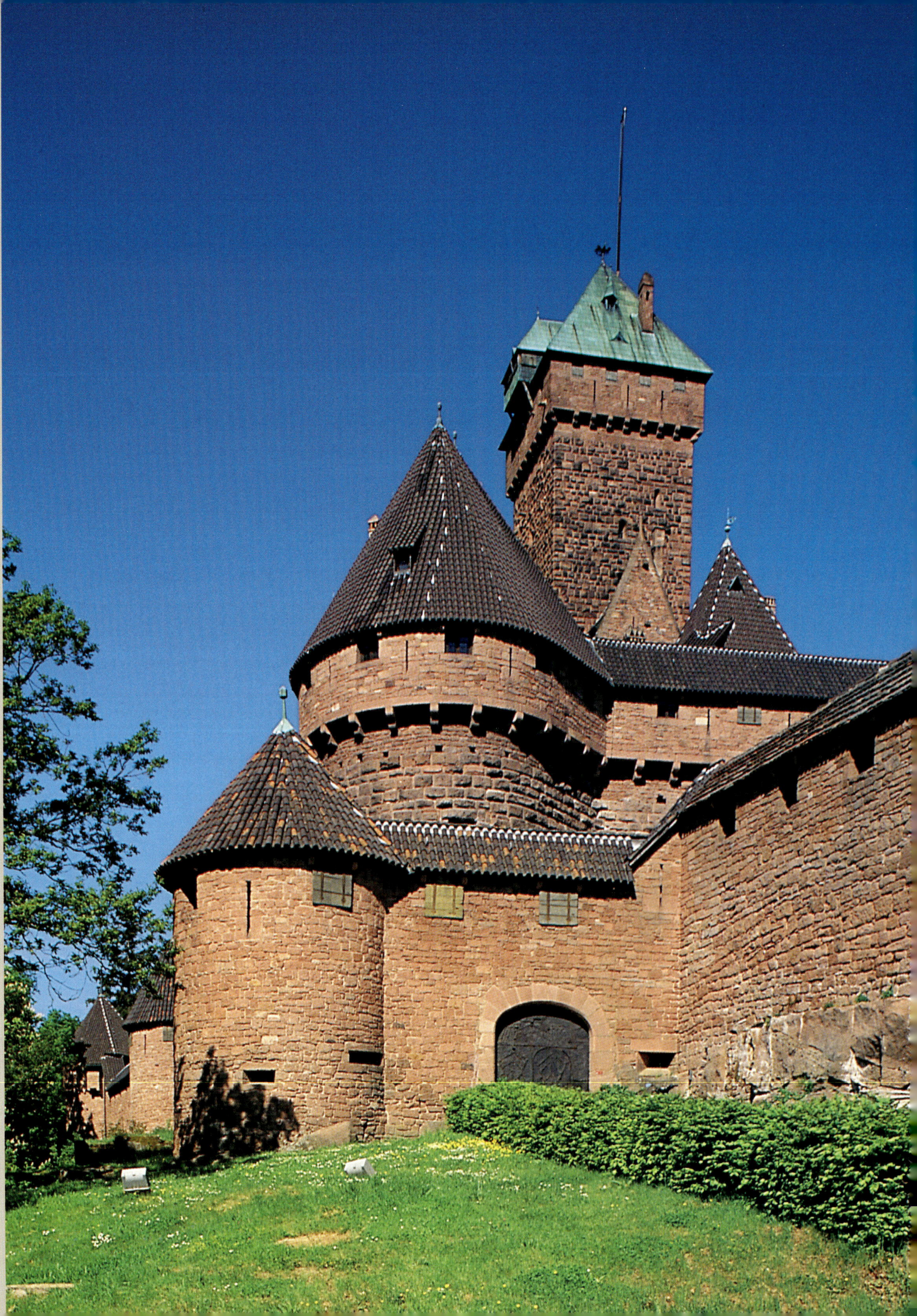

L'art en Alsace des origines à nos jours

Comme pour l'aperçu historique, on serait tenté de retenir uniquement les deux derniers millénaires. Mais il se trouve que l'un des plus grands villages du néolithique ancien est actuellement fouillé à Bischoffsheim, à l'ouest de Strasbourg. On a retrouvé les emplacements rectangulaires d'une trentaine de fermes-maisons (40 sur 7 m). Des fragments de céramique rubanée permettent de dater ces vestiges autour de 5 000 avant J.-C. Les premiers agriculteurs d'Alsace étaient venus d'Europe centrale.

La longue période romaine a duré presque 4 siècles, si l'on part de 58 avant J.-C. (avec la défaite d'Arioviste) et si l'on s'arrête à l'invasion des Huns en 451 après J.-C. Mais contrairement à une légende complaisamment colportée, rien ne prouve que « Strasbourg-Argentorate » ait été détruit à ce moment-là.

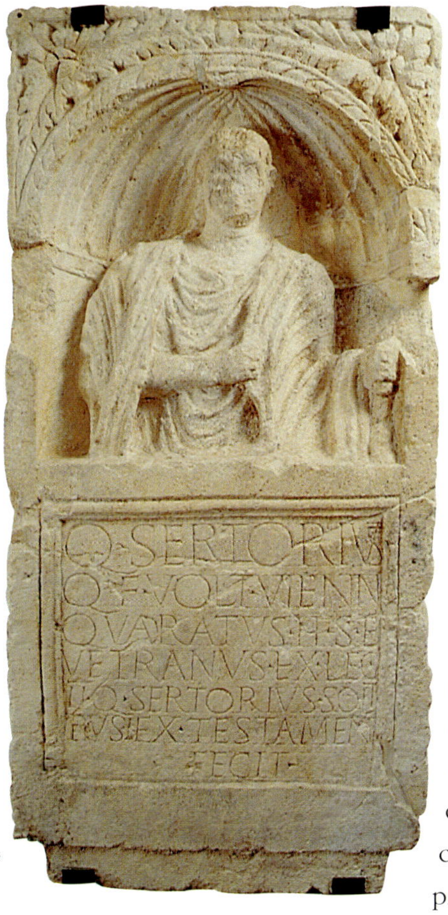

Stèle funéraire de Quintus Sertorius, Ier siècle ap. J.-C. Musée archéologique de Strasbourg.

Photo : A. Plisson.

À Mackwiller en Alsace Bossue, la nef de l'église réutilise les murs d'un temple romain. Le site comporte aussi un grand domaine avec des thermes, une villa-palais et la « cella » d'un mithraeum construit en grand appareil.

Riches sont en revanche les sculptures et fragments de sculptures. Avec Théophile Gautier on pourrait s'écrier : « Le buste survit à la cité ». Parmi les plus significatifs, il faut citer celui du légat Oppius Severus et de son épouse, et la tête monumentale de Pupien, le sarcophage de Dame Florentina, l'« incomparable épouse », la stèle du légionnaire Largennius, les stèles à quatre dieux sont autant de témoins d'un art de la sculpture reflétant des influences venues des quatre coins de l'empire romain (Musée de Strasbourg).

Sur le plan architectural, les vestiges romains sont rares et souvent enterrés. À Strasbourg, des murailles et des bases de tours subsistent dans les caves du centre. Sous l'église Saint-Étienne a été dégagée après la dernière guerre une basilique du début du Ve siècle. Il en reste l'abside et l'amorce de la nef.

L'époque mérovingienne et carolingienne fut assurément moins productive. Dans l'hypogée sous l'église Saint-Pierre-le-Jeune protestante de Strasbourg on peut voir une œuvre du Ve ou du VIe siècle. Sous l'abbatiale de Marmoutier dans le Bas-Rhin une crypte archéologique nous dévoile les vestiges de plusieurs sanctuaires

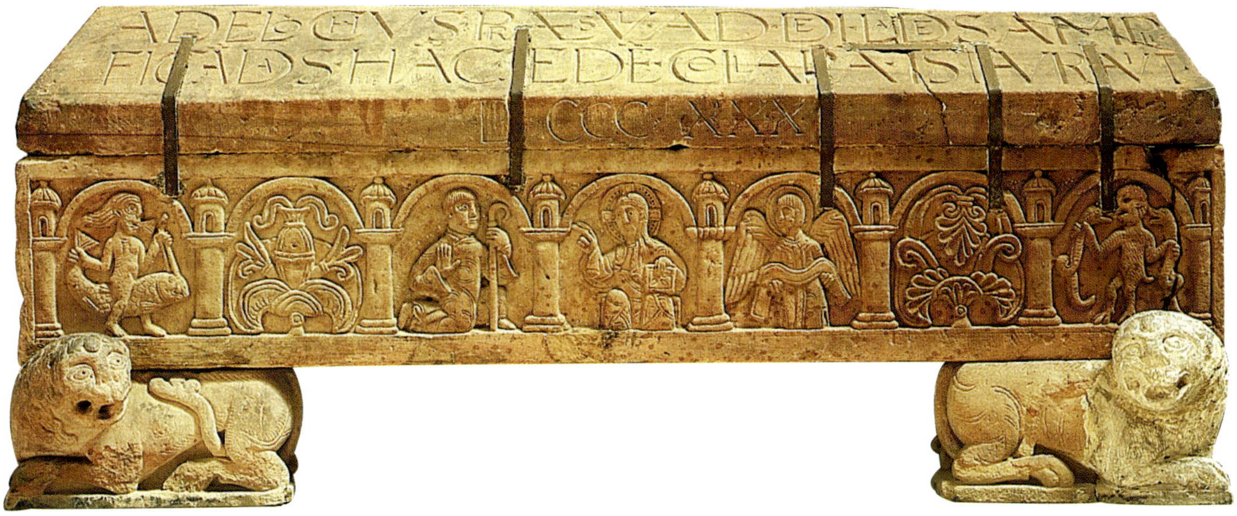

Sarcophage sculpté de l'évêque Adeloch, église Saint-Thomas à Strasbourg (vers 1130).

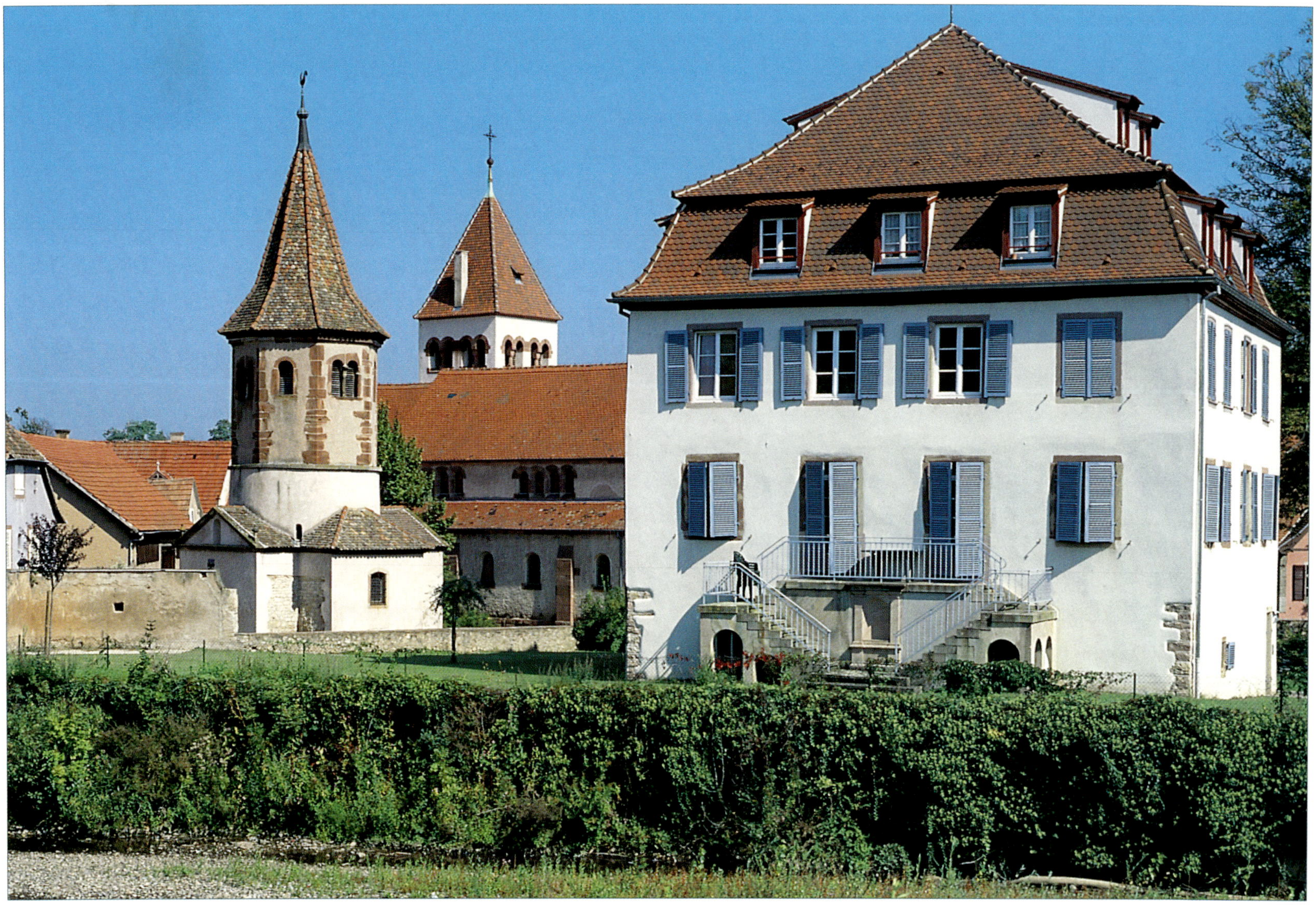

À Avolsheim près de Molsheim, la chapelle Saint-Ulric, tétraconque aux absides tronquées, date du XIe siècle. La tour polygonale a été rajoutée au XIIe siècle. À l'arrière-plan, l'église paroissiale néo-romane.

Page de droite : Datant du XIIe siècle, l'église de Feldbach a conservé ses dispositions d'origine.

successifs allant du VIe au VIIIe siècle. À noter aussi le sarcophage de sainte Odile dans une chapelle de son couvent.

L'art roman s'épanouit tout au long des XIe et XIIe siècles et empiète assez largement sur le XIIIe siècle. L'ancienne abbatiale d'Eschau, au sud de Strasbourg, se situe au tout début de l'évolution avec sa nef a collatéraux, son transept bas et son chœur arrondi. Reconstruite sous l'évêque Widerold vers 995, elle se dota vers 1130 d'un charmant cloître sculpté remonté au Musée de l'Œuvre Notre-Dame à Strasbourg.

L'église octogonale d'Ottmarsheim, non loin de Mulhouse, est une œuvre remarquable des environs de 1030. S'inspirant de la chapelle d'Aix-la-Chapelle, elle simplifie le parti initial mais conserve l'enchâssement de deux octogones et l'élévation centrale à deux étages ajourés.

La chapelle cruciforme d'Epfig, dans le sud du Bas-Rhin, s'alimente à des sources plus méridionales, italiennes, voire orientales. Un clocher carré s'élève sur la croisée du transept dont les croisillons sont identiques au chœur. L'édifice date de la première moitié du XIe siècle, mais des galeries à arcatures furent ajoutées au XIIe siècle.

Le tétraconque d'Avolsheim, près de Molsheim dans le Bas-Rhin, a perdu ses quatre absides réséquées au XVIIIe siècle. Le premier niveau remonte au XIe siècle, mais l'étage supérieur est un rajout du XIIe siècle orné de peintures murales. Toujours à Avolsheim, le « Dompeter » est une église à trois nefs et clocher de façade avec un triple chœur souvent remanié. L'ensemble avec ses portails sculptés accuse le XIe siècle, mais certains éléments sont des réemplois carolingiens.

Fort intéressante est l'église de Feldbach, tout au sud dans le Sundgau. Fondée en 1145, elle a gardé malgré de nombreuses altérations les dispositions primitives : un triple vaisseau divisé en nef des laïcs et chœur des moniales, complété par un chevet flanqué de chapelles.

L'ancienne abbatiale de Surbourg, dans le nord du Bas-Rhin, devenue collégiale, puis simple paroissiale, marque un tournant dans l'architecture religieuse roma-

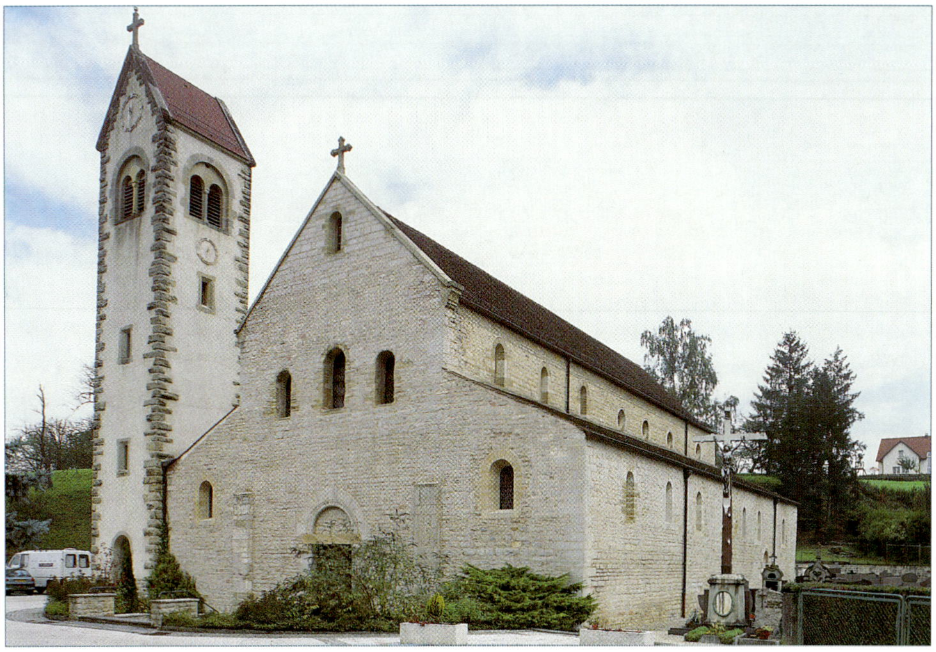

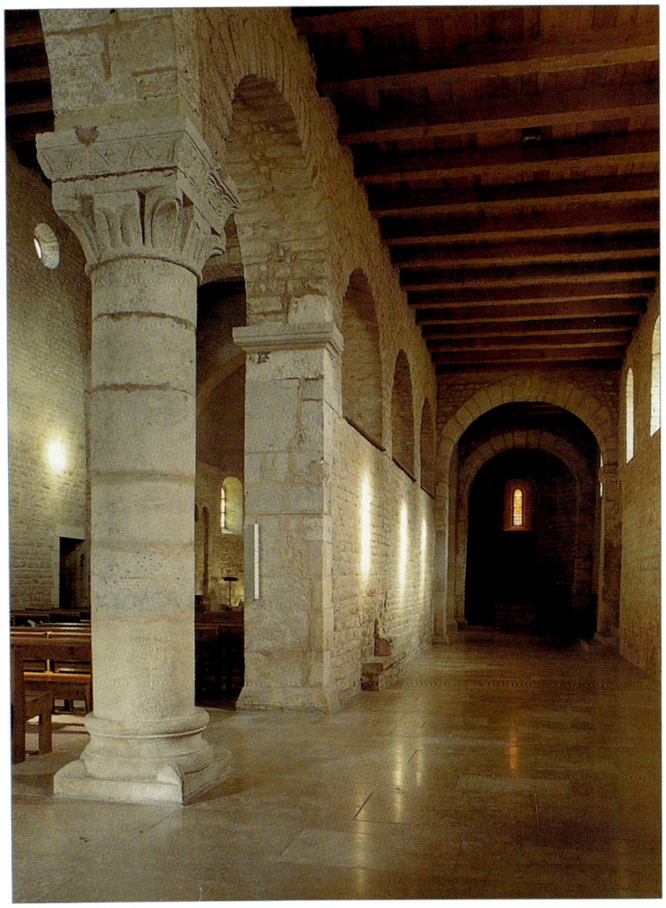

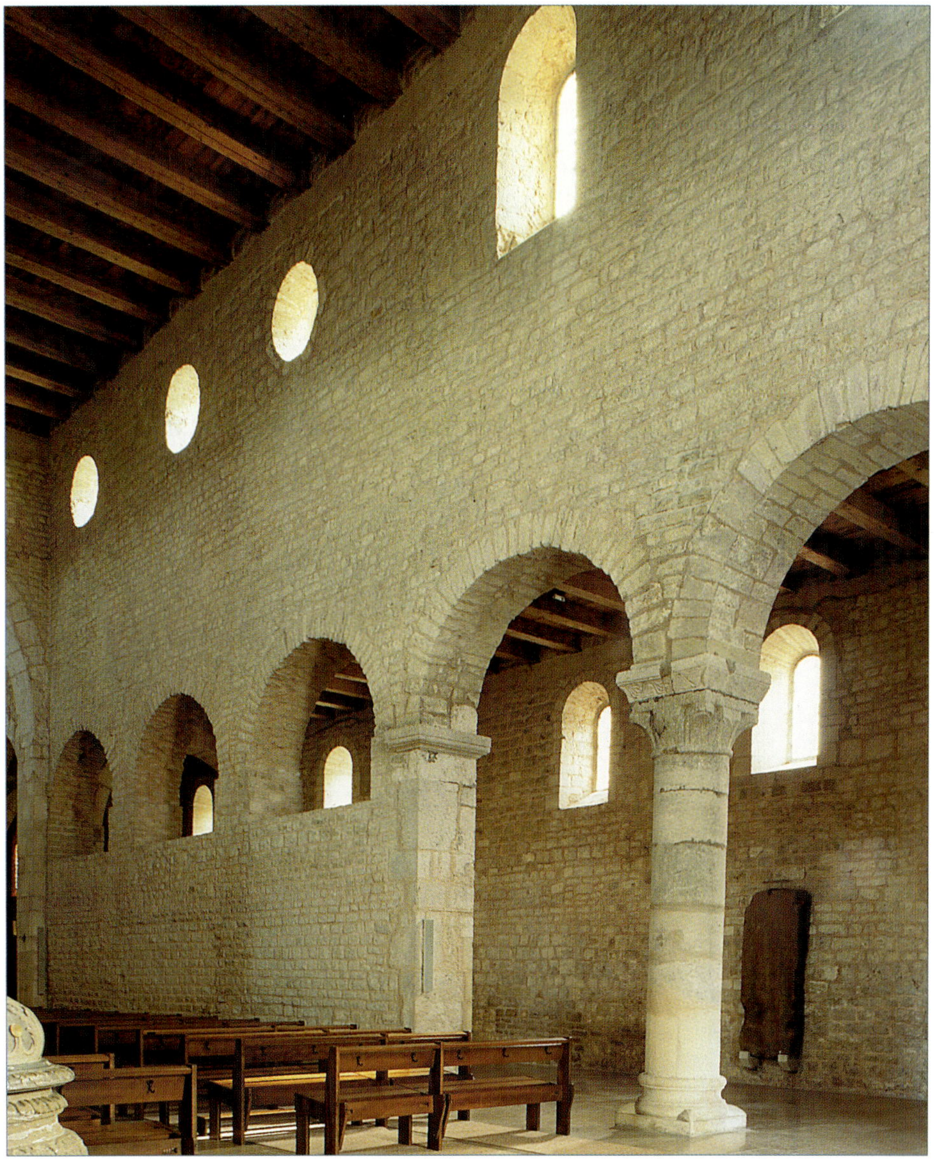

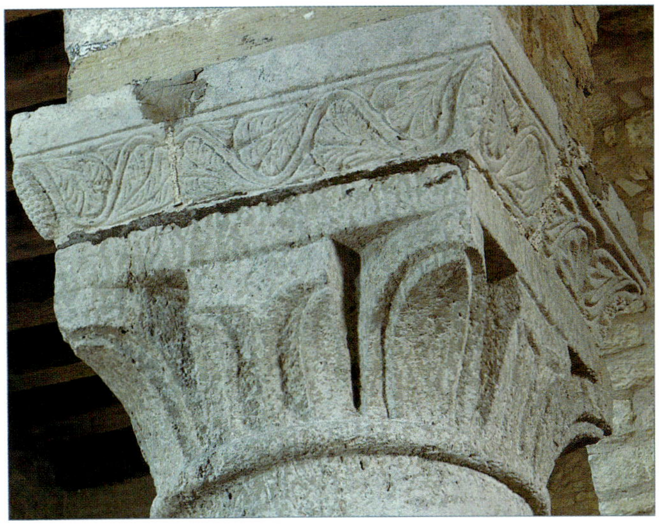

ne du milieu du XIe siècle. De plan cruciforme avec clocher de croisée, elle utilise des travées carrées de même dimension dans la nef, le transept et le chœur. La triple abside confère une richesse de bon aloi aux parties occidentales, tandis que le vaisseau à supports alternés a été prolongé en néo-roman à l'ouest.

Autre église du XIe siècle, Altenstadt près de Wissembourg, a été commencée avant 1032, car le portail orné précise que le visiteur doit demander à l'abbé Liuthard de Wissembourg, en fonction entre 1002 et 1032, l'autorisation de pénétrer dans le sanctuaire. La nef à bas-côtés repose sur des piliers carrés. Le clocher de façade a été rajouté au XIIe siècle et le chœur très disparate présente des éléments gothiques et modernes.

L'abbatiale de Wissembourg, reconstruite en style gothique, a conservé le beau clocher de l'abbé Samuel, daté de 1096 au plus tard, et, greffée sur le cloître, une petite chapelle à trois nefs qui s'appuient sur des colonnes à chapiteaux cubiques (vers 1030).

À Andlau, l'abbatiale de l'impératrice Richarde n'a gardé du XIe siècle que la double crypte à trois nefs et colonnes à chapiteaux cubiques. La crypte sous la croisée semble être la plus ancienne (vers 1050), tandis que la salle sous le chevet plat daterait du dernier quart du XIe siècle.

Le XIIe siècle est l'âge d'or de l'architecture romane en Alsace. À Andlau, la façade avec sa longue frise historiée abrite au fond du porche un riche portail d'inspiration lombarde (vers 1130). Le tympan montre le Christ accompagné de saint Pierre et de saint Paul. Le linteau retrace l'histoire d'Adam et d'Ève. Les jambages s'ornent d'arcatures superposées peuplées de couples de donateurs.

Ancienne abbatiale d'Andlau XIIe siècle

1 : Pilastre gauche à donateurs superposés.
2 : Frise extérieure avec scène de chasse.
3 : Porche.
4 : Linteau du portail avec scènes de la Création.

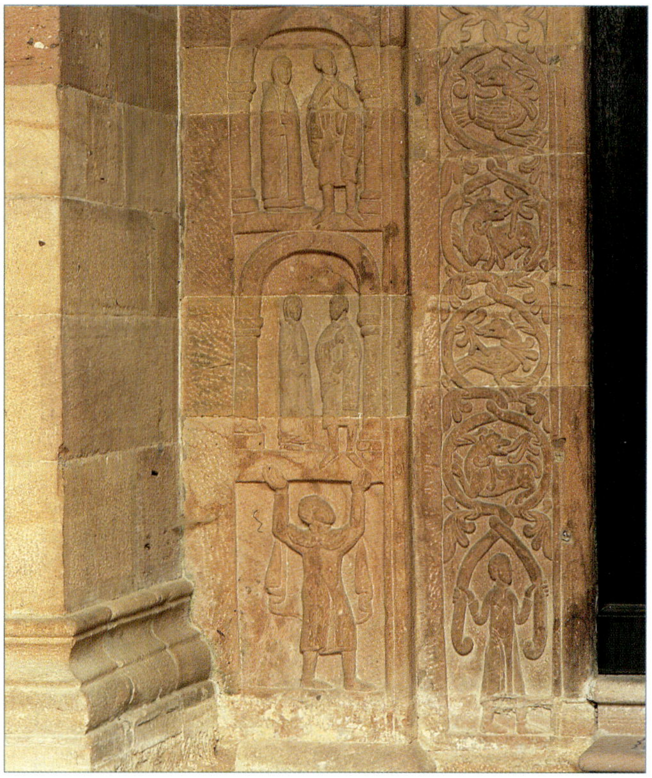
1

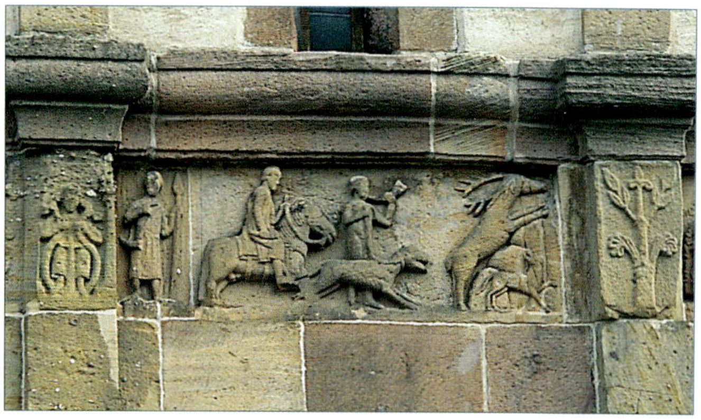
2

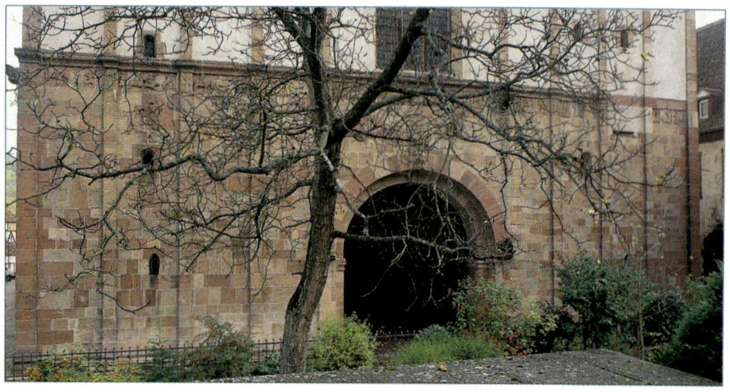
3

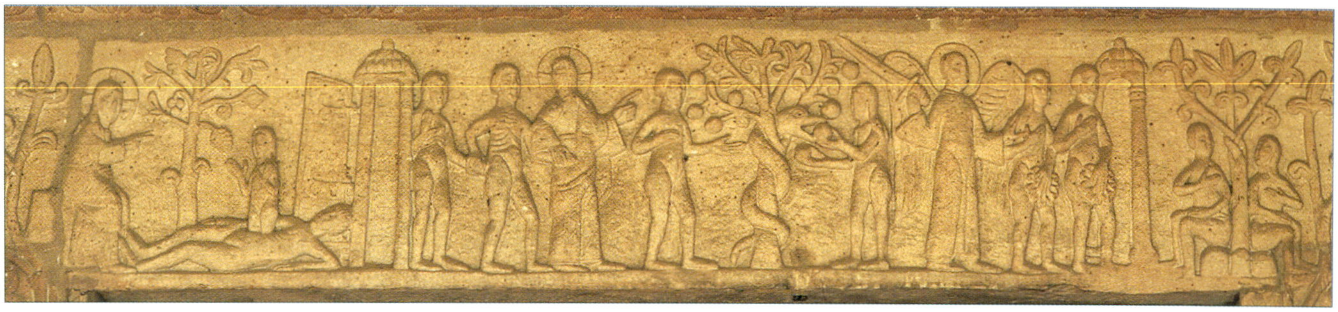
4

Page de droite :
Ancienne abbatiale de Murbach.
Chevet plat et transept surmonté de deux clochers (milieu du XIIe siècle).

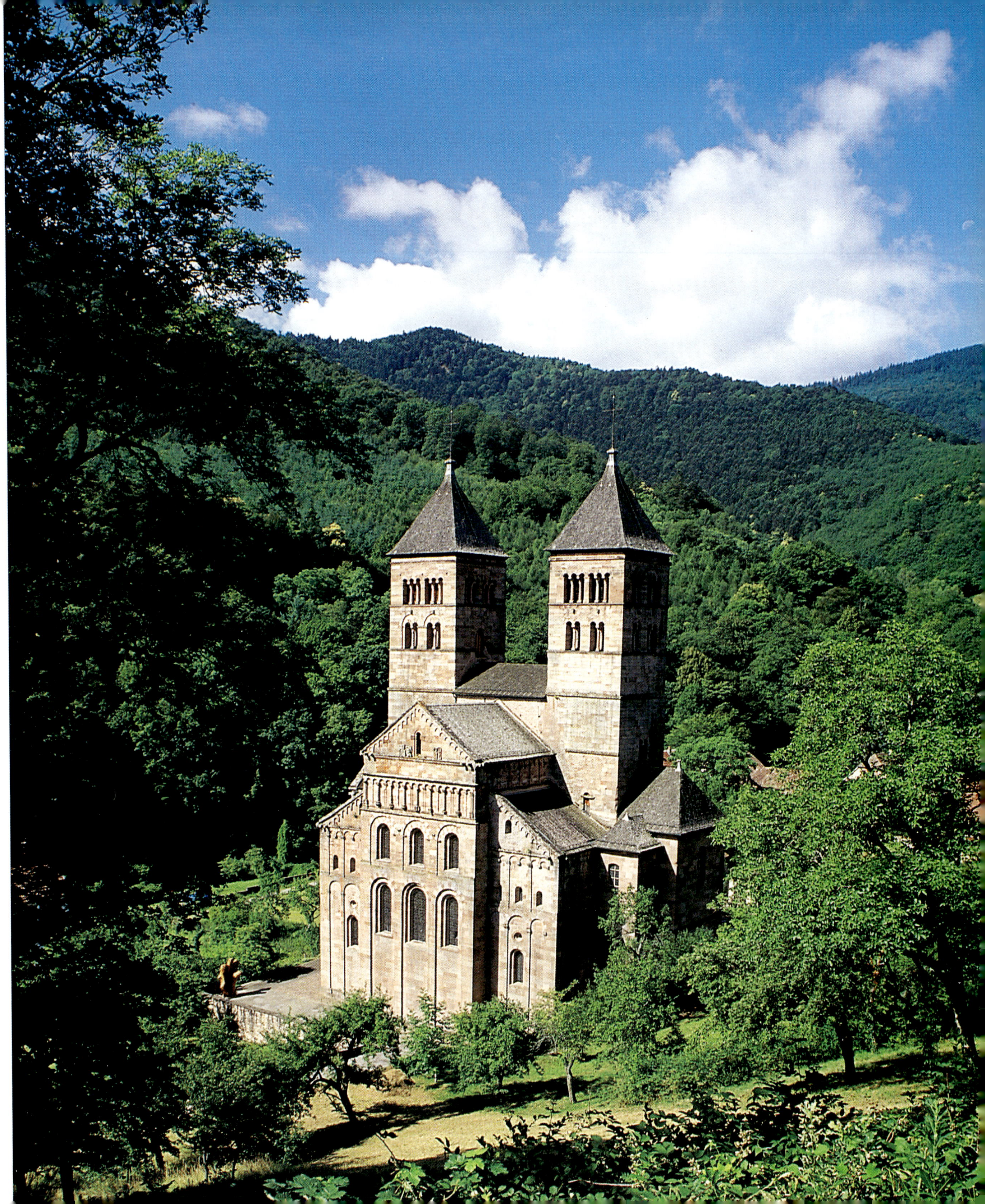

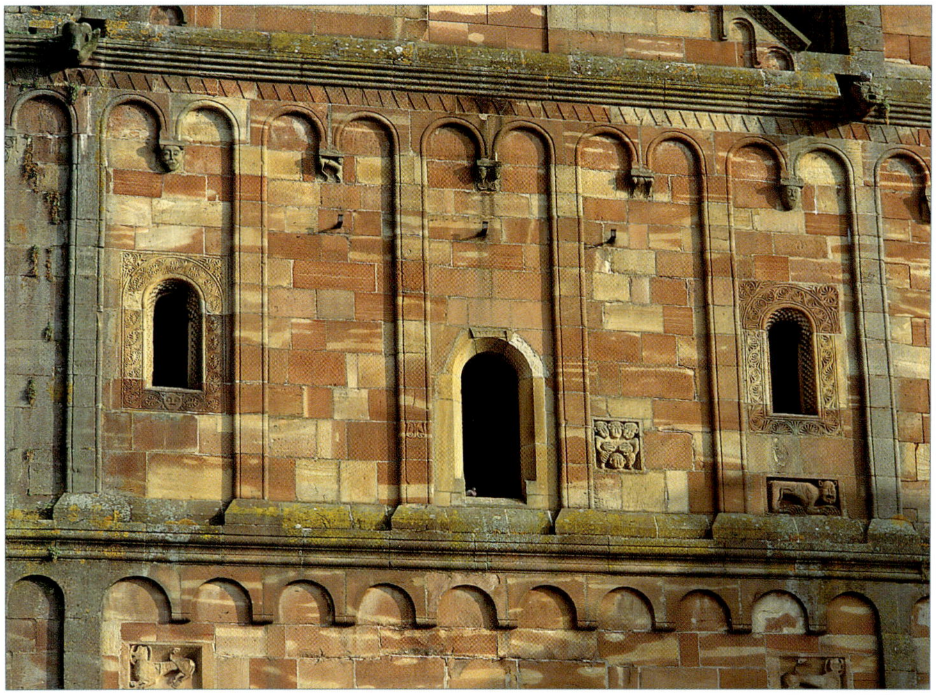

1

Ancienne abbatiale de Marmoutier

1 : Détail de la façade avec arcatures lombardes et lésènes.

2 et 3 : Les chapiteaux du porche.

Page de droite : Église paroissiale Saint-Pierre-Saint-Paul de Rosheim (milieu du XIIe siècle). Clocher de croisée exhaussé au XIVe siècle.

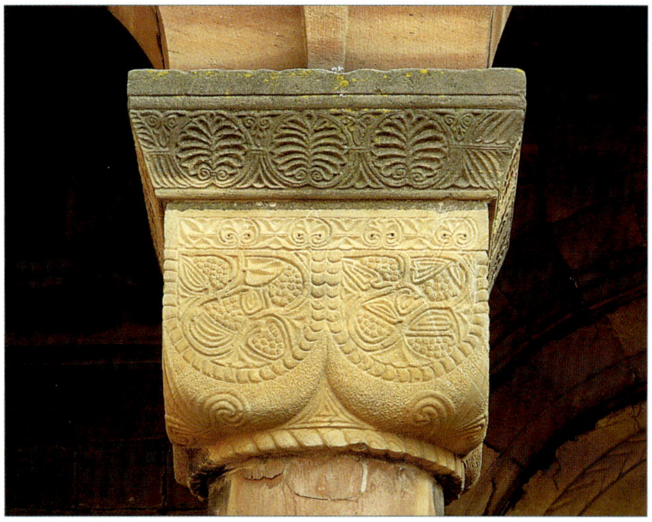

2

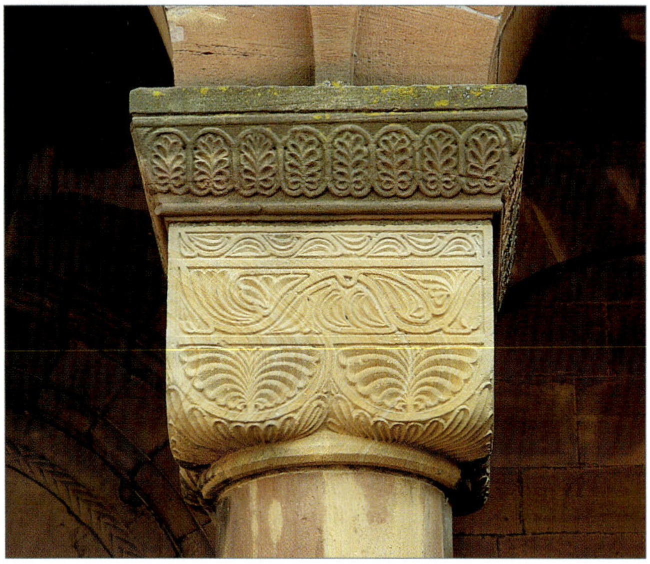

3

À Marmoutier, l'une des plus remarquables façade d'Occident surprend le visiteur. Édifiée vers 1140, elle apparaît comme une ultime version de l'église-porche carolingienne. Aux deux tours latérales flanquant le porche à triple arcade répond le puissant clocher en retrait s'élevant sur la travée arrière du massif occidental. Lésènes et bandes lombardes scandent les parois de cette véritable citadelle de Dieu aux ouvertures parcimonieuses.

Au fond de sa vallée qui lui sert d'écrin verdoyant, l'abbatiale de Murbach, généralement datée des environs de 1140, a été partiellement démolie au XVIIIe siècle. Mais la partie essentielle, le transept surmonté de deux clochers et le chevet plat qui sert de façade (vu l'orientation de la vallée) est intacte avec ses claveaux alternés, son portail aux lions et les nombreuses sculptures réparties de façon aléatoire sur les parois.

L'église paroissiale de Rosheim dans le Bas-Rhin allie la finesse italienne à la robustesse alsacienne (milieu du XIIe siècle). La façade-pignon est délicatement compartimentée et s'orne d'un oculus qui annonce l'épanouissement des premières roses. Le transept coiffé d'un clocher de croisée surélevé à l'époque gothique prélude au chœur arrondi dont la fenêtre axiale au décor somptueux est environnée des symboles des Évangélistes.

À Lautenbach dans le Florival, passablement remaniée dès le Moyen Age, la façade s'ouvre par le plus beau porche conservé en Alsace : six travées voûtées reposent sur des colonnes à chapiteaux sculptés (milieu du XIIe siècle). La nef à supports alternés appartient encore à la fin du XIe siècle, tandis que le transept paraît postérieur à Murbach. Le chœur plat gothique remplace un chevet plus archaïque à triple abside.

À Sélestat, l'église Sainte-Foy confirme par son vocable les relations avec Conques dans l'Aveyron. Marquée par des influences lorraines, elle illustre le « grand programme » avec sa façade à porche et deux tours, sa nef à collatéraux, son transept surmontée d'une splendide tour bombée et son chœur accompagné d'absidioles (vers 1170).

Autre « grand programme », l'église Saint-Léger de Guebwiller se rapproche davantage du style « de transition » romano-gothique. Une puissante façade à deux

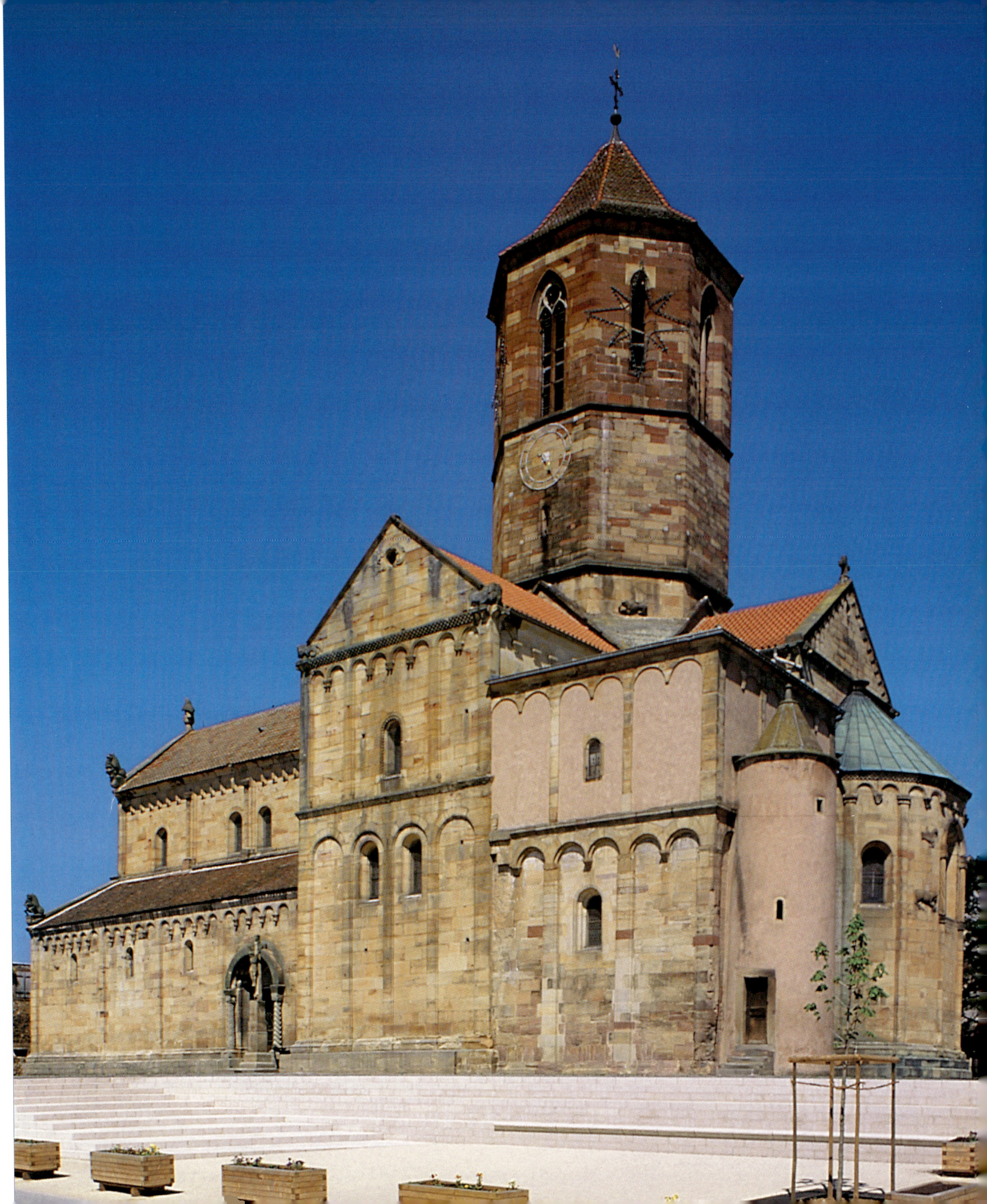

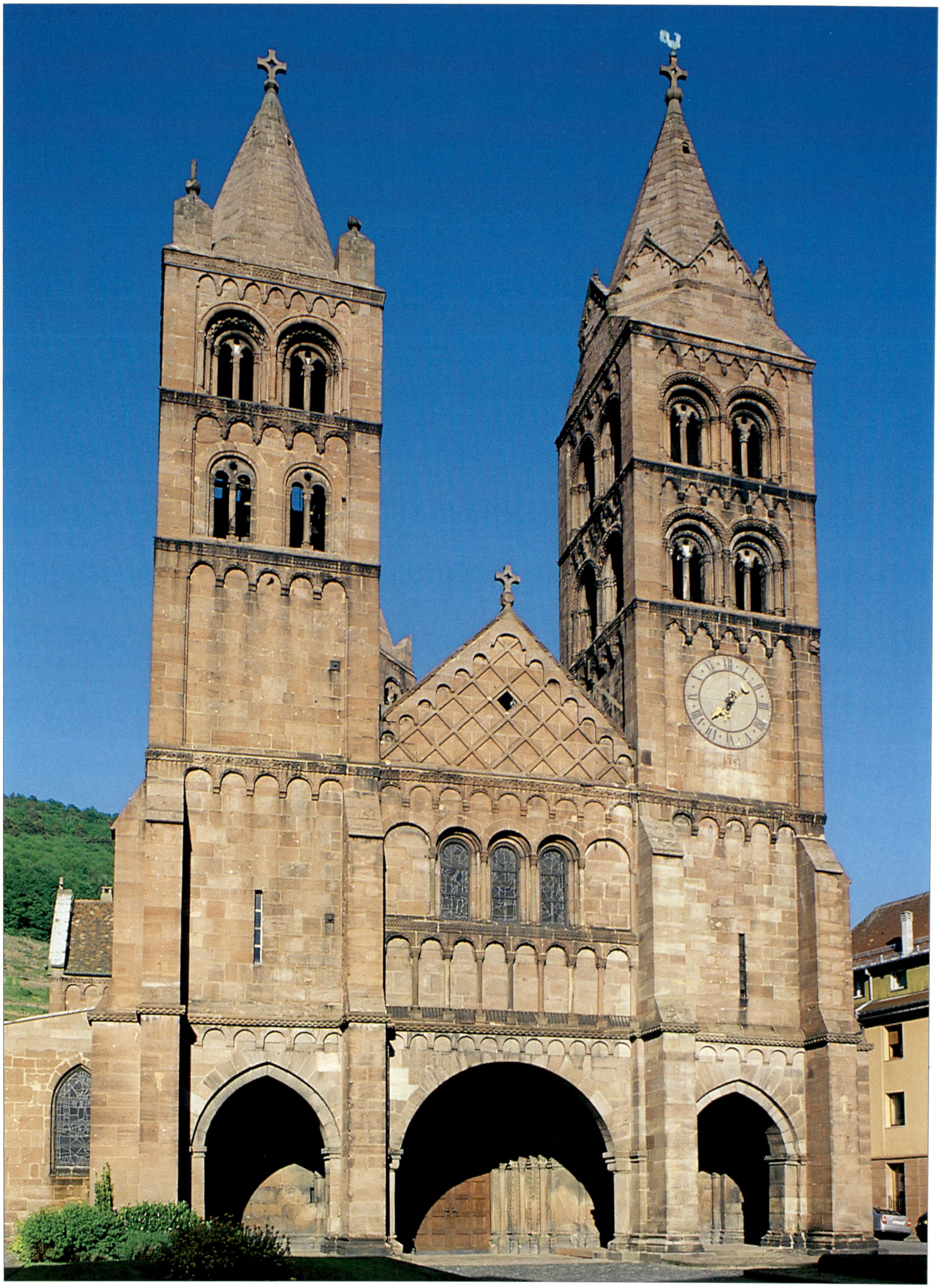

Église Saint-Léger de Guebwiller (vers 1200). La façade à porche et tours jumelles clôt l'ère romane en Alsace.

clochers légèrement dissemblables, percée du porche traditionnel, prélude à la nef à trois travées doubles qui débouche dans le transept éclairé de grandes roses découpées dans la dalle (début du XIIIe siècle). Le chœur est pourvu d'une abside polygonale gothique.

Un troisième « grand programme », l'ancienne abbatiale de Niedermünster près du Mont Sainte-Odile, est en ruines depuis un incendie survenu en 1542. Avec un peu d'imagination on peut reconstituer l'édifice avec sa façade à deux clochers, sa triple nef à piliers et colonnes, son transept à tour centrale et son chevet plat émergeant d'une crypte à cinq nefs.

La cathédrale romane de Strasbourg était également un « grand programme », précoce cette fois-ci, juxtaposant une façade à porche et tours jumelles à une vaste nef charpentée haute de 27 m, coupée par un large transept complété par un curieux chœur d'inspiration orientale : le chevet arrondi se nichait dans un puissant carré de maçonnerie surmonté d'un clocher trapu flanqué de chapelles à étage, pareilles aux « pastophories » anciennes. Rien ne subsiste de cette œuvre gigantesque entreprise en 1015, sinon les fondations renforcées à l'époque gothique. La crypte à triple nef sous le chœur et la croisée a été reconstruite en deux étapes au cours du XIIe siècle. Reconstruite à partir de 1176 environ, la cathédrale de Strasbourg va évoluer du roman tardif d'obédience rhénane au gothique rayonnant élaboré en Ile-de-France. Le croisillon nord, la croisée du transept surmontée de la coupole, le chœur toujours noyé dans son carré de maçonnerie sont à peine effleurés par l'« ars nova ». Mais la chapelle Saint-Jean-Baptiste et la salle capitulaire à l'étage ainsi que le croisillon sud dans ses élévations reflètent tout comme la sculpture (*Pilier des anges*, *Mort de la Vierge*, *Église* et *Synagogue*) le premier gothique d'inspiration chartraine (vers 1225). La splendide nef à piliers fasciculés et triforium ajouré, qui a conservé la chatoyante parure de ses vitraux, se rattache à l'art de Saint-Denis (vers 1245). En 1277, l'évêque Conrad de Lichtenberg, de retour du Concile de Lyon, entreprend la somptueuse façade à trois portails, grande rose à pétales et deux clochers élancés. Le maître d'œuvre Erwin, issu des chantiers parisiens, dirige les travaux entre 1284 et 1318. Son fils Jean acheva l'étage

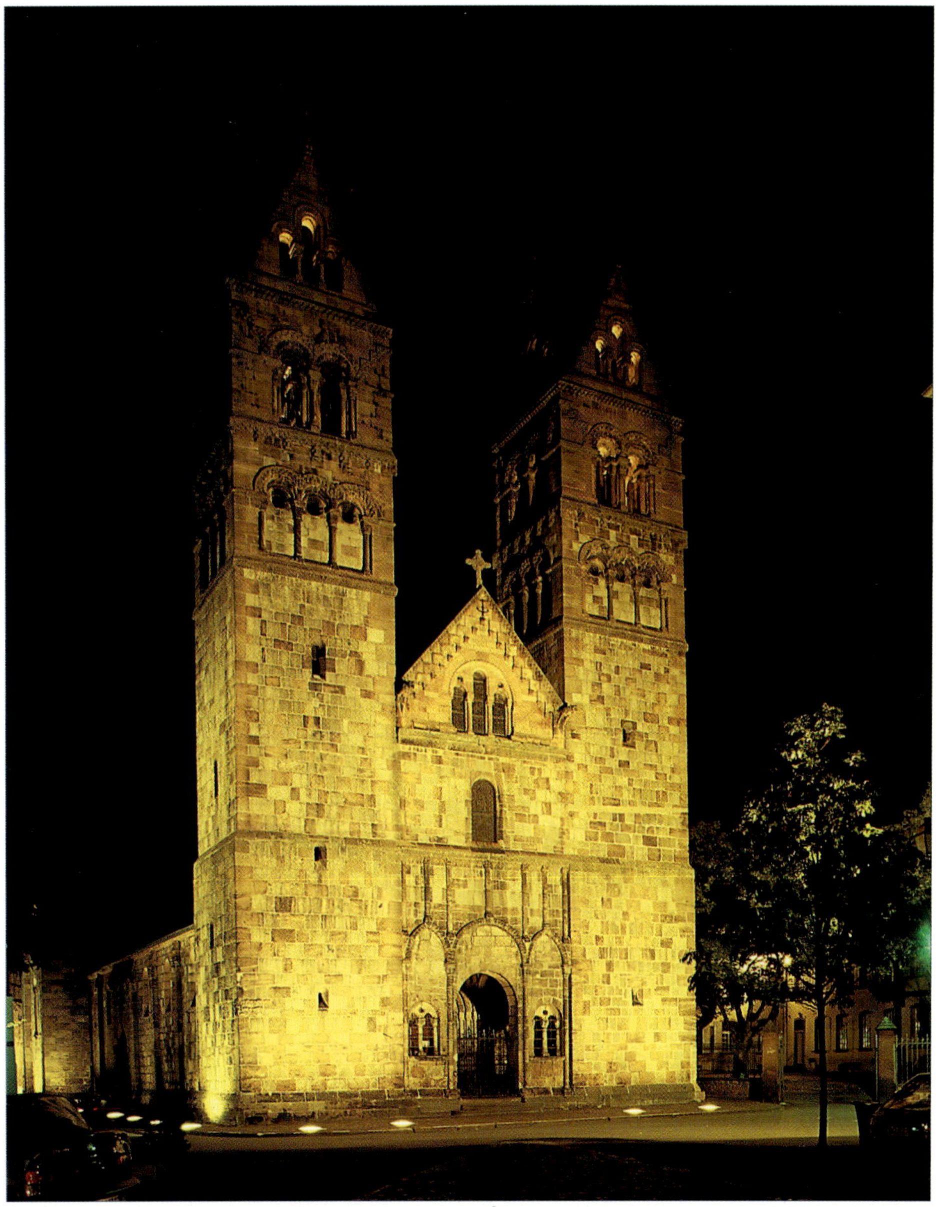
1

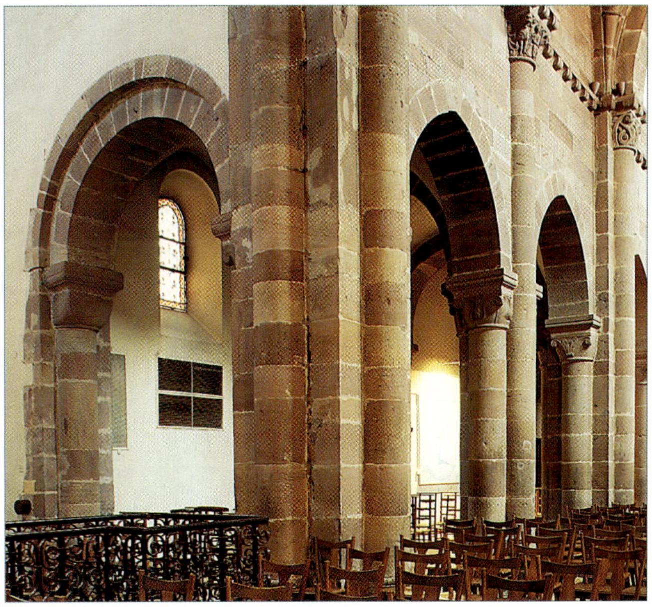
2

Église Sainte-Foy de Sélestat

1 : La façade complétée au XIXe siècle illustre le « grand programme » de l'architecture romane en Alsace.

2 : Grande nef et collatéral sud.

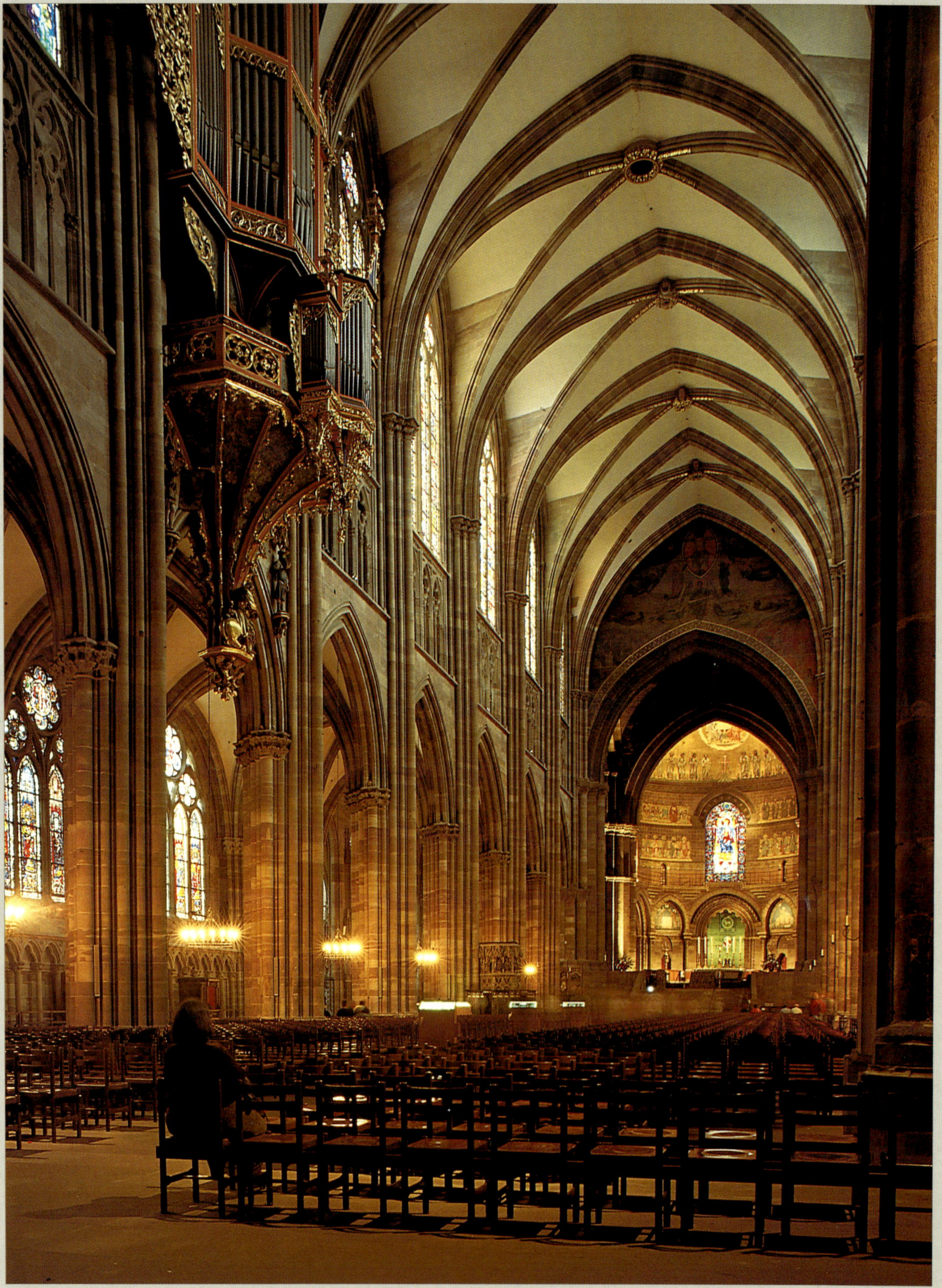

Cathédrale de Strasbourg. Le grand vaisseau de style rayonnant vers le chœur.

Page de droite : Collatéral sud, vers le croisillon méridional.

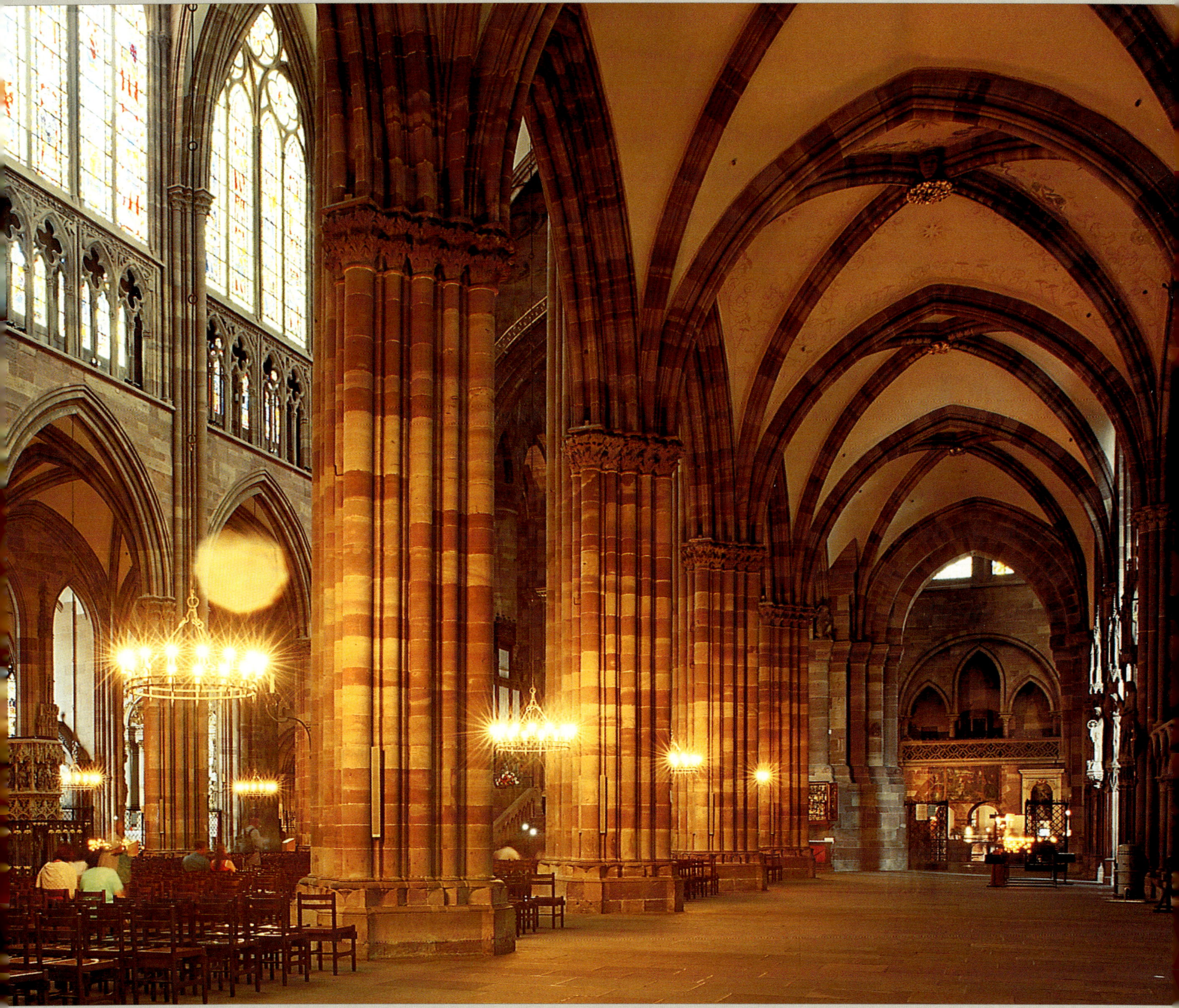

La cathédrale de Strasbourg

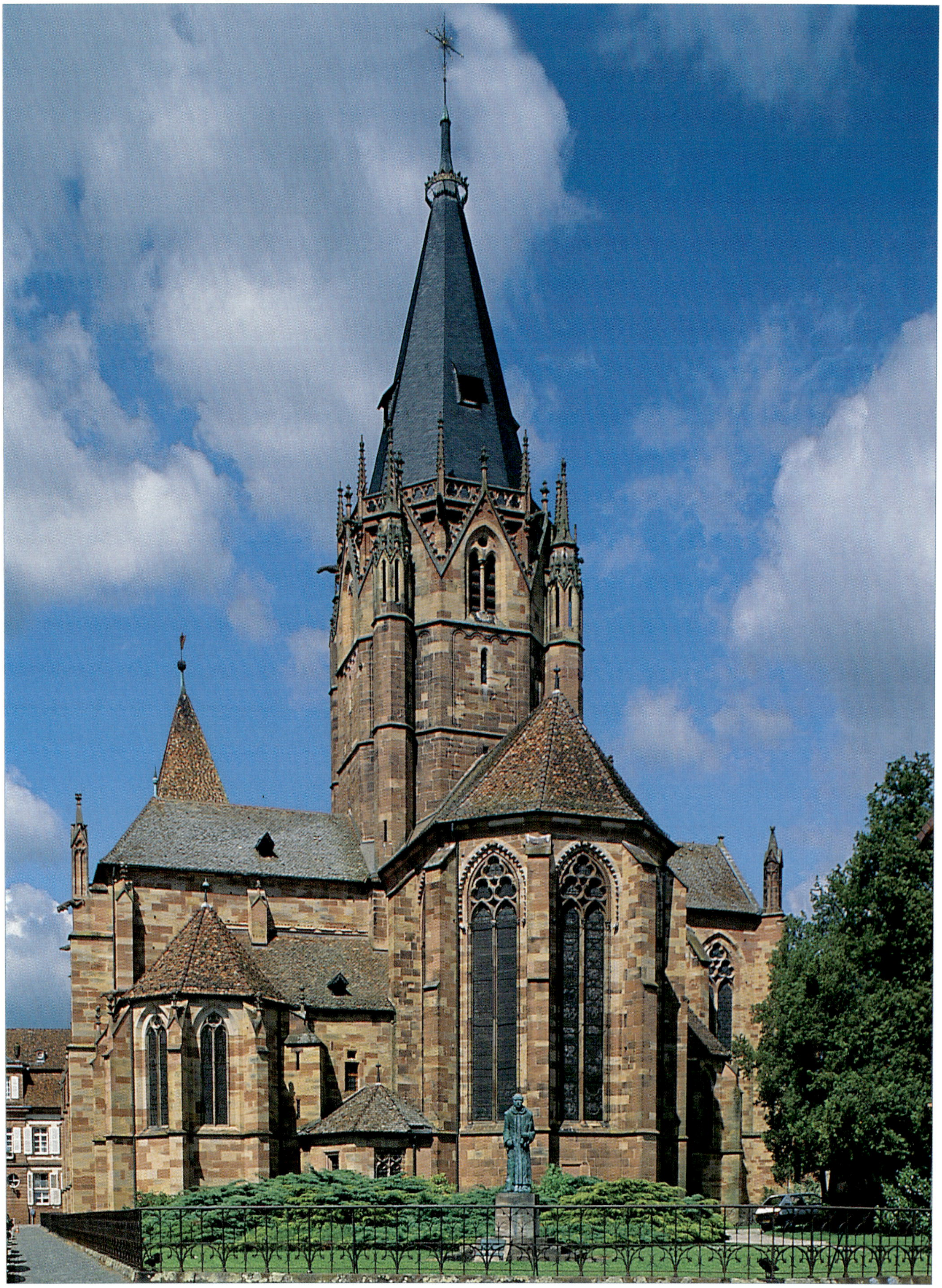

Ancienne abbatiale
Saint-Pierre-Saint-Paul
de Wissembourg.
Chœur, transept et tour
de croisée gothiques.

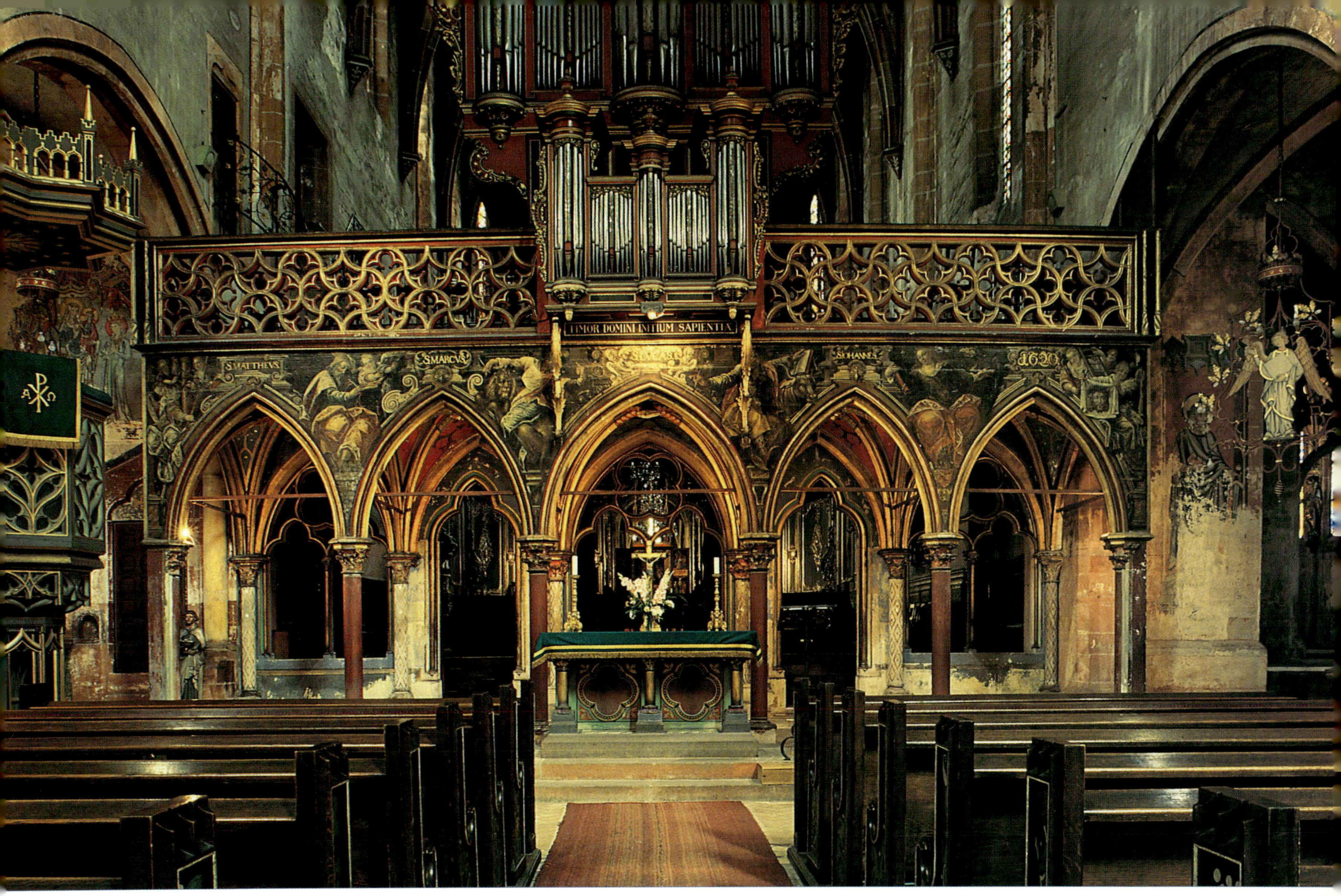

de la rose (1339), tandis que maître Gerlach, sans doute le petit-fils, ajoute avant 1371 le troisième étage des clochers de façade. On lui doit aussi la chapelle Sainte-Catherine au flanc sud du vaisseau.

Le style gothique caractérise aussi la plupart des autres églises de Strasbourg : Saint-Thomas avec sa quintuple nef en forme de halle, Saint-Pierre-le-Jeune avec son transept occidental, Saint-Guillaume riche de ses vitraux. À Niederhaslach dans les Vosges la collégiale est en partie l'œuvre d'un autre fils d'Erwin. À Wissembourg, l'abbatiale rivalise avec la cathédrale, mais ses vastes baies de son vaisseau ont recours au maniérisme en prolongeant les remplages sur les parois. L'abbatiale de Marmoutier réduit l'élévation à deux étages en éliminant le triforium ajouré. Saint-Georges de Sélestat séduit par sa façade à tour unique, sa nef où triomphe la muralité et son chœur rectangulaire à l'anglaise.

Dans le Haut-Rhin, les églises des Ordres Mendiants sont bien conservées à Colmar, mais aussi à Rouffach et à Guebwiller. L'église Saint-Martin de Colmar présente une façade inachevée, mais son chœur du milieu du XIVe siècle s'entoure d'une couronne de chapelles formant une sorte de déambulatoire. À Rouffach, l'église Notre-Dame complète son vaisseau inspiré de la cathédrale de Sens par une façade à rose touffue tributaire de Strasbourg. L'église Saint-Maurice de Soultz concentre tous ses efforts sur la tour de croisée, alors que l'ancienne collégiale de Thann, chef-d'œuvre du gothique flamboyant, rallie tous les suffrages grâce à son architecture aérienne, ses voûtes ramifiées et sa flèche gracile haute de 76 m, sa riche statuaire et ses vitraux rutilants.

L'architecture médiévale garde de même de nombreux témoins dans le domaine des demeures anciennes comme les maisons romanes de Rosheim ou d'Obernai, les hôtels

Église Saint-Pierre-le-Jeune protestante à Strasbourg.
Jubé gothique surmonté des orgues Silbermann.

Colmar médiéval

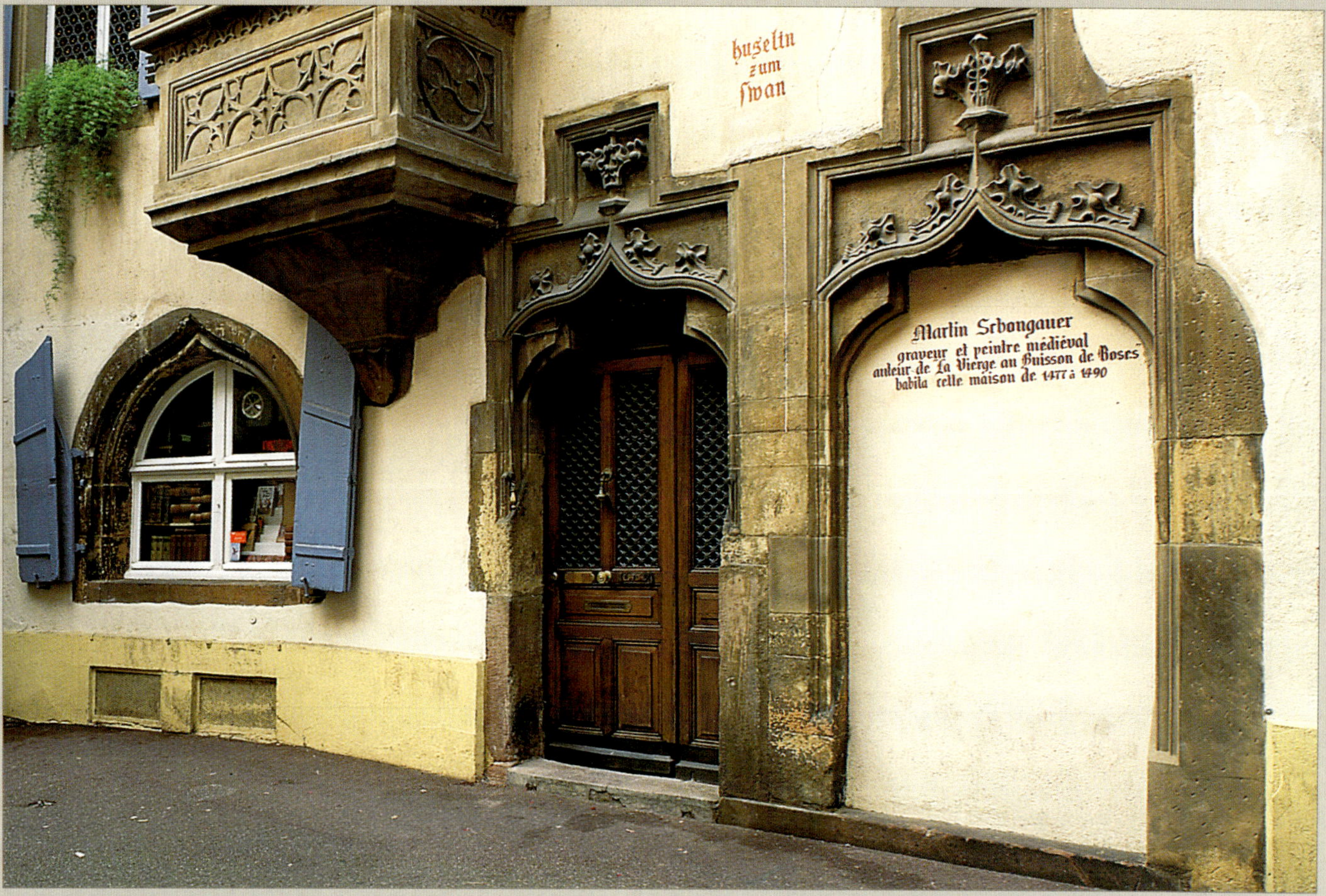

La « Maison du Cygne » en gothique flamboyant.

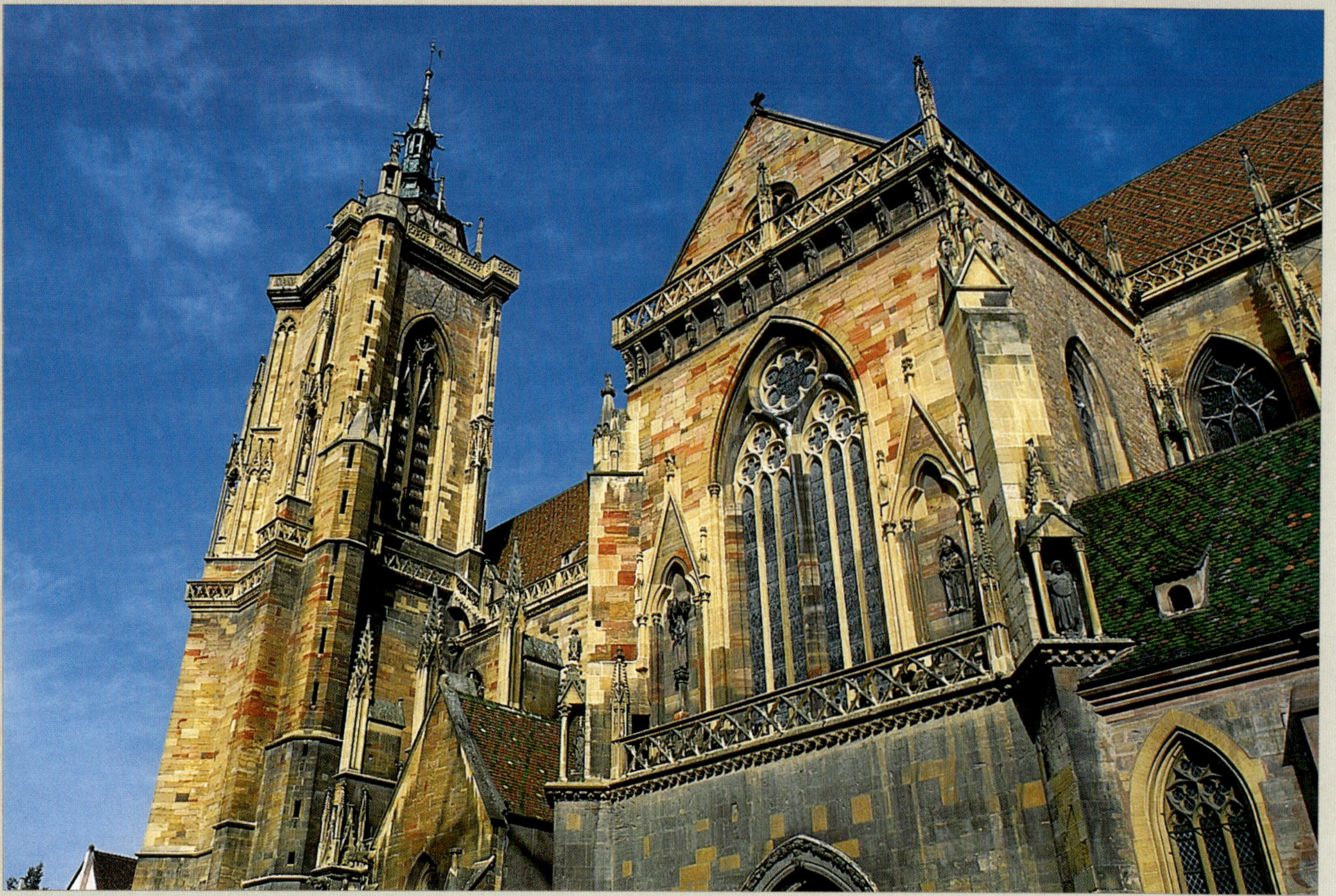

Ancienne Collégiale Saint-Martin, transept sud.

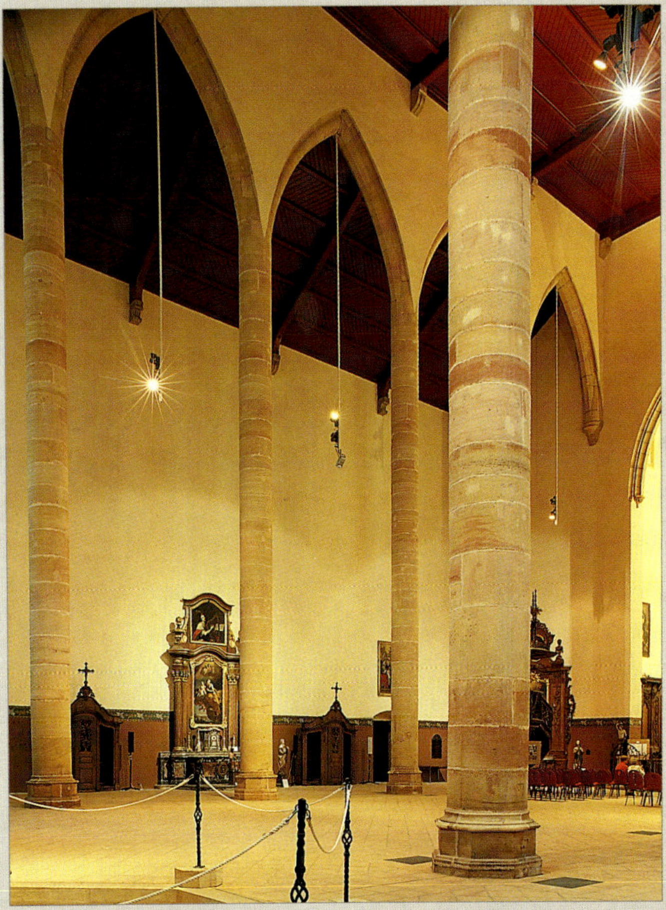

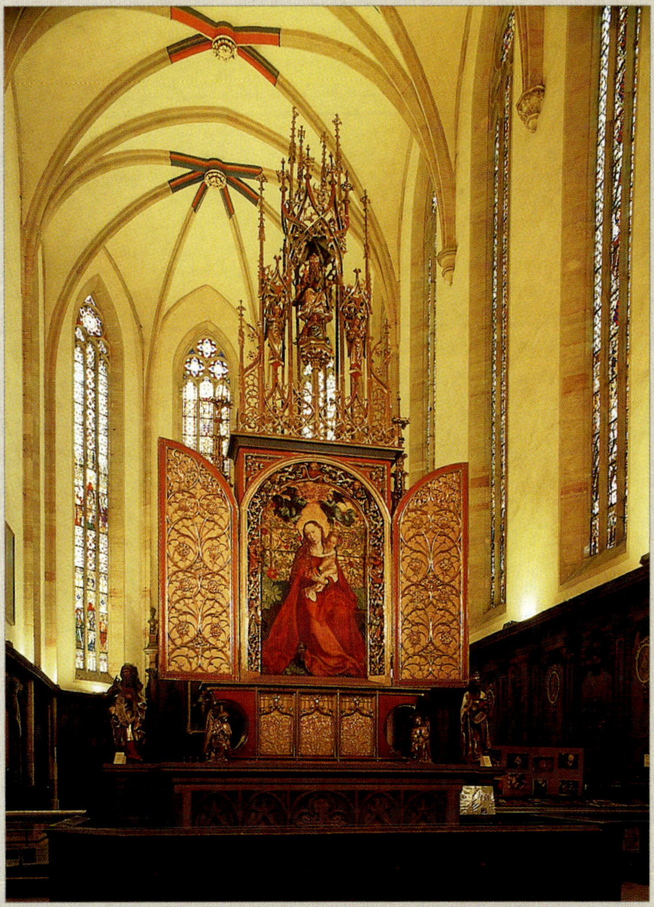

Ancienne église des Dominicains (XIIIe et XIVe siècles). La nef élancée en quasi-halle se continue par un chœur profond.
La plus célèbre peinture de Martin Schongauer : *La Vierge au Buisson de roses* (1473) y est actuellement exposée.

Avec l'autorisation du conseil de fabrique de la paroisse Saint-Martin de Colmar.

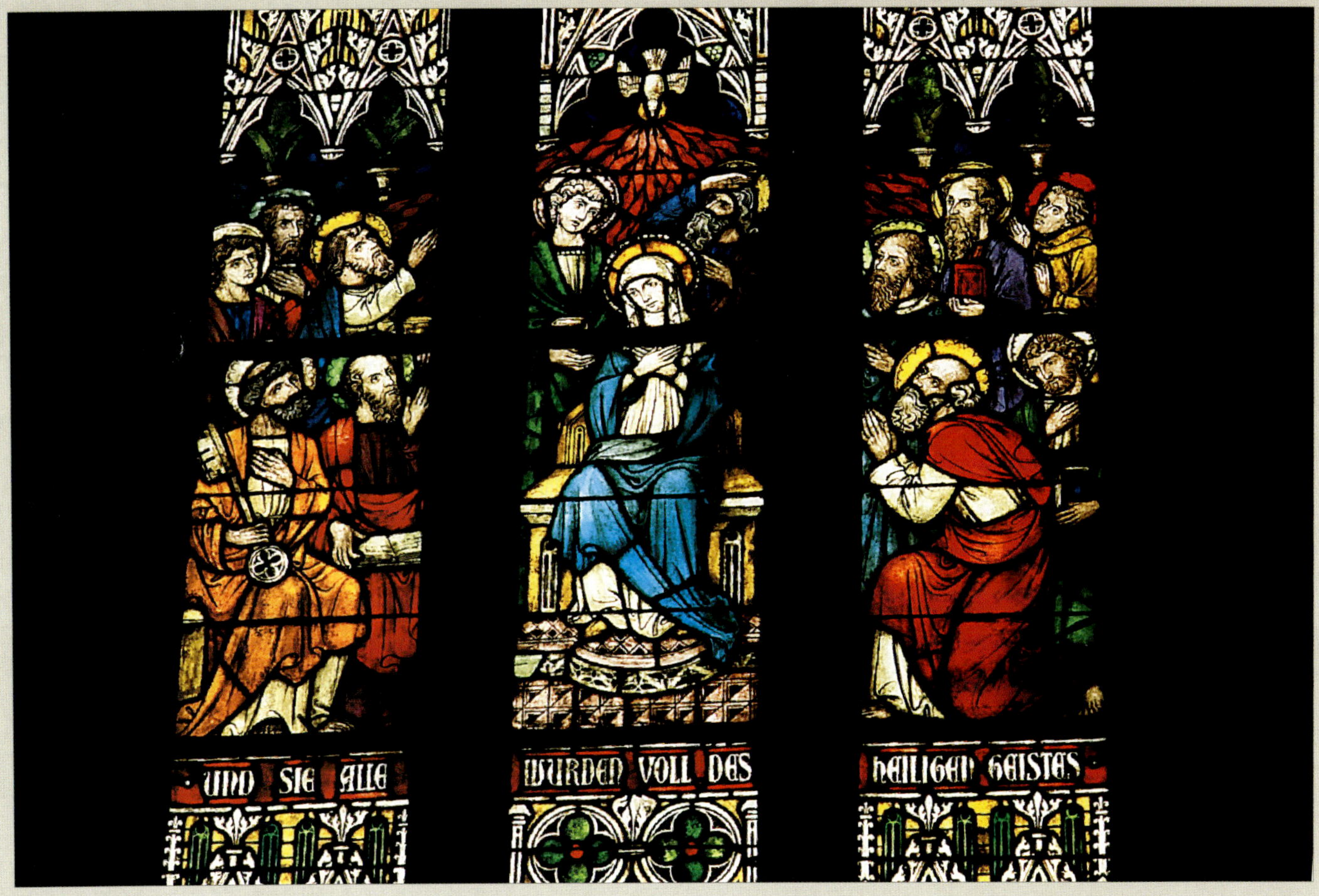

Vitrail de *La Pentecôte* (XIVe), ancienne collégiale Saint-Martin.

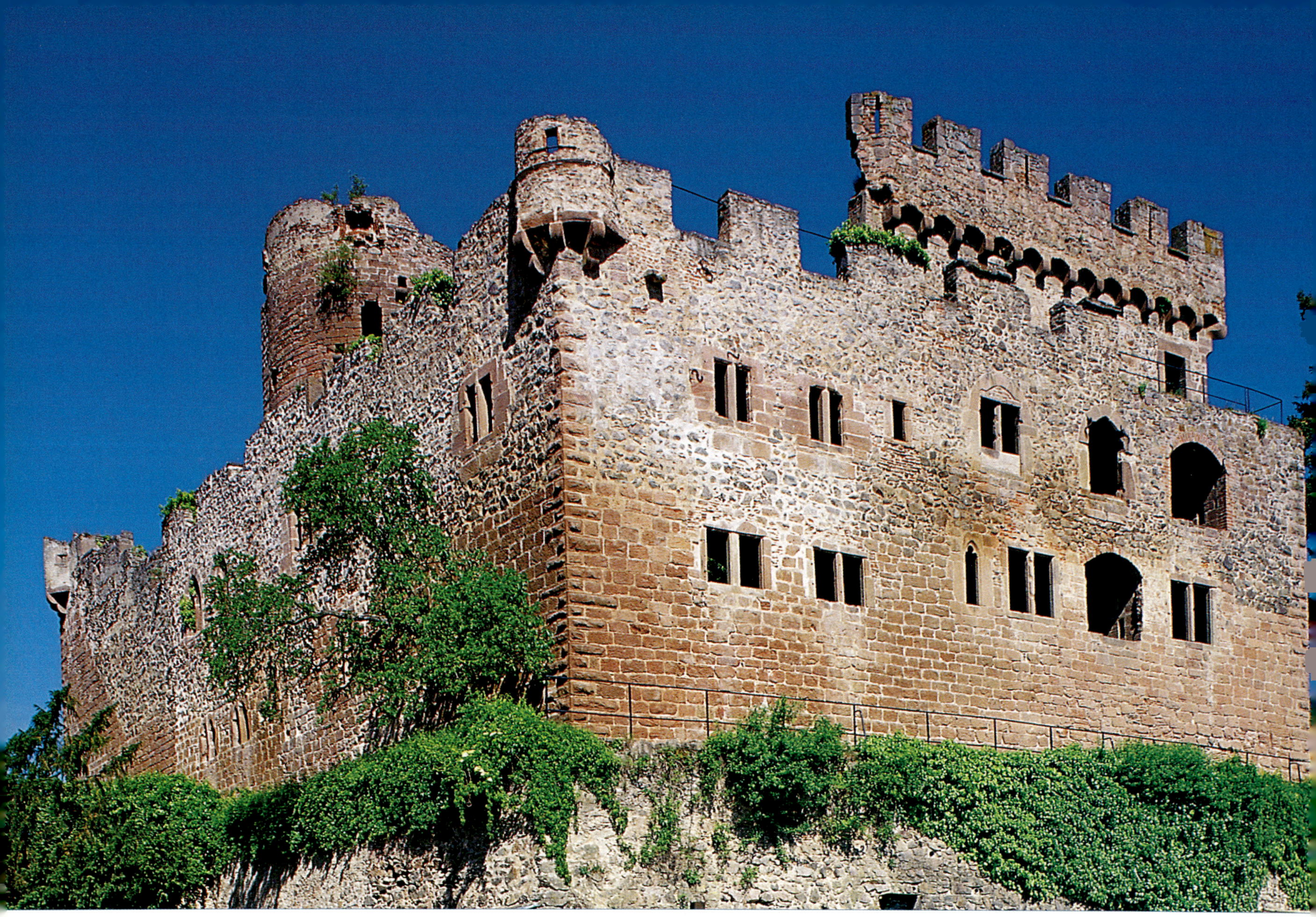

Château féodal de Kintzheim (XIIIe et XIVe siècles) avec donjon intérieur et chapelle gothique. Sur l'esplanade, devant la façade principale, ont lieu les démonstrations de la *Volerie des Aigles*.

de ville gothiques à Guebwiller ou à Châtenois. Mais le véritable atout ce sont des douzaines de châteaux forts, plus ou moins ruinés, mais toujours impressionnants comme le Bernstein encore roman près de Dambach, l'Ortenbourg avec son donjon enchemisé près de Scherwiller, le château de Kintzheim avec sa volerie d'aigles, les châteaux de Ribeauvillé ou d'Eguisheim, sans oublier le fameux Haut-Koenigsbourg près de Sélestat, certes restauré par l'Empereur d'Allemagne, mais qui reste authentique sur bien des plans.

Un autre apport du Moyen Age, ce sont les enceintes de villes ponctuées de tours et de portes à Rosheim, Obernai, Molsheim, Mutzig, Riquewihr et Ribeauvillé, mais encore Bergheim ou Dambach.

Annoncé par la gravure et la peinture dès le début du XVIe siècle, la Renaissance se manifeste en Alsace à partir de 1525 environ. Elle concerne essentiellement l'architecture profane, maisons et manoirs ; l'architecture religieuse étant peu abondante et le plus souvent attachée à la tradition gothique. Parmi les premières réalisations de la Renaissance il faut signaler le Palais de la Régence à Ensisheim, chef-lieu des possessions habsbourgeoises en Alsace. Construit à partir de 1535, le bâtiment en équerre présente une aile à arcades ouvertes surmontée de la salle d'apparat. À Sélestat, l'Hôtel d'Ebersmünster (1541) est proche de ses modèles italiens. À Mulhouse, l'Hôtel de Ville (1552) à deux pignons et escalier d'honneur à double volée inaugure une série d'édifices représentatifs comme la « Metzig » de Molsheim ou l'Hôtel de Ville de Mittelbergheim.

À Colmar, la Renaissance est non seulement précoce, mais aussi variée et durable. Au Waagkeller et à la

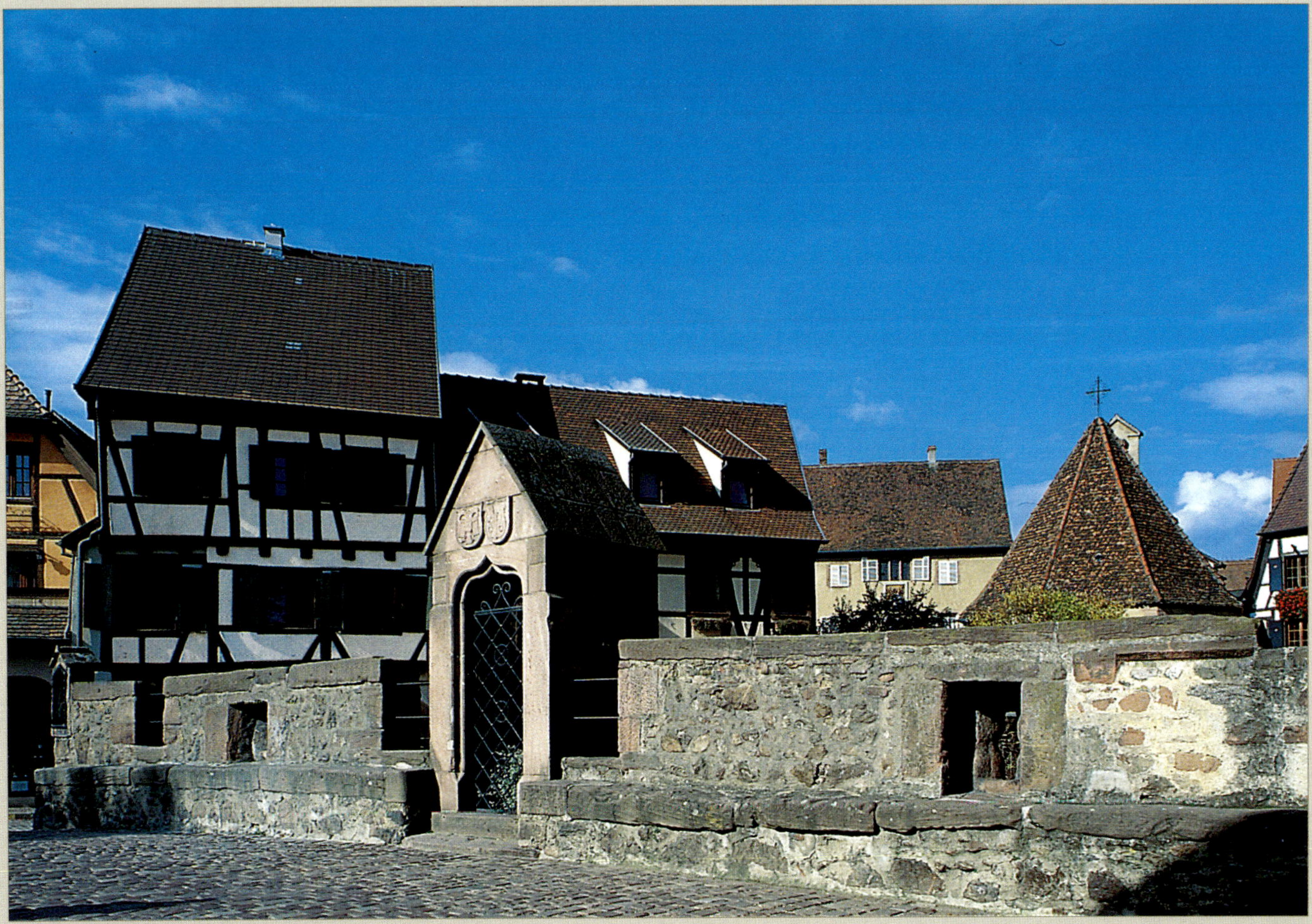

Kaysersberg. Le pont médiéval (XVe siècle) sur la Weiss avec son oratoire.

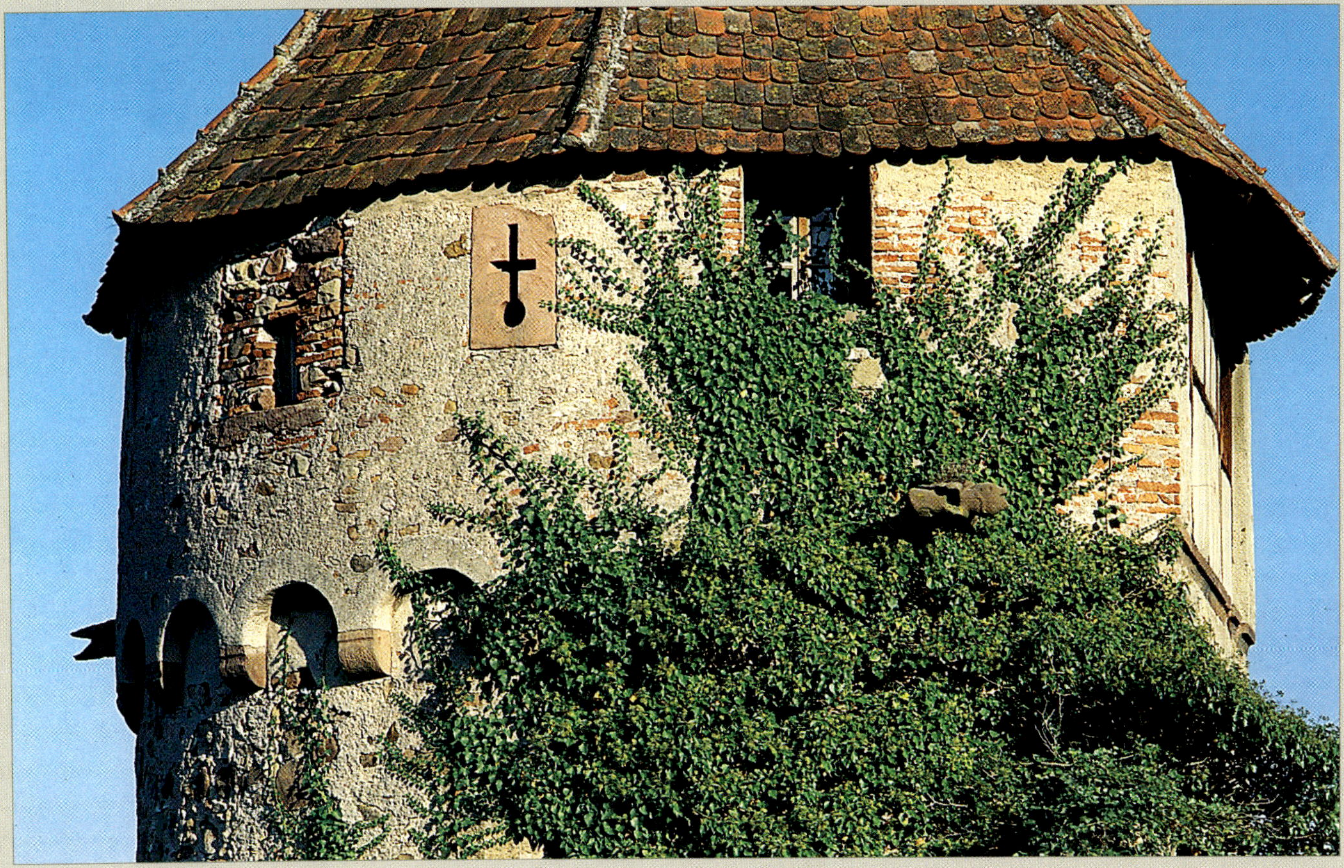

Bergheim. Tour des fortifications (XVe siècle).

Page de droite :
Maison des Têtes à Colmar (1609) détail de l'oriel médian.

Maison Pfister (1537) s'ajoutent le Corps de Garde (1575) et, au début du XVIIe siècle, la Maison des Têtes (1608), la Maison des Arcades et la Maison des Chevaliers de Saint-Jean. Riquewihr, la « Perle du Vignoble », a gardé intactes ses nombreuses demeures du XVIe siècle.

À Strasbourg, l'activité architecturale ne se réveille vraiment que vers la fin du XVIe siècle. C'est l'époque du « Neue Bau », « Bâtiment Neuf » (1585) place Gutenberg, qui révèle une bonne connaissance des règles vitruviennes. En revanche, la Maison de l'Œuvre Notre-Dame (1580), place du château, ne dédaigne pas les réminiscences gothiques. Quant à la Maison Kammerzell, place de la cathédrale, elle illustre les possibilités de l'architecture en bois. Propre à Strasbourg est l'oriel sur voûtes curvilignes qui dérive du buffet de l'Horloge Astronomique à la cathédrale (1579).

Les châteaux et manoirs de la Renaissance se cachent dans les villages et les vallées vosgiennes. L'un des plus remarquables, Birkenwald près de Marmoutier, se distingue par son décor dru et abondant (1562). À Thanvillé, dans le Val de Villé, une vaste cour bordée de bâtiments prélude au château proprement dit, flanqué de quatre tours carrées.

L'amateur de pittoresque ira à Osthouse ou à Osthoffen dans le Bas-Rhin où la Renaissance se mêle à des éléments gothiques. À Woerth, le logis délicatement orné porte la date de 1555. Remanié par Specklin à la fin du XVIe siècle, le château de Lichtenberg est un compendium d'architecture militaire. Sa belle chapelle à voûtes réticulées est encore gothique malgré sa date tardive (1590).

D'une façon générale, les rares constructions religieuses de l'époque sont gothisantes. On peut citer

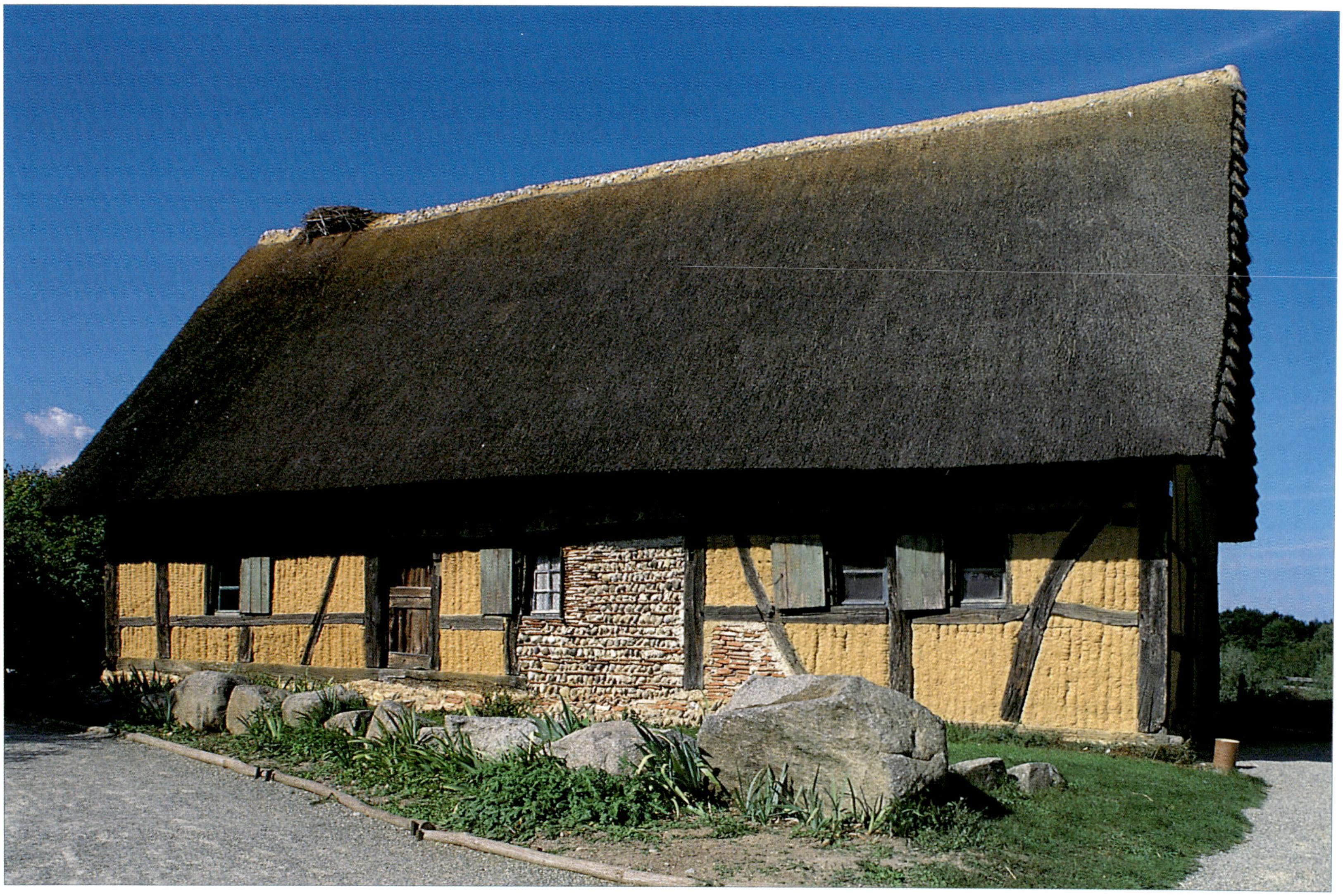

Écomusée d'Alsace à Ungersheim. Maison (1561) provenant du village d'Artolsheim.

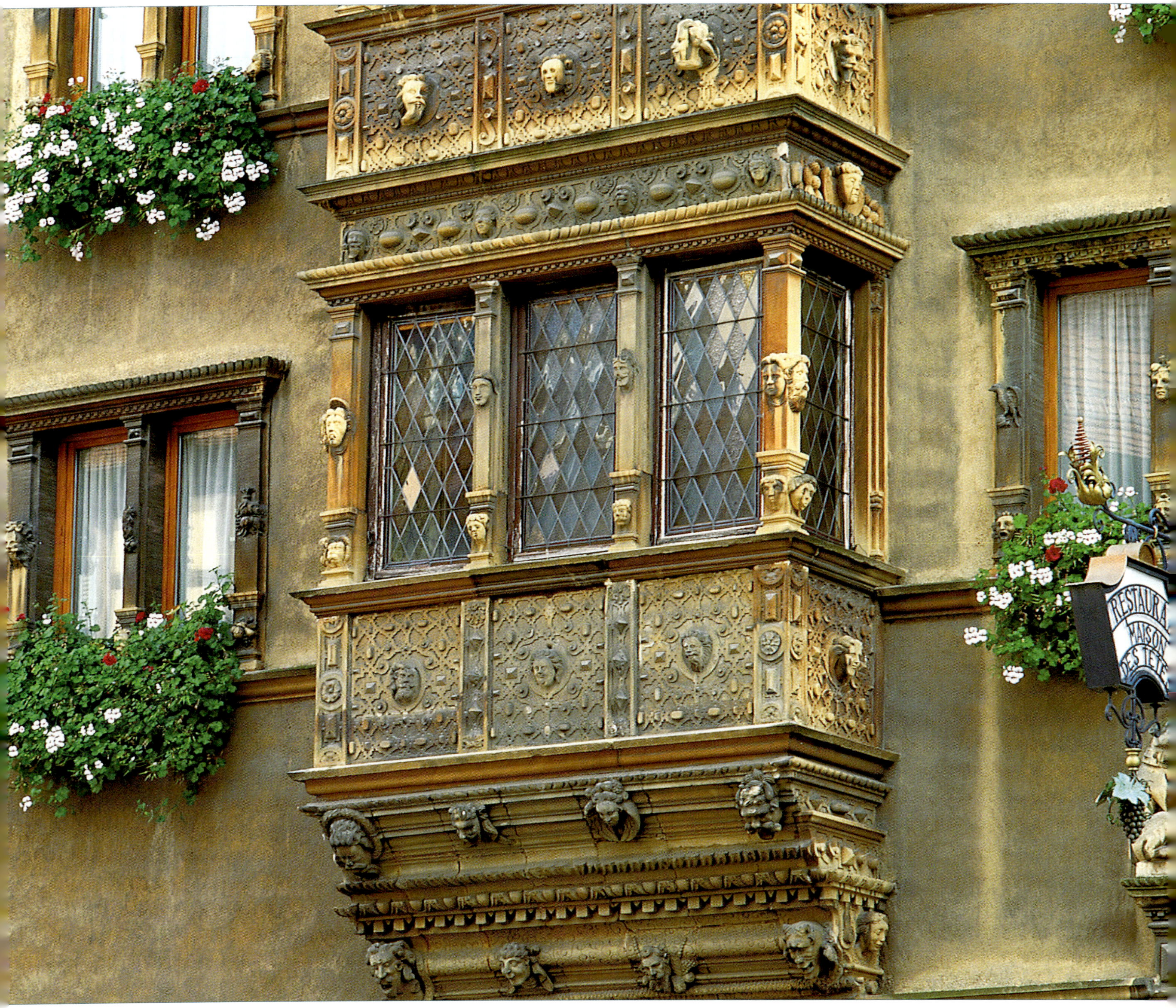

La Maison des têtes à Colmar

La Renaissance à Strasbourg

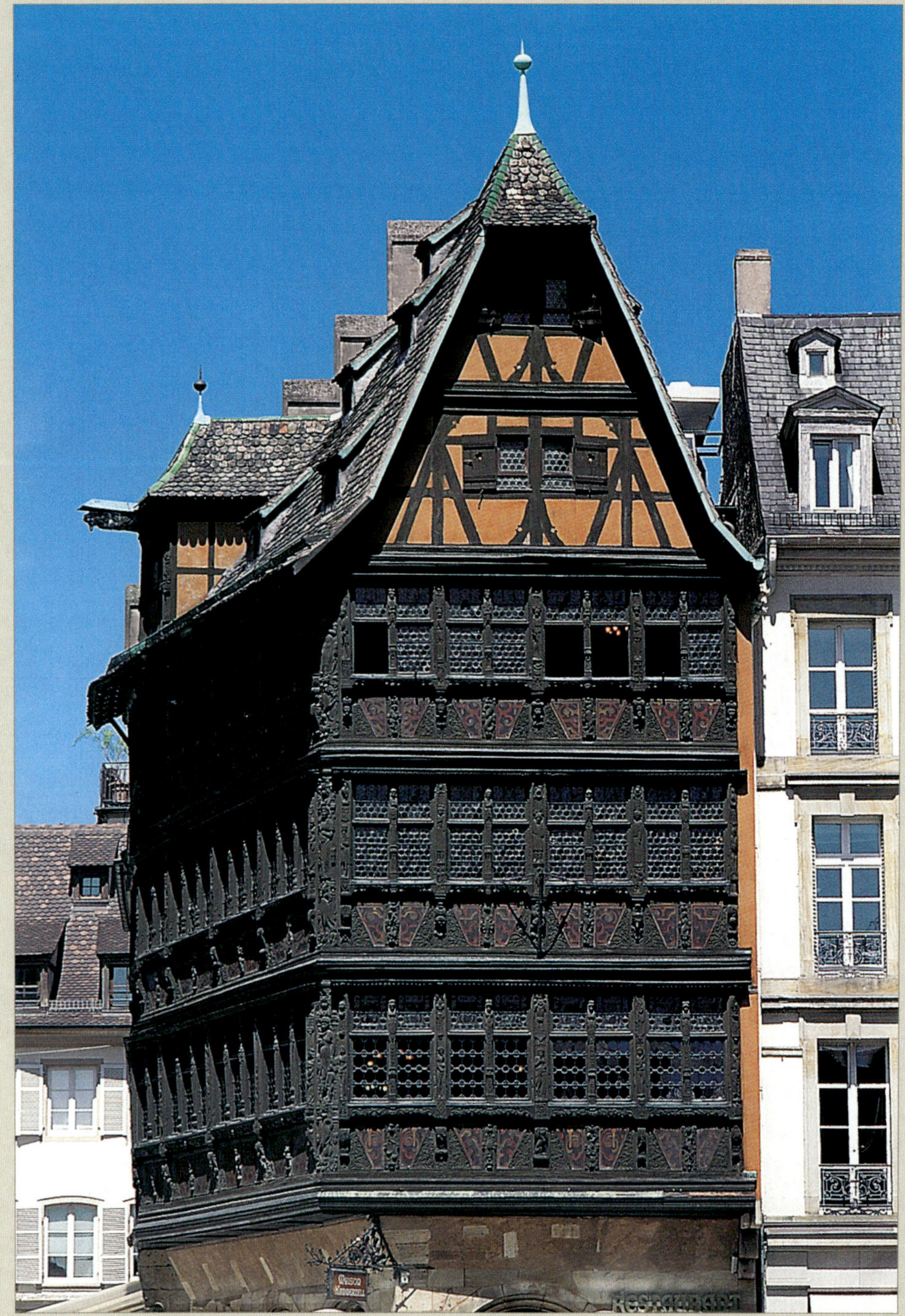

1

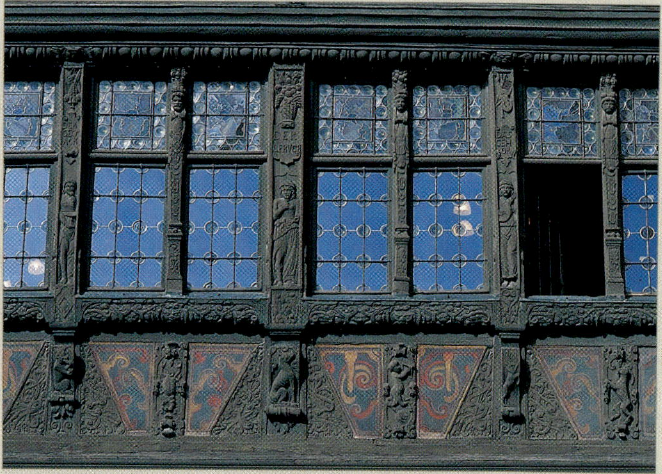

2

1 et 2 : Maison Kammerzell (1589).
3 : Enceinte médiévale avec portail Renaissance derrière l'église Sainte-Madeleine.
4 : Maison de l'Œuvre-Notre-Dame. Aile Renaissance 1585.

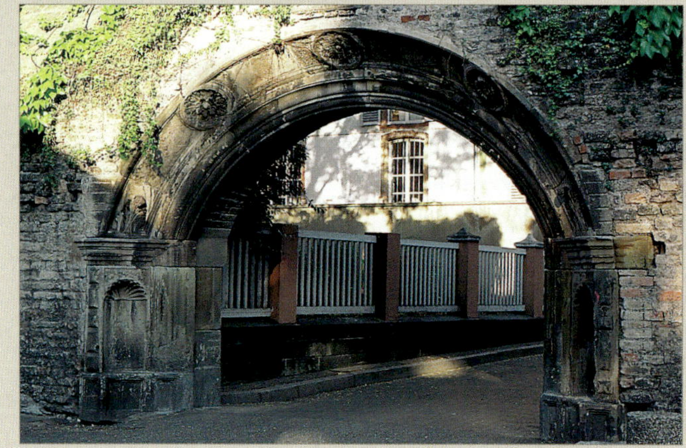

3

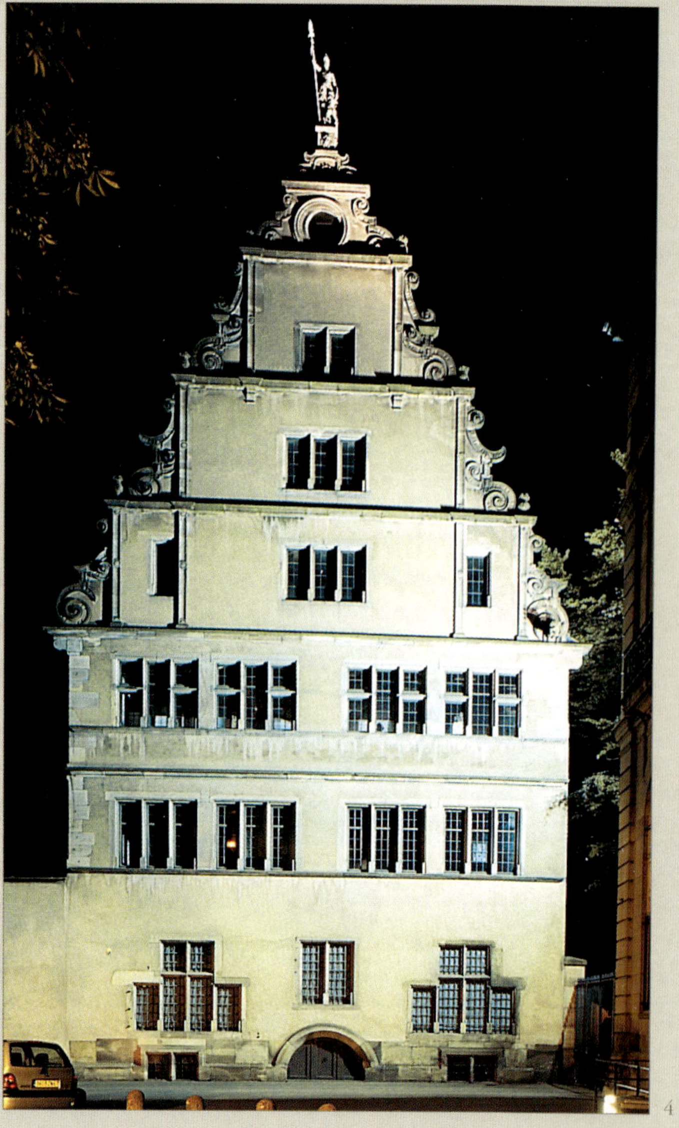

4

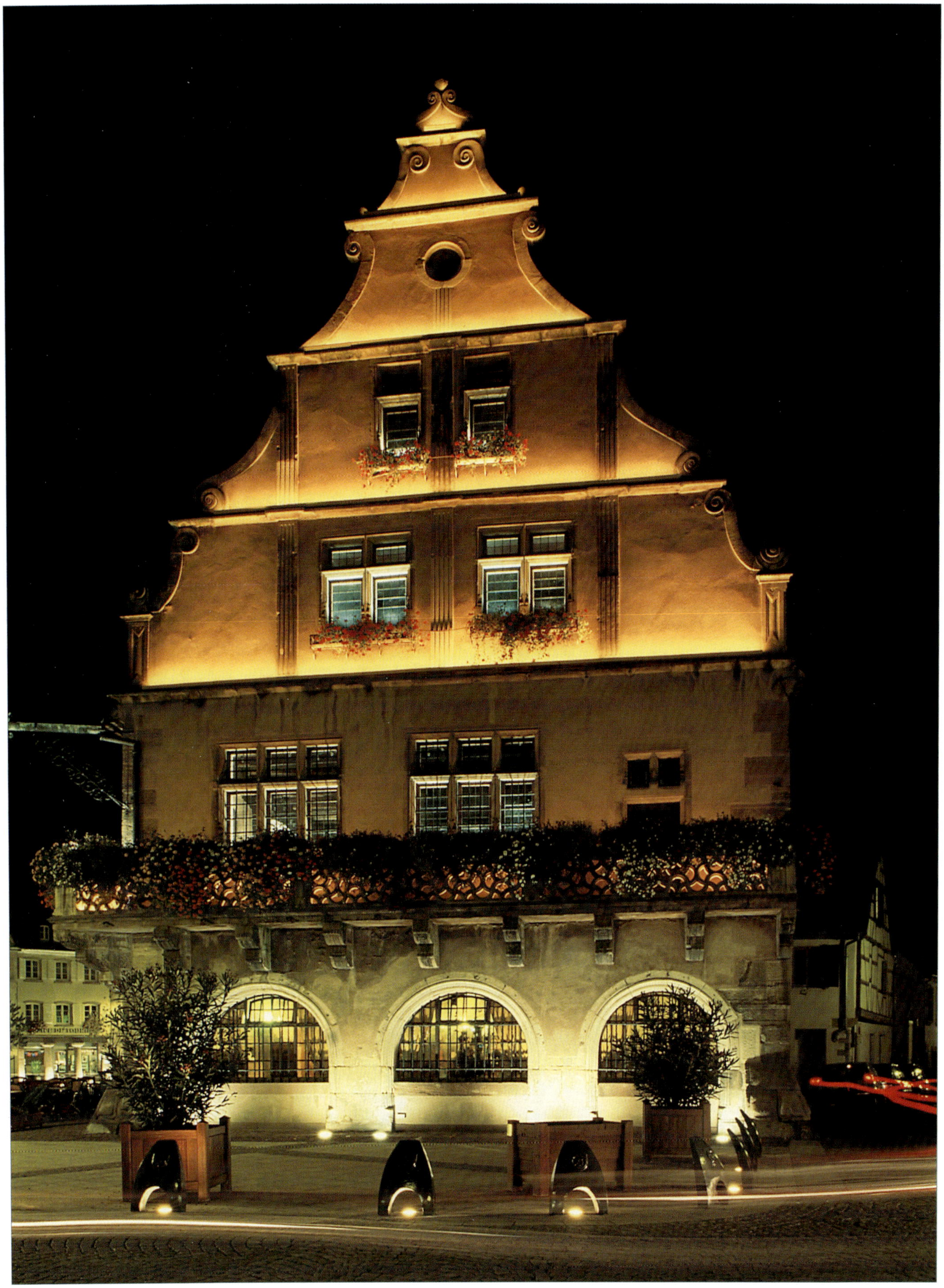

Molsheim. Pignon méridional de la « Metzig » avec décor de pilastres et de volutes (fin du XVIe siècle).

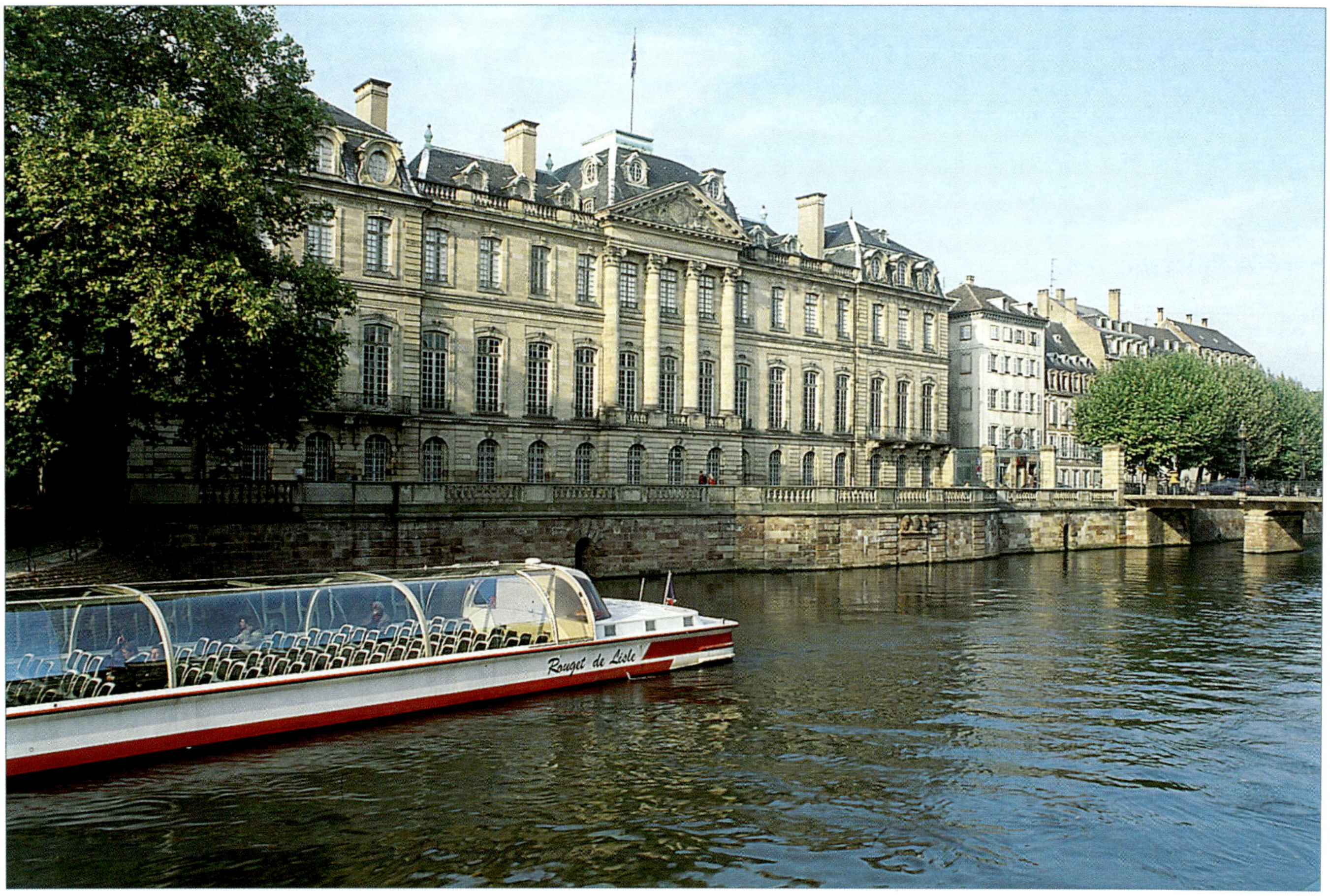

Palais Rohan à Strasbourg. Façade sur l'Ill de Robert de Cotte (1731).

Page de droite : Place du Marché aux Poissons et rue Rohan.

deux chapelles à Strasbourg : celle de l'Hôpital (1527), englobée dans une aile du XVIIIe siècle, et celle du banquier Münckel (1556), rue des Mineurs. La nouvelle église d'Ammerschwihr (1568) propose un mélange maniériste de styles. C'est aussi la caractéristique de la grande église des Jésuites de Molsheim, achevée en 1618.

La Guerre de Trente Ans tarit toutes les sources. L'activité architecturale tombe à un niveau extrêmement bas : le nombre de chantiers a diminué de plus de 90%. La construction reprend timidement après le milieu du siècle, souvent dans un style Renaissance attardé, mêlé à des éléments pré-baroques du style « cartilage ». Le Poêle des Maréchaux à Strasbourg (Musée de l'Œuvre Notre-Dame) en est un bon exemple (1657). À Bouxwiller dans le Bas-Rhin la nouvelle Chancellerie (1659) avec ses beaux portails ostentatoires traduit un effort de modernisation incontestable.

Le rattachement progressif de l'Alsace à la France va insuffler une nouvelle vie aux arts plutôt languissants. De nombreuses variantes stylistiques vont coexister pendant près d'un siècle. Il y a d'abord le style militaire concis et élégant des fortifications et des portes monumentales. Ce style se retrouve notamment à Strasbourg et au château de Brumath (vers 1720). Arrive le classicisme parisien, Robert de Cotte en tête, qui charge Joseph Massol d'édifier le Palais Rohan de Strasbourg. Cet architecte va dominer toute la production alsacienne du XVIIIe siècle, non seulement par ses édifices strasbourgeois comme l'actuel Palais du Gouverneur Militaire, mais aussi par ses châteaux (Reichshoffen, Odratzheim) et d'autres constructions importantes (Hôtel de Ville de Wissembourg, cour dimière d'Obernai, École Royale de Sériciculture à Dachstein).

Les architectes d'origine ou de formation parisienne développent le « style Régence » qui allège et tempère le classicisme trop rigoureux. Son principal représentant à Strasbourg à côté de Joseph Massol, est le Suisse Jacques Gallay à qui nous devons entre autres l'Hôtel des Dames d'Andlau et l'Hôtel de Fréqual. J.-M. Muller est l'auteur des Écuries Royales (1756), de l'Hôtel d'Ebersmünster (1759) et de l'Hôtel de Christine de Saxe (1767), la tante de Louis XVI.

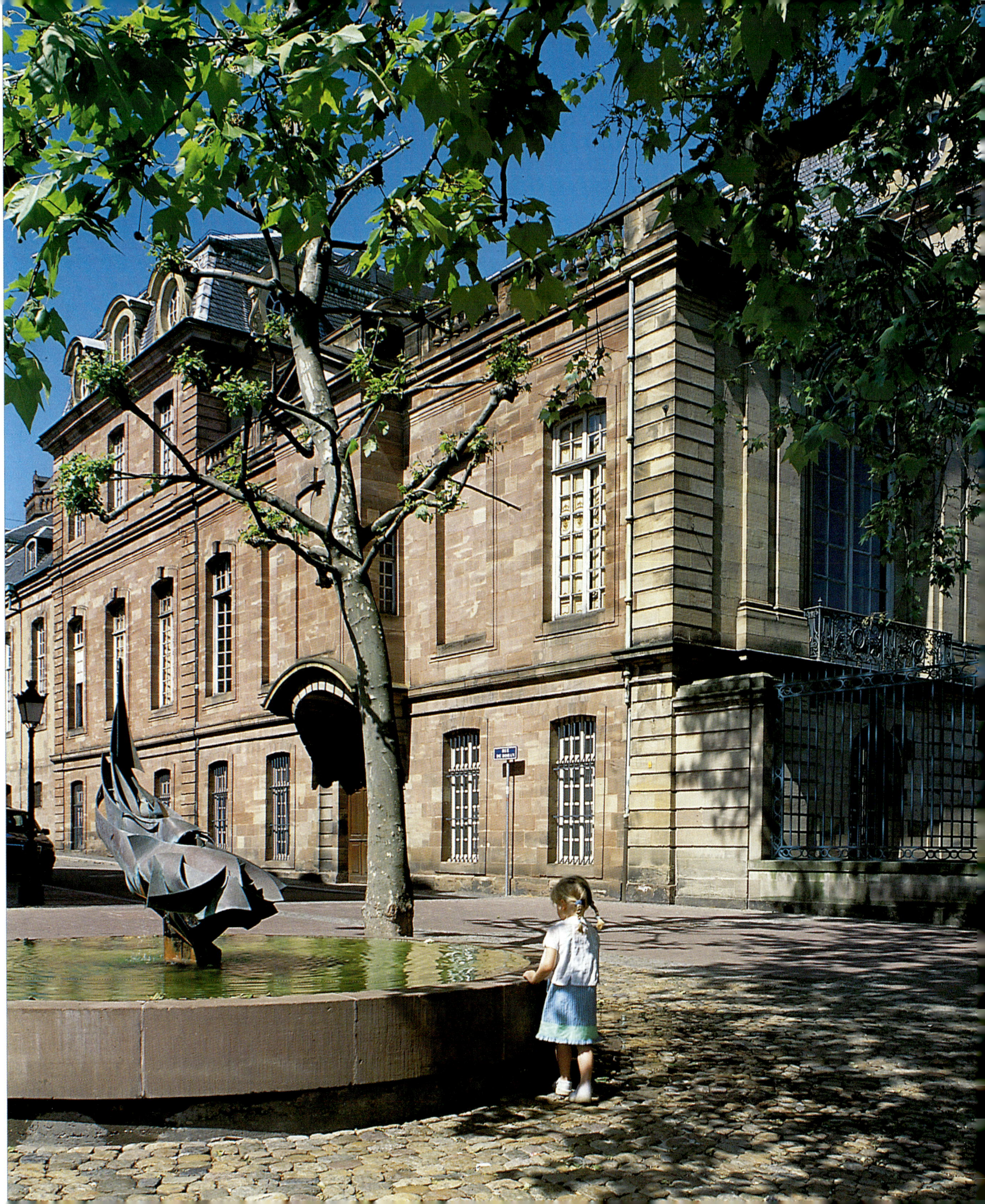

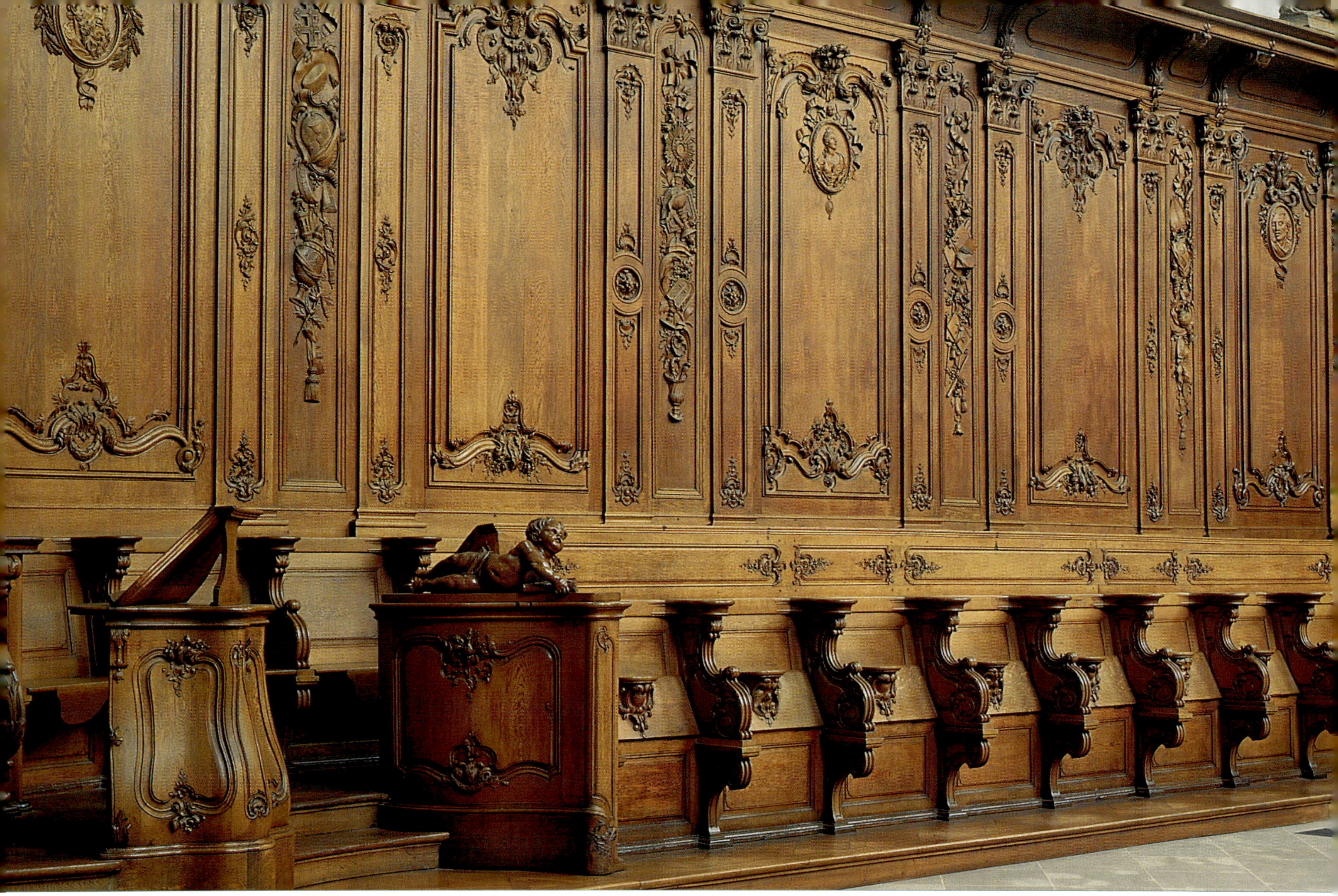

Ancienne abbatiale de Marmoutier, stalles du chœur (XVIIIᵉ siècle).

Le « rococo strabourgeois » fait la synthèse de tendances germaniques et de la rocaille française. C'est l'Hôtel de Marmoutier (1757), dû à Pflug, qui donne ses lettres de noblesse à cette variante régionale. L'Hôtel des Couples (1762) et l'Hôtel des Gayling d'Altheim, avec sa délicieuse lucarne, illustrent parfaitement cette nouvelle option.

Avec l'avènement du style néo-classique vers 1770 toutes les fantaisies du XVIIIᵉ siècle s'estompent. À la veille de la Révolution des œuvres importantes voient le jour à Strasbourg, à Saverne, mais aussi à Colmar où Pierre Michel d'Ixnard construit le Théâtre et la Bibliothèque du Lycée.

L'architecture religieuse est très active tout au long du XVIIIᵉ siècle. La nouvelle nef d'Andlau propose une halle sur piles recoupée par des tribunes. Des voûtes à nervures de tradition gothique complètent cette création originale parfois attribuée à un architecte d'outre-Rhin (1703). L'abbatiale d'Ebersmunster transplante en Alsace les fastes du baroque du Vorarlberg (1727). Peter Thumb, l'architecte, a également œuvré à Altorf, à Thierenbach et à Erstein. Vers 1750, le Strasbourgeois Jean-Jacques Sarger édifie la grande chapelle des Jésuites de Colmar, qui se rattache à des églises italiennes et parisiennes. En 1766, le Bisontin Nicolas Beuque commence l'église Notre-Dame de Guebwiller qui compte parmi les prototypes du style Louis XVI. À noter le nouveau chœur de Marmoutier en néo-gothique baroque (1767).

Le néo-classicisme qui survit à la Révolution, connaît quelques avatars, mais se maintient au moins dans l'architecture officielle jusqu'au milieu du XIXᵉ siècle. À Strasbourg, l'Orangerie et le Théâtre Municipal (1821) confirment les tendances de l'époque. À Mulhouse, le « Nouveau Quartier » évoque la rue de Rivoli à Paris.

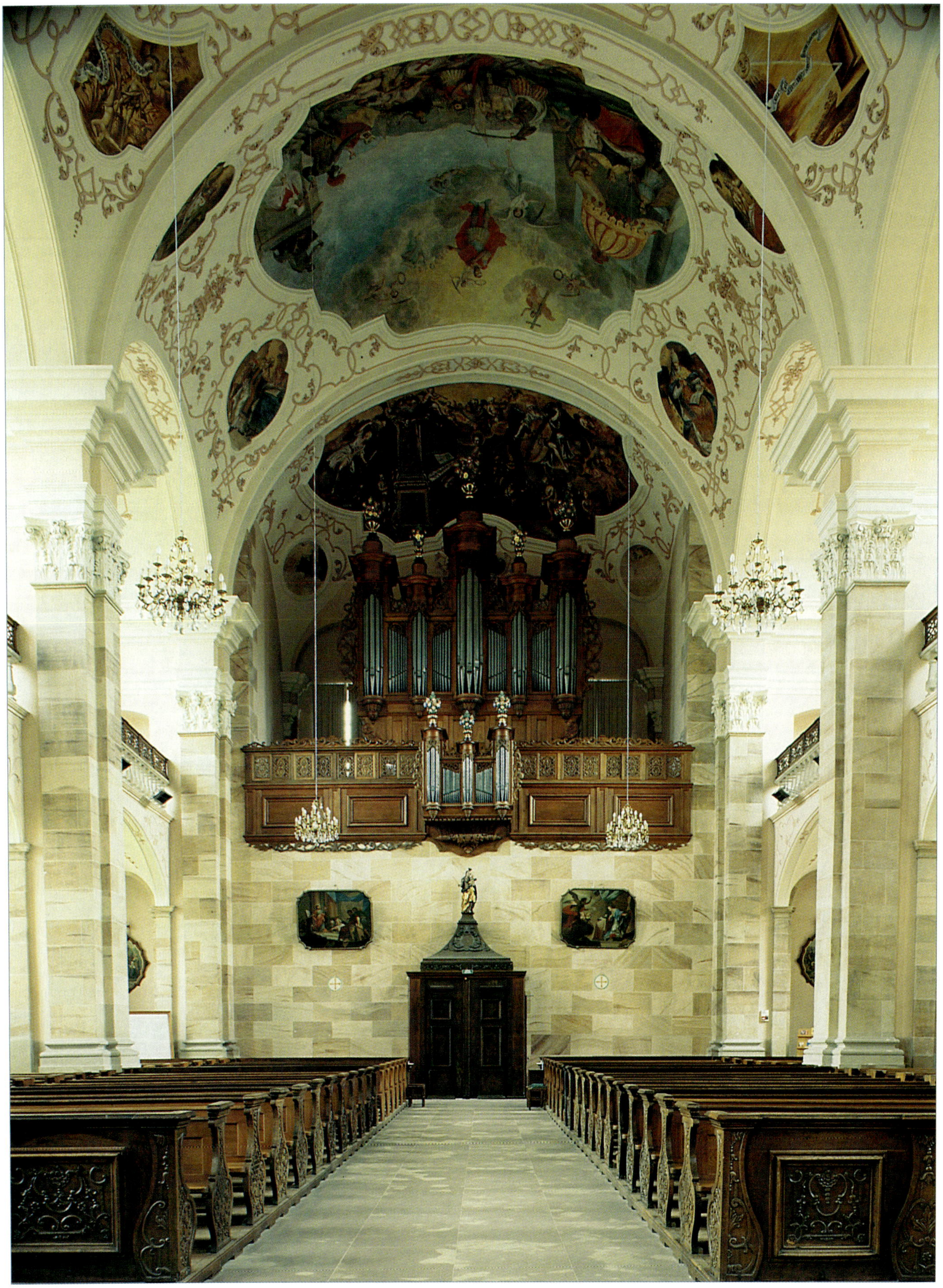

Ancienne abbatiale d'Ebermunster. Le grand vaisseau baroque avec l'orgue Silbermann (1732).

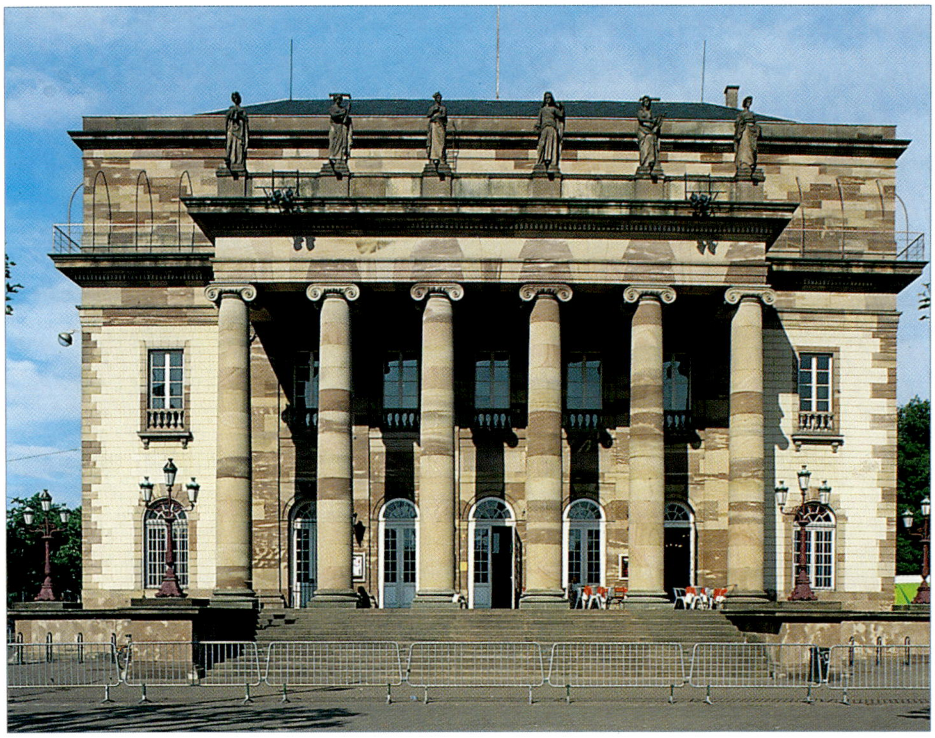
1

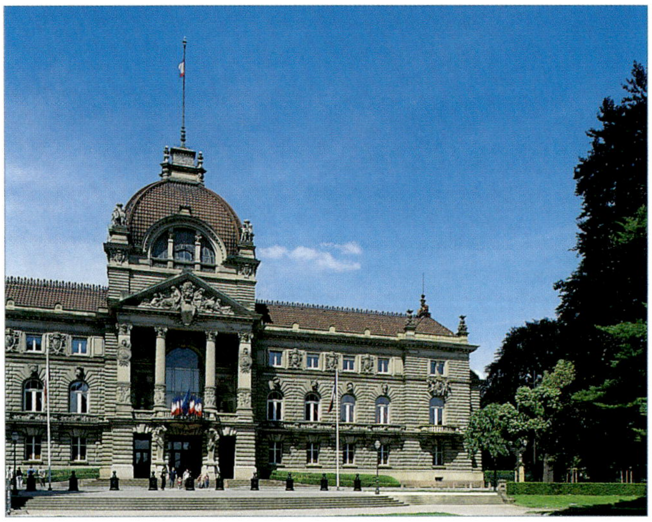
2

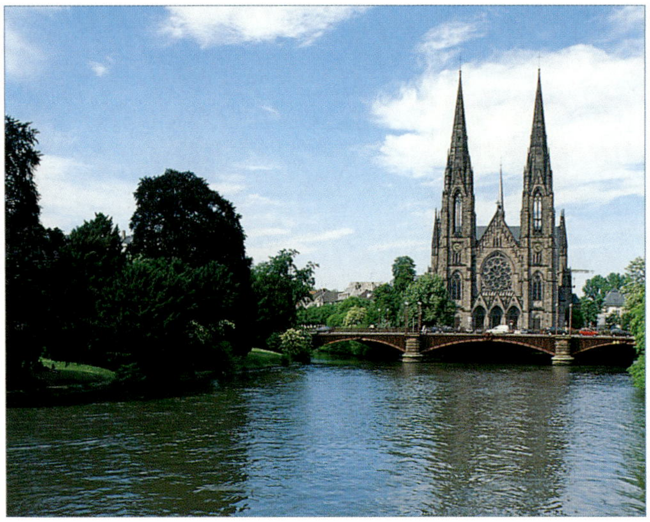
3

1 : Opéra du Rhin à Strasbourg. Façade néo-classique surmontée des muses (1821).

2 : Ancien Palais de l'Empereur d'Allemagne à Strasbourg (1888).

3 : Église Saint-Paul à Strasbourg, ancienne église de garnison protestante (1893).

Page de droite : Le Musée de Haguenau est une création originale de l'éclectisme (1905) qui ne passe pas inaperçue dans le paysage architectural de l'ancienne ville impériale.

L'architecture religieuse reste rigoureuse et sévère. La synagogue de Haguenau, les églises de Russ et de Ranrupt dans la vallée de la Bruche, l'église Saint-Louis de Sainte-Marie-aux-Mines ne manquent pas de prestance, mais plutôt de grâce et d'alacrité. Puis tout-à-coup, vers le milieu du siècle, le néo-gothique fait irruption dans les villes mais aussi dans les vallées industrialisées. À Strasbourg, la charmante chapelle de la Toussaint (1854) renoue avec la grande tradition rayonnante. Au Müllerhof, dans la vallée de la Bruche, la chapelle de famille des industriels du textile rivalise avec des modèles d'Ile-de-France. À Colmar, l'industriel Herzog se fait construire une chapelle élancée qui devait défier la Sainte-Chapelle de Paris. À Molsheim, la chapelle des Chanoinesses s'inspire des églises-halles médiévales. Rien que sous le Second Empire on enregistre une centaine de nouvelles constructions.

À l'époque du Reichsland, l'éclectisme devient prédominant. L'architecture religieuse connaît une deuxième phase d'épanouissement en préférant tour à tour le néo-roman (Temple-Neuf à Strasbourg), le néo-gothique (Saint-Paul à Strasbourg, Saint-Joseph à Colmar, Sainte-Geneviève à Mulhouse), le néo-baroque (Saint-Fridolin à Mulhouse). En architecture profane, l'évolution est plus subtile. Une première période jette son dévolu sur la Renaissance, qu'elle soit allemande, italienne ou française. Les bâtiments officiels de Strasbourg, du Palais du Rhin à l'Université, entrent pour la plupart dans cette catégorie. Vers la fin du XIXe siècle, le paysage se diversifie : à côté de la Renaissance qui s'efface, nous trouvons du néo-gothique (Hôtel des Postes de Strasbourg) du néo-baroque (Trésorerie et Préfecture de Strasbourg, Cour d'Appel de Colmar), de l'Art Nouveau (uniquement en architecture privée à Strasbourg et Colmar). Le picturalisme, c'est-à-dire la recherche effrénée d'effets pittoresques obtenus par le mélange d'éléments gothiques et d'éléments Renaissance, triomphe à Strasbourg (Petites Boucheries de 1901, Lycée International de 1903). Au début du XXe siècle, une triple tendance se dessine : le néo-régionalisme (avec la réhabilitation du pan de bois), une ultime métamorphose du néo-classicisme et enfin l'acheminement vers une architecture plus dépouillée, sans références à un style

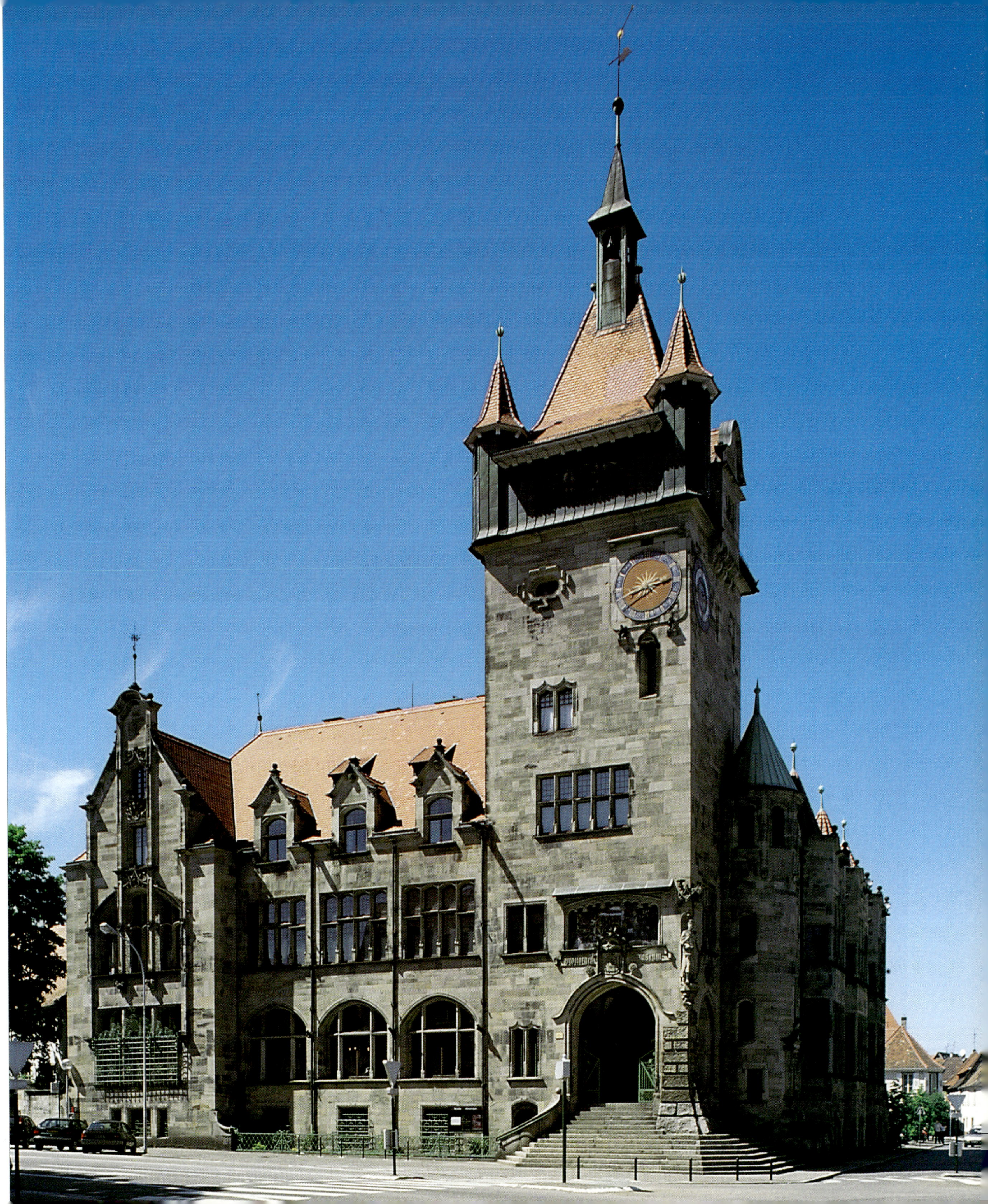

L'École Saint-Thomas (1909) à Strasbourg. Vaste édifice néo-Renaissance au bord de l'Ill.

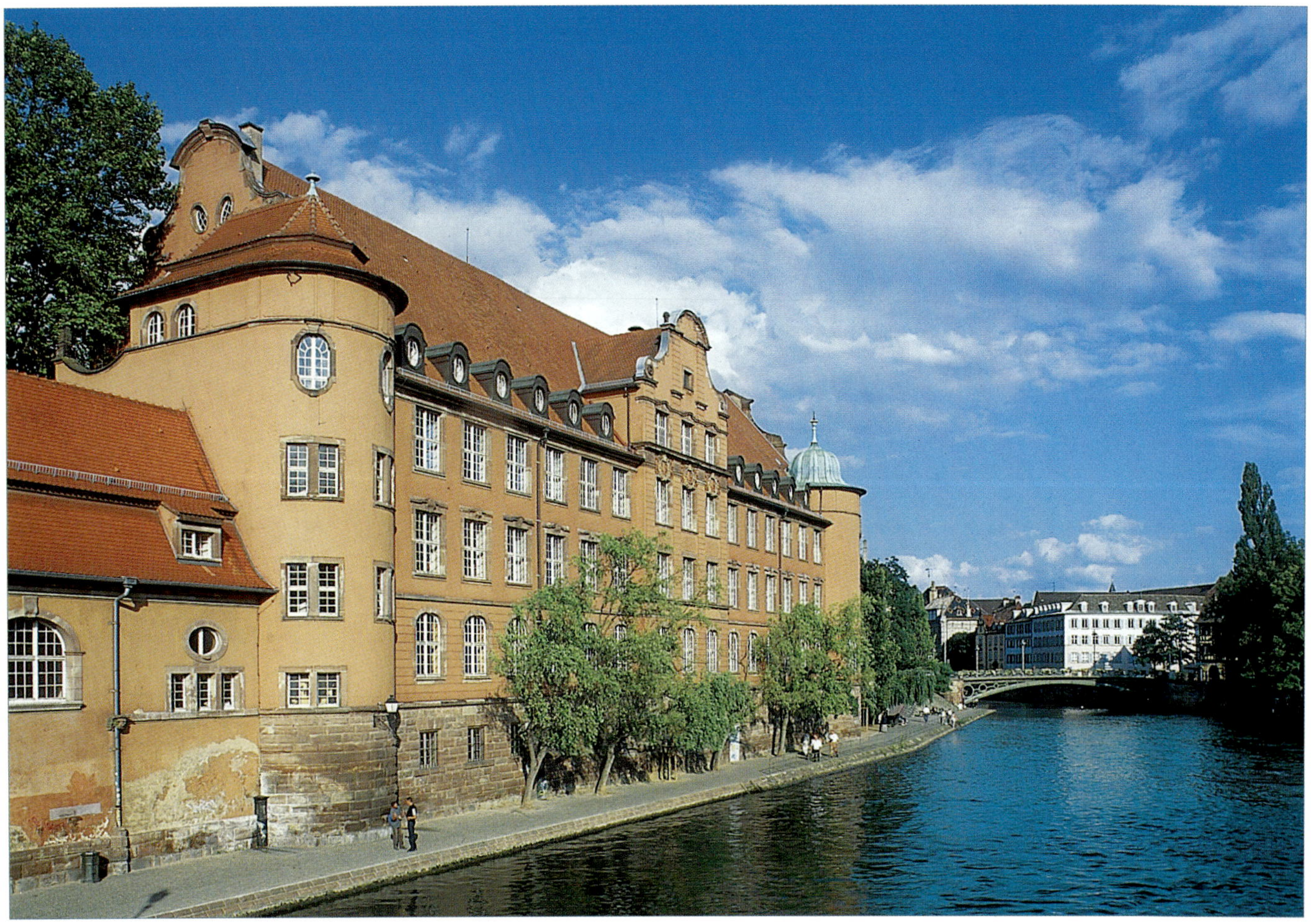

Le Quai des pêcheurs à Strasbourg avec ses péniches-restaurants.

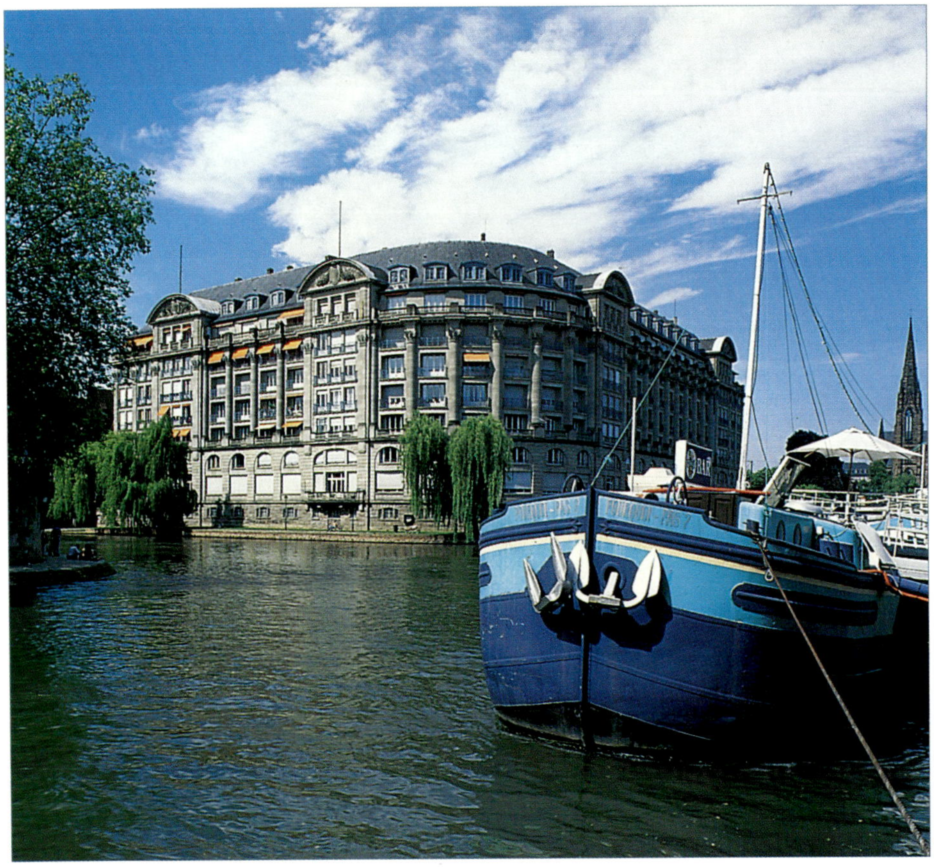

précis, sans pierre de taille (église protestante de Koenigshoffen à Strasbourg).

L'entre deux-guerres coïncide avec l'essoufflement du post-éclectisme. Les villes étant pourvues en bâtiments publics, l'effort des municipalités se concentre sur l'habitat social et les constructions scolaires. L'église de Logelbach près de Colmar annonce l'architecture moderne dès 1926. À Strasbourg, dans le quartier de la Meinau, une villa-paquebot fait sensation en 1934.

Pendant l'annexion de fait, l'activité architecturale est réduite au minimum. À Strasbourg, des plans d'extension sont élaborés dès 1941. Mais tous ces rêves mégalomanes se dissipent dans le fracas des bombardements. Il ne reste que très peu de traces de cette époque : les usines d'aviation Junkers à la Meinau, dans le style du « Bauhaus », un pavillon complétant l'Hôtel du Préfet et la crypte archéologique au Petit Broglie avec des vestiges romains et médiévaux.

Dirigée par l'architecte Charles Gustave Stoskopf, la reconstruction des campagnes dévastées et des villes meurtries est menée avec le plus grand respect des formules traditionnelles. L'afflux de la population conduit les villes à multiplier les cités et grands ensembles. Strasbourg s'est doté de quartiers remarquables comme l'Esplanade avec ses immeubles-tours et son campus universitaire ou Hautepierre constitué de maillons polygonaux. Le quartier européen autour de l'Orangerie regroupe les principales institutions. Le nouveau bâtiment d'Arte s'élève non loin du Parlement européen.

Dominée par sa Tour de l'Europe élégamment incurvée, la ville de Mulhouse ne demeure pas en reste. L'exode urbain très marqué a bénéficié aux proches banlieues. Des phénomènes voisins, de moindre ampleur, sont constatés à Colmar et à Sélestat.

Le renouveau de l'architecture religieuse entre 1955 et 1975, qui concerne plus de deux cents édifices, est dû à la fois à la reconstruction et à la création de nouveaux quartiers. À Strasbourg, une vingtaine d'églises et de chapelles ont surgi « comme les fleurs de mai » (selon l'expression de Conrad de Lichtenberg au XIIIe siècle). La Synagogue de la Paix en bordure du Parc du Contades symbolise avec ses colonnes les Dix Commandements de Dieu. À l'esplanade, l'église du Christ-Ressuscité séduit par son toit ondoyant qui enveloppe la nef tandis que l'église de la Très-Sainte-Trinité soutenue par des tripodes semble être l'héritière des aspirations gothiques. À la Robertsau, la chapelle Sainte-Anne, tout en étraves, affiche un modernisme de bon aloi.

À Mulhouse, deux nouvelles églises se rattachent encore à la tradition du sanctuaire à campanile (Saint-Jean-Bosco et Sainte-Odile-de-la-Paix). Mais l'église du Sacré-Cœur innove hardiment en plaçant la tour-lanterne sur des colonnes. Le Centre Saint-François d'Assise et l'église Saint-Pierre-Saint-Paul tentent de faire œuvre originale.

Il serait peut-être fastidieux d'énumérer toutes ces églises blanches qui parsèment les campagnes. Elles ont en commun l'amour du vitrail qui a connu un épanouissement incomparable dans la seconde moitié du XXe siècle. L'Alsace est aussi le pays des orgues qui a connu de tous temps des facteurs de grande réputation. Aux Silbermann du XVIIIe siècle ont succédé au XIXe siècle les Callinet et les Stier, plus tard les Roethinger et de nos jours les Kern et les Koenig.

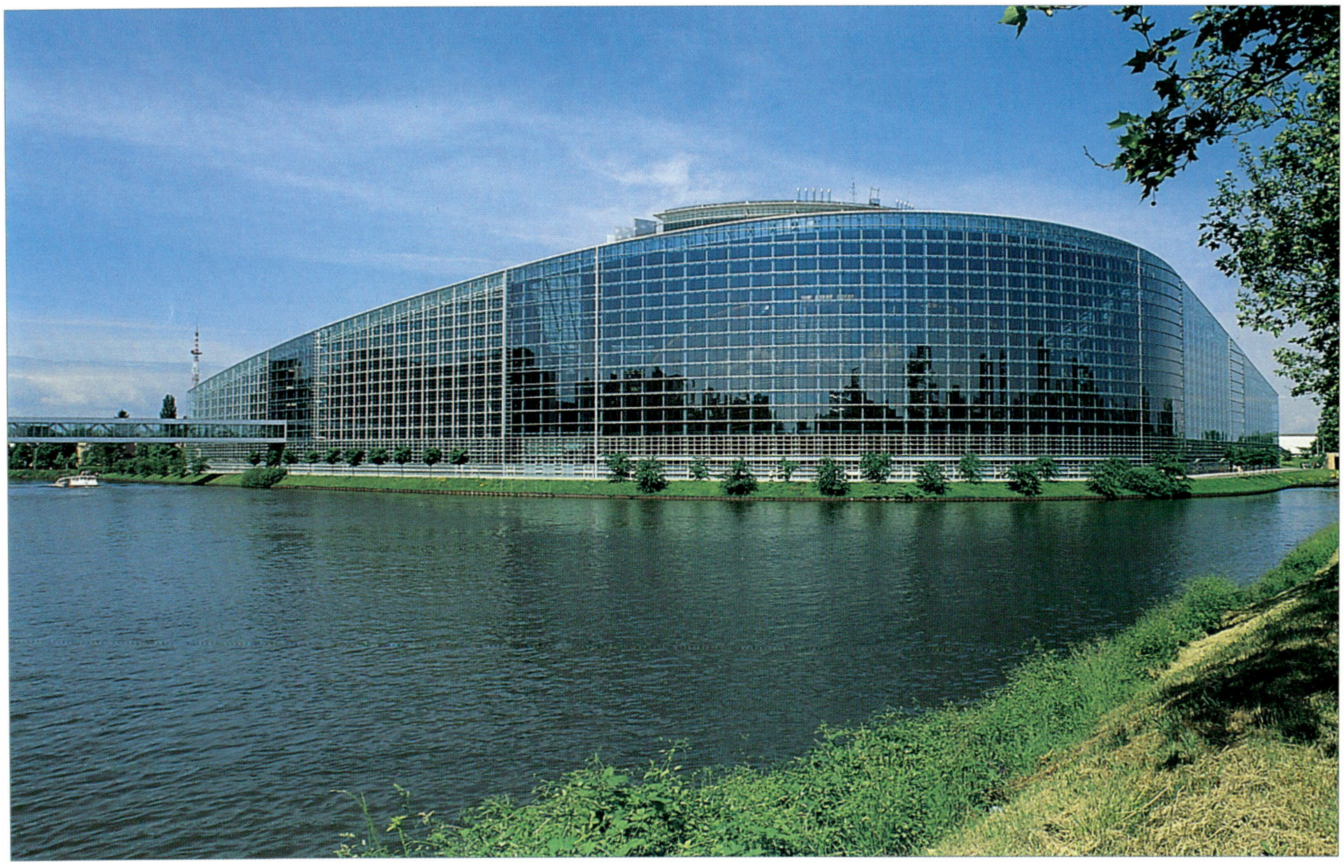

Le parlement Européen se love au bord de l'Ill (1998).

Promenades

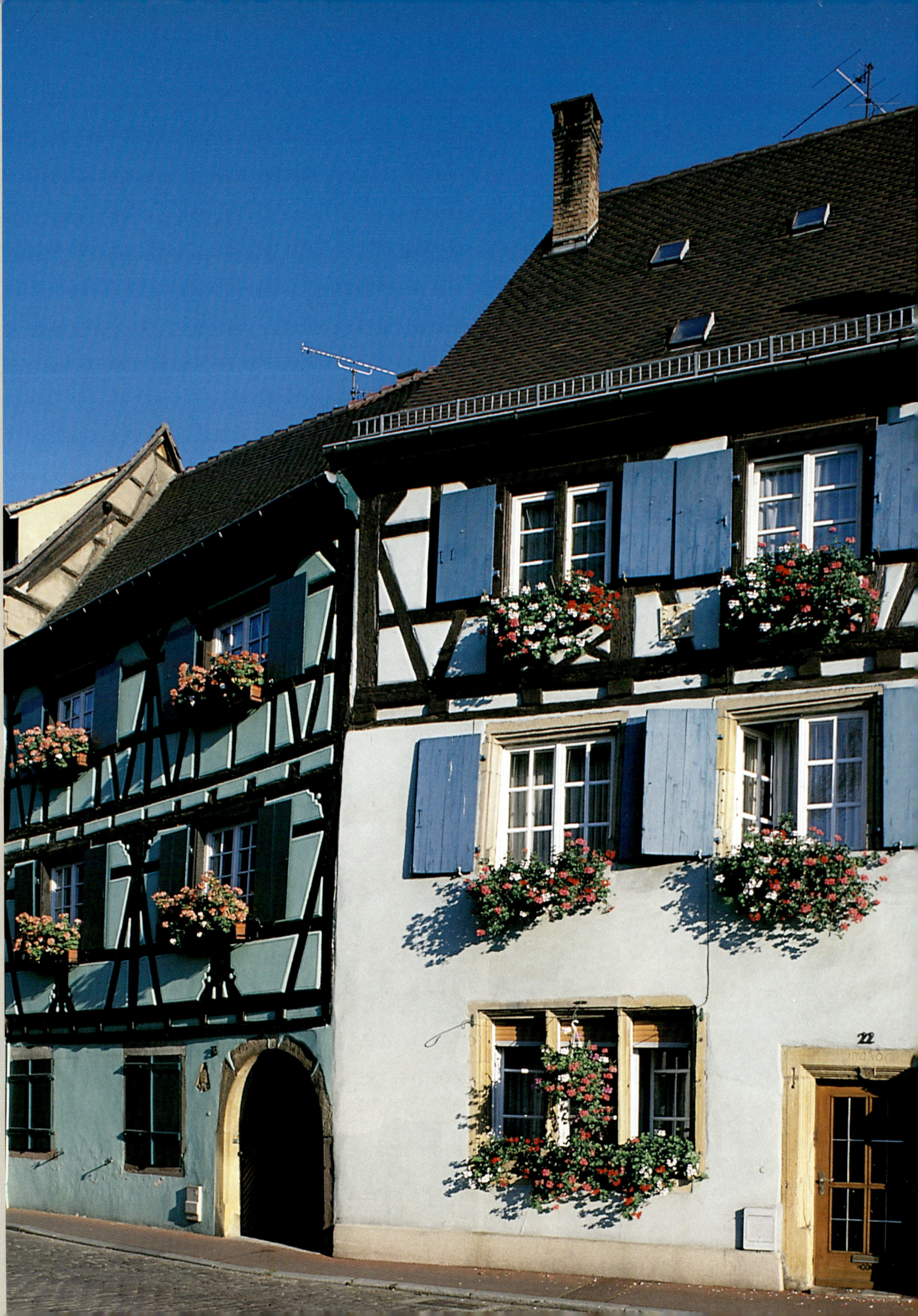

Quai de la Poissonnerie à Colmar. Anciennes maisons des XVIe et XVIIe siècle.

Strasbourg au carrefour des routes du destin

Rares sont les villes où l'histoire est aussi lisible qu'à Strasbourg. Avec un peu d'imagination on se représente le castrum romain qui s'entoure progressivement de nouveaux quartiers. L'ellipse insulaire ne peut endiguer la poussée démographique qui impose dès le XVe siècle la configuration quasi définitive de la ville intramuros. Ce n'est qu'après 1870 que l'étau se desserre, les nouvelles fortifications englobant une superficie triplée. Mais il faut attendre 1922 pour libérer définitivement la ville malgré une réglementation tatillonne.

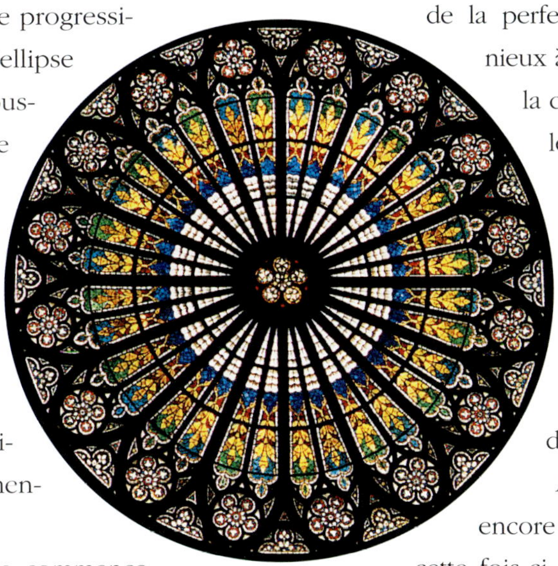

Une visite rapide de strasbourg commence logiquement par la cathédrale qui a été le réceptacle de toutes les manifestations de l'existence. Rien ne pouvait se concevoir jadis en-dehors de l'Église. La cathédrale, ce n'est pas une accumulation de dates, de noms et d'expressions techniques, c'est l'élan vers l'absolu, la plénitude et la béatitude. Voyez cette grande rose épanouie, ce mandala universel, qui rappelle à tout instant cette quête de la perfection. Voyez ce vaisseau harmonieux à l'architecture diaphane qui part à la conquête de l'indicible. Voyez aussi le Pilier des Anges, cette œuvre unique dans l'art du Moyen Age ; observez ces éphèbes qui viennent de sonner le buccin qui annonce la fin des temps. Ils écoutent avec ravissement ces sons qui se propagent en prélude du règne de la justice et de l'amour.

À l'église Saint-Thomas, c'est encore une rencontre avec le gothique, cette fois-ci sous forme de halle apaisée qui invite à la médiation. C'est aussi une rencontre avec le Maréchal de Saxe qui va entrer dans l'éternité. Le mausolée magnifique comme en suspens entre le baroque et le néo-classique est aussi une transition entre la vie agitée du soldat et l'apaisement de l'intemporel.

Cathédrale de Strasbourg. La grande rose de la façade occidentale s'inscrit dans la lignée des roses royales d'Ile-de-France (début du XIVe siècle).

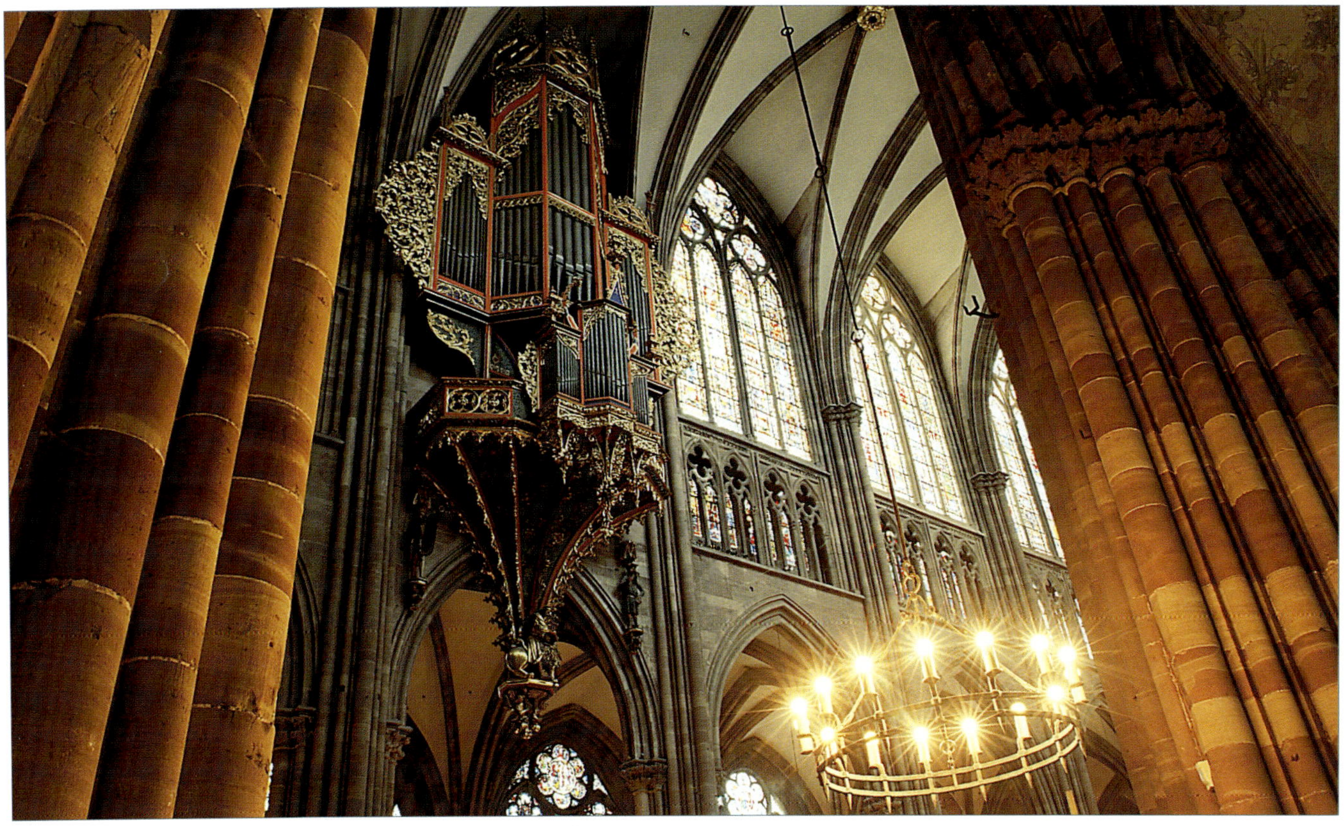

Cathédrale de Strasbourg. Haut de 24 m le grand orgue réunit des éléments gothiques et baroques.

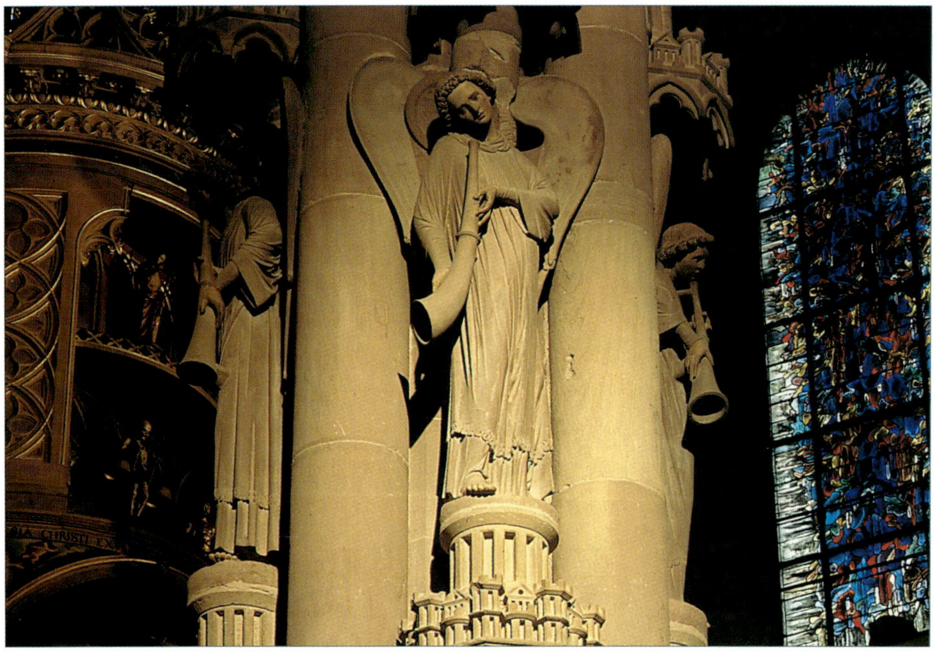
1

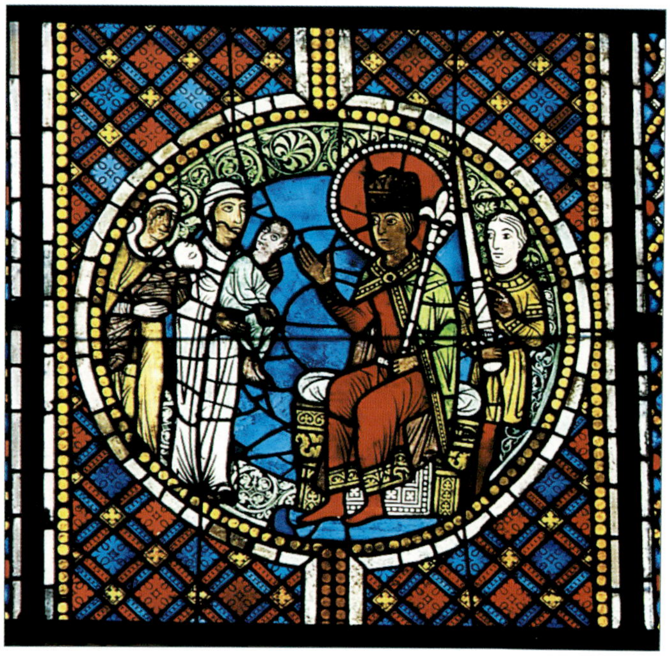
2

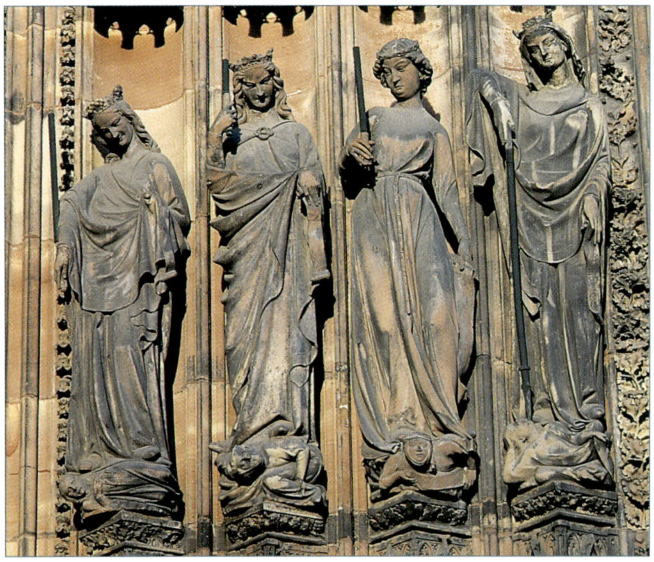
3

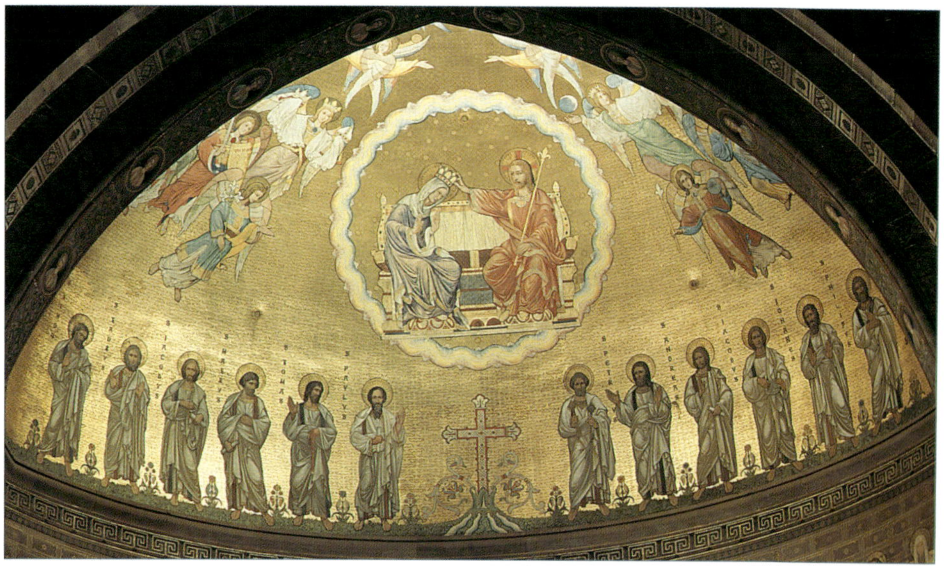
4

Cathédrale de Strasbourg

1 : *Pilier des anges*, un ange au buccin.

2 : Détail du vitrail du *Jugement de Salomon* (vers 1200).

3 : Façade occidentale portail nord. *Vertus terrassant les vices.*

4 : Abside romane avec peintures du XIXe siècle.

À Saint-Pierre-le-Jeune, le gothique nous saisit à nouveau et se condense dans cet étonnant jubé pourtant disparate puisque les arcades du XIVe siècle supportent une balustrade flamboyante et s'ornent de personnages massifs de la Renaissance tardive. En plus, l'orgue Silbermann, tardif lui aussi, abandonne les grâces de la rocaille.

La Renaissance strasbourgeoise inspire, elle aussi, d'utiles réflexions. L'ancien Hôtel de Ville, aujourd'hui Chambre de Commerce, montre avec ostentation le nouvel art venu d'au-delà des Alpes. Mais la Maison de l'Œuvre Notre-Dame, édifiée par l'architecte de la cathédrale, jongle avec des réminiscences flamboyantes. Parallèlement, les règlements des menuisiers imposent des schémas très stricts qui ne laissent aucune liberté aux artisans.

Le XVIIIe siècle est une période heureuse de créativité et d'innovation. Mais comme l'a dit Louis Grodecki, il y a dans l'art strasbourgeois une constance d'exemplarité, voire d'académisme. Cela se vérifie aussi bien dans la nef de la cathédrale que dans l'Hôtel de Commerce et le Palais Rohan, œuvre de maturité de Robert de Cotte.

L'éclectisme du XIXe siècle et l'architecture moderne sont trop près de nous pour pouvoir risquer un jugement de cette nature. D'ores et déjà il est certain que le Palais de l'Europe (1977) sera examiné avec attention.

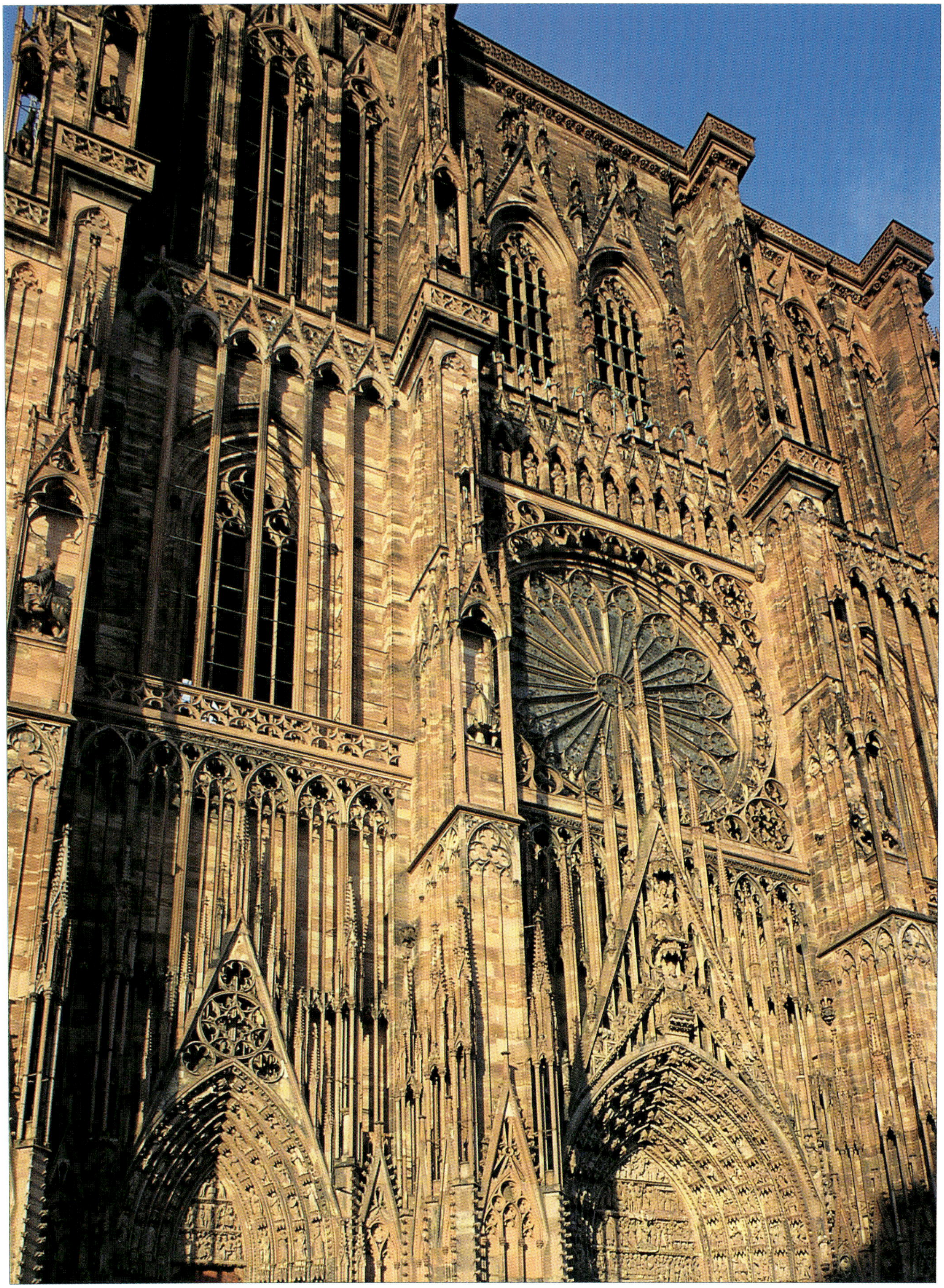

Cathédrale de
Strasbourg.
Façade occidentale
commencée en 1277.

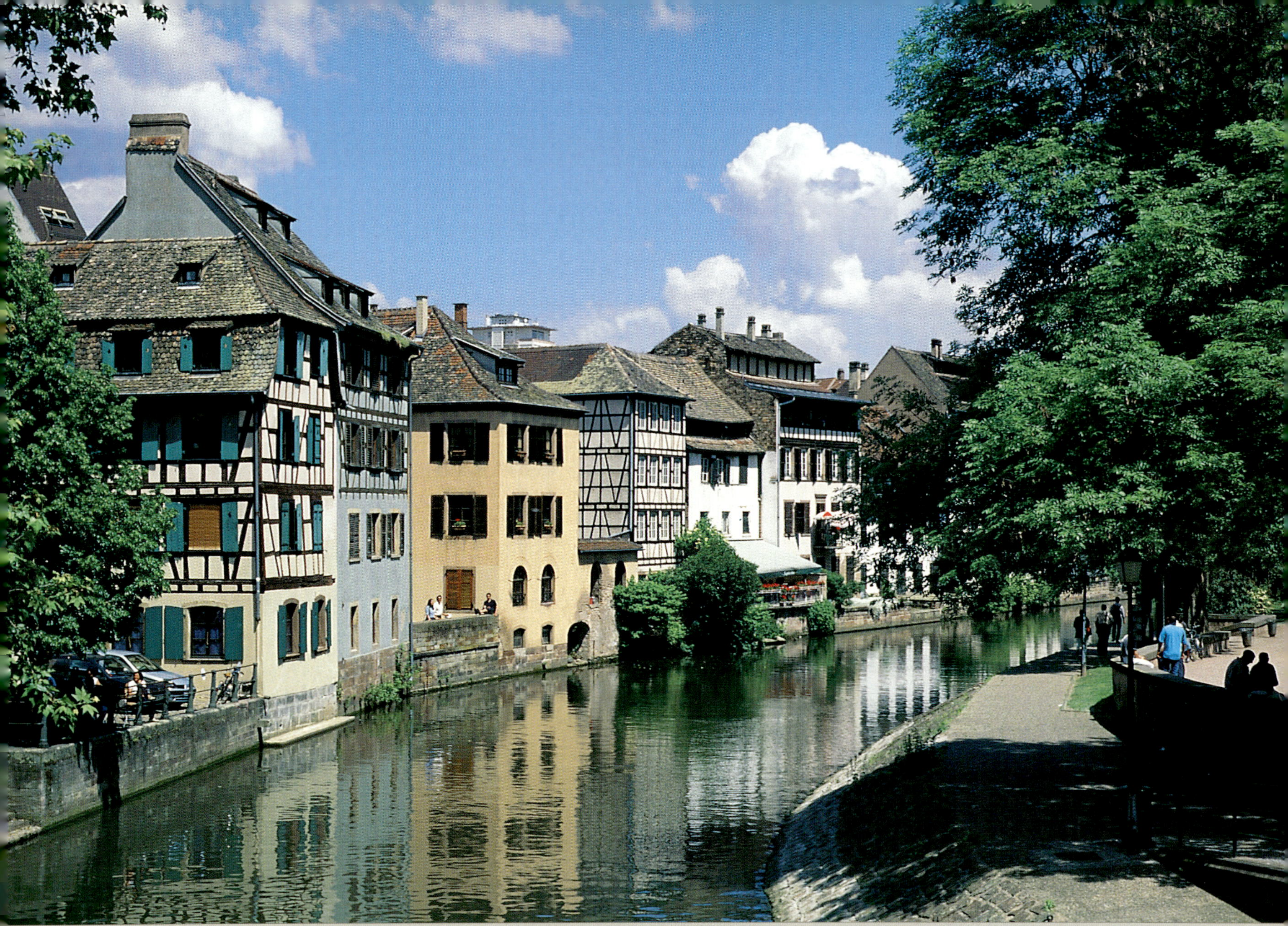

En haut :
La Quai de la Bruche dans le quartier de la Petite France à Strasbourg (XVIIe au XIXe siècle).

A droite :
L'Aubette (XVIIIe siècle) place Kléber à Strasbourg. C'est ici que les ordres militaires étaient donnés à l'aube.

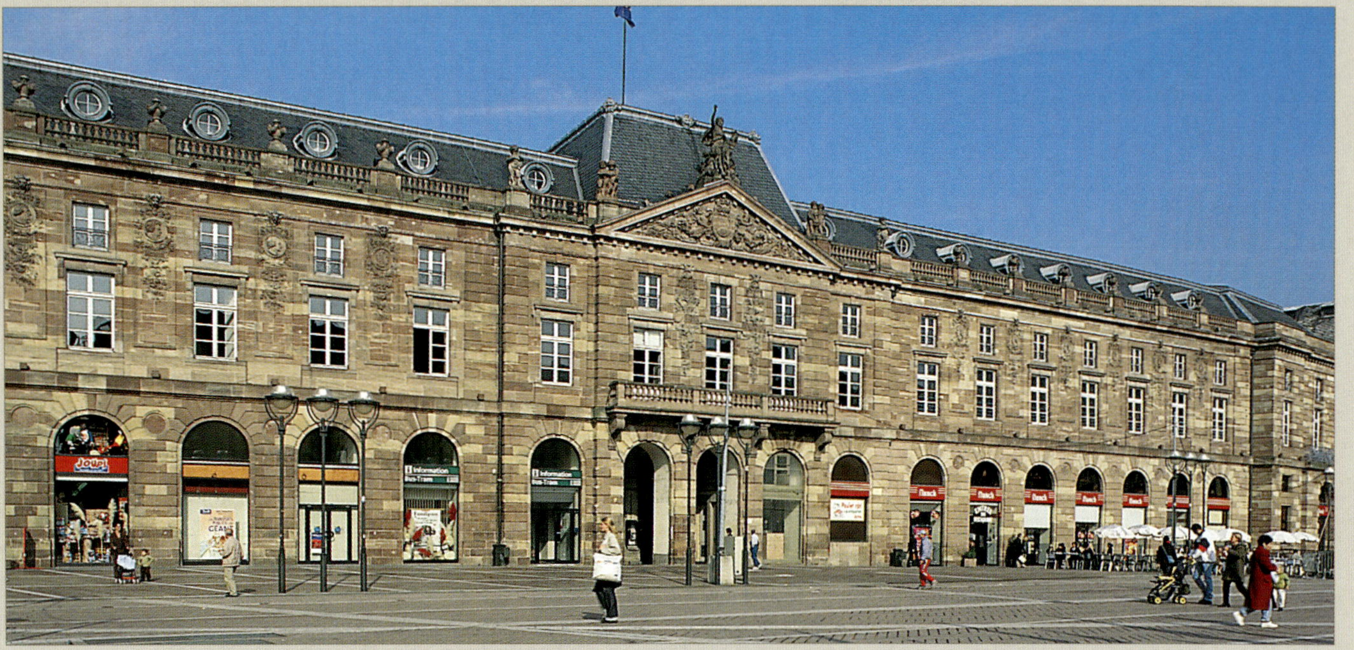

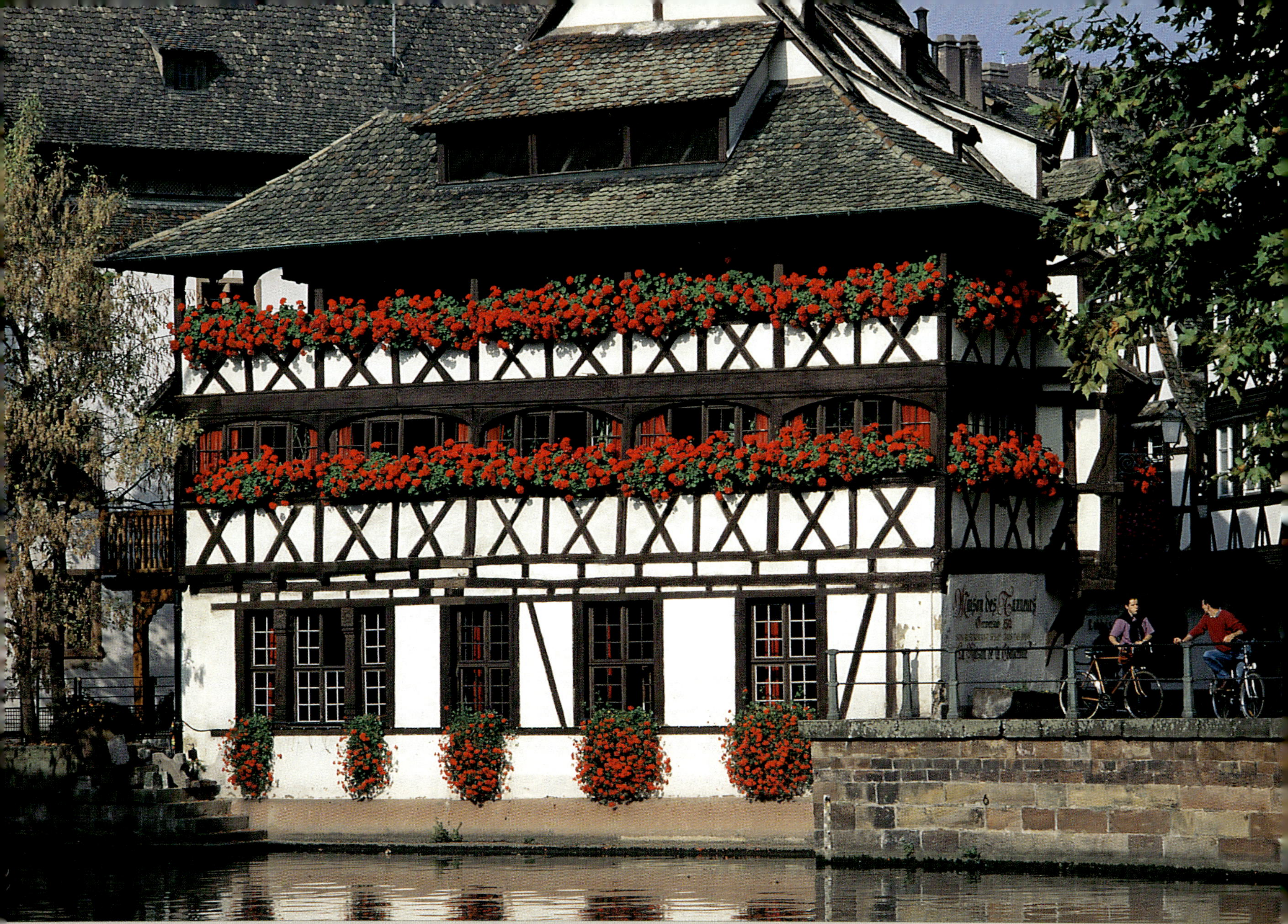

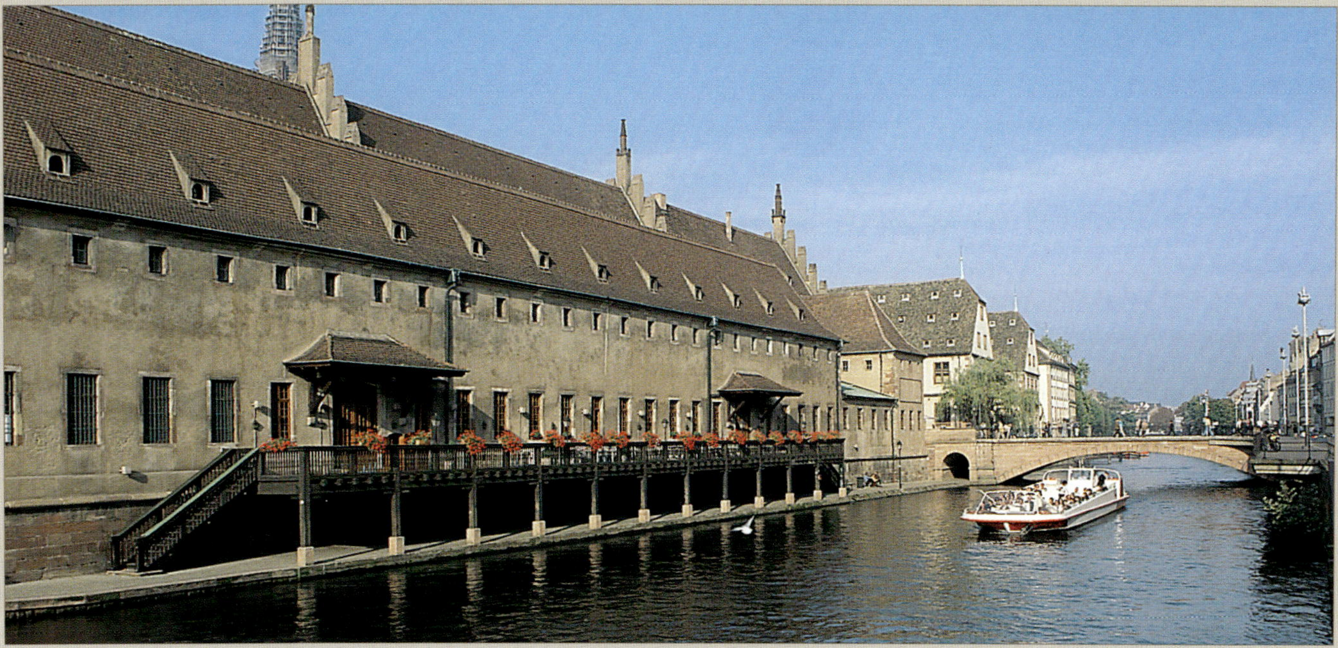

En haut :
Maison des Tanneurs dans le quartier de la Petite France à Strasbourg (fin du XVIe siècle).

A droite :
L'ancienne douane à Strasbourg (XIVe siècle).

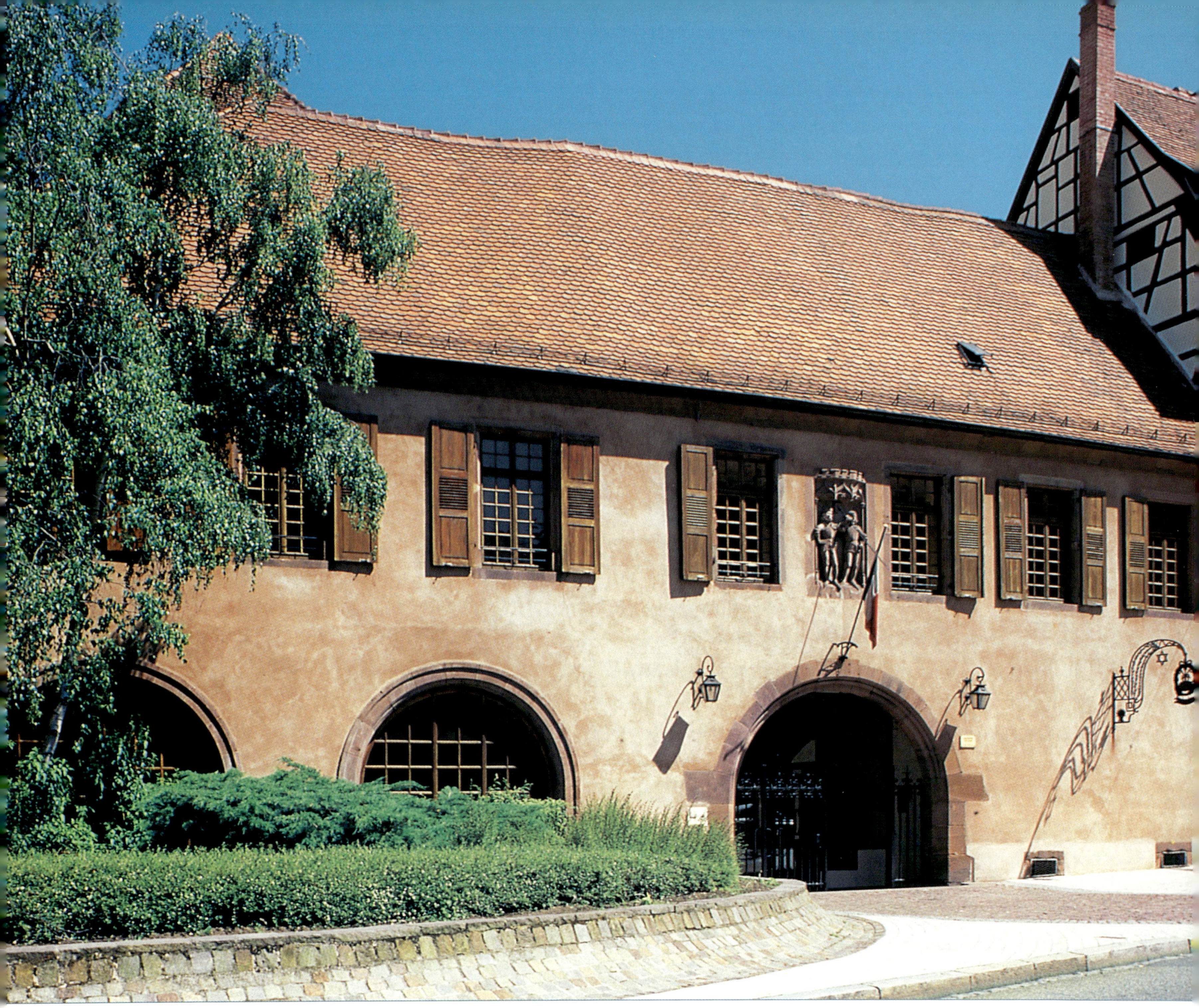

Haguenau. Ancienne douane (XVIe siècle).

De Strasbourg à Wissembourg

On quitte Strasbourg par l'autoroute de Paris, bifurque à Brumath en direction de Haguenau. La ville de Barberousse, où Richard Cœur de Lion fut emprisonné, a en partie survécu aux destructions du XVIIe siècle. Il reste des tours médiévales, mais aussi des greniers à blé gothiques, l'ancienne Chancellerie du XVe siècle et deux églises importantes : l'église Saint-Georges, avec sa triple nef romane, son transept subdivisé surmonté d'un clocher central, son chœur rayonnant inspiré par le grand vaisseau de la cathédrale de Strasbourg. Quant à l'église Saint-Nicolas, elle est en grande partie gothique dans le style pur et limpide du début du XIVe siècle. Dans une chapelle latérale se voit un Saint-Sépulcre ornementé du XIVe siècle, qui proviendrait de l'église Saint-Étienne de Strasbourg. Dans la nef on peut admirer l'orgue, la chaire et des statues

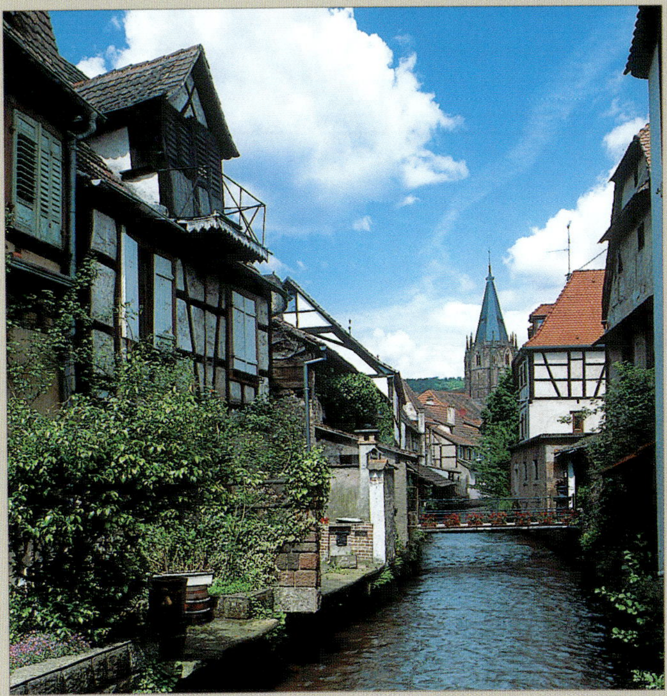

1

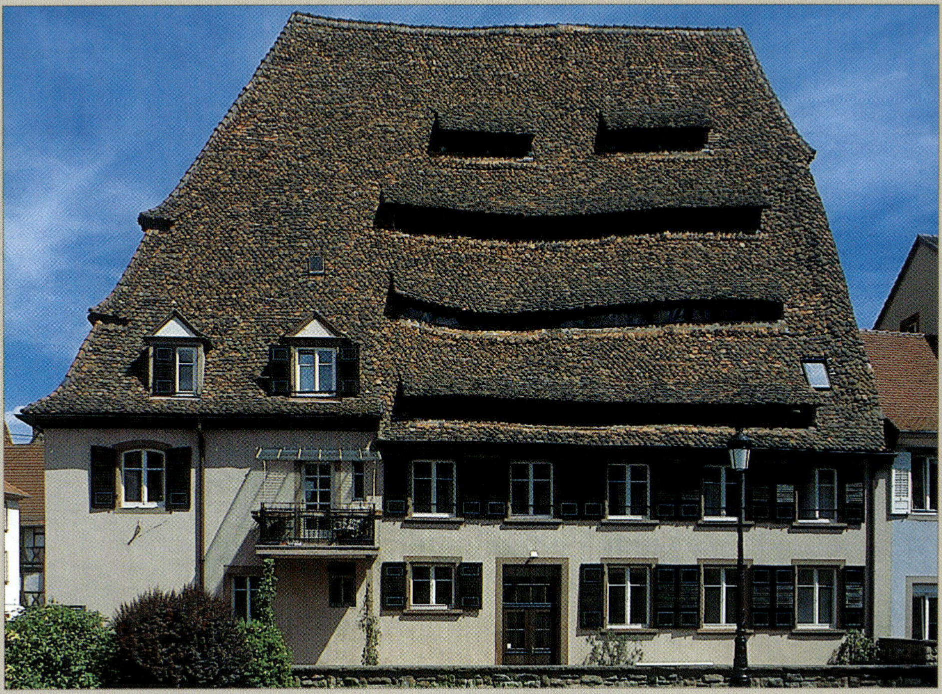

2

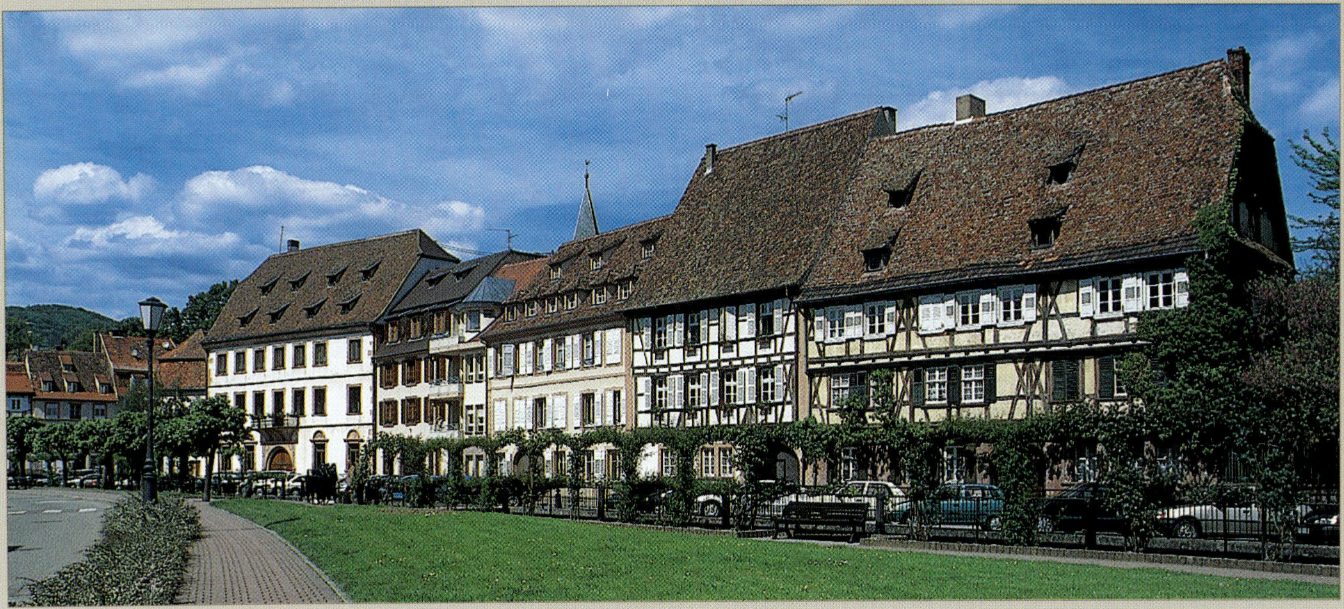

3

Wissembourg

1 : La « Petite Venise ». Au fond la tour de croisée de Saint-Pierre-Saint-Paul.

2 : Ancienne Maison du Sel (XVIe siècle).

3 : Quai Anselmann et maisons à colombages (XVIe siècle).

baroques provenant des Cisterciens de Neubourg. Haguenau a d'autres atouts à abattre : des demeures du XVIIIe siècle, la chapelle intérieure en rotonde de l'ancien Hôpital (vers 1755), et le Musée picturaliste de 1901, avec de riches collections, notamment des sculptures provenant de l'ancienne chapelle palatine.

En remontant vers le nord, il faut faire le détour de Walbourg dont l'ancienne abbatiale romane et gothique se pare de splendides vitraux flamboyants de la fin du XVe siècle. À noter de même une très remarquable Vierge du XVIIIe siècle qui pourrait provenir d'Outre-Rhin. Sur une clé de voûte du mini-transept apparaît le signe du maître d'œuvre Hans Böblinger.

La deuxième escapade va nous conduire à Woerth avec son beau château gothique et Renaissance qui abrite le Musée de la Bataille Froeschwiller (1870). Dans la Grand-

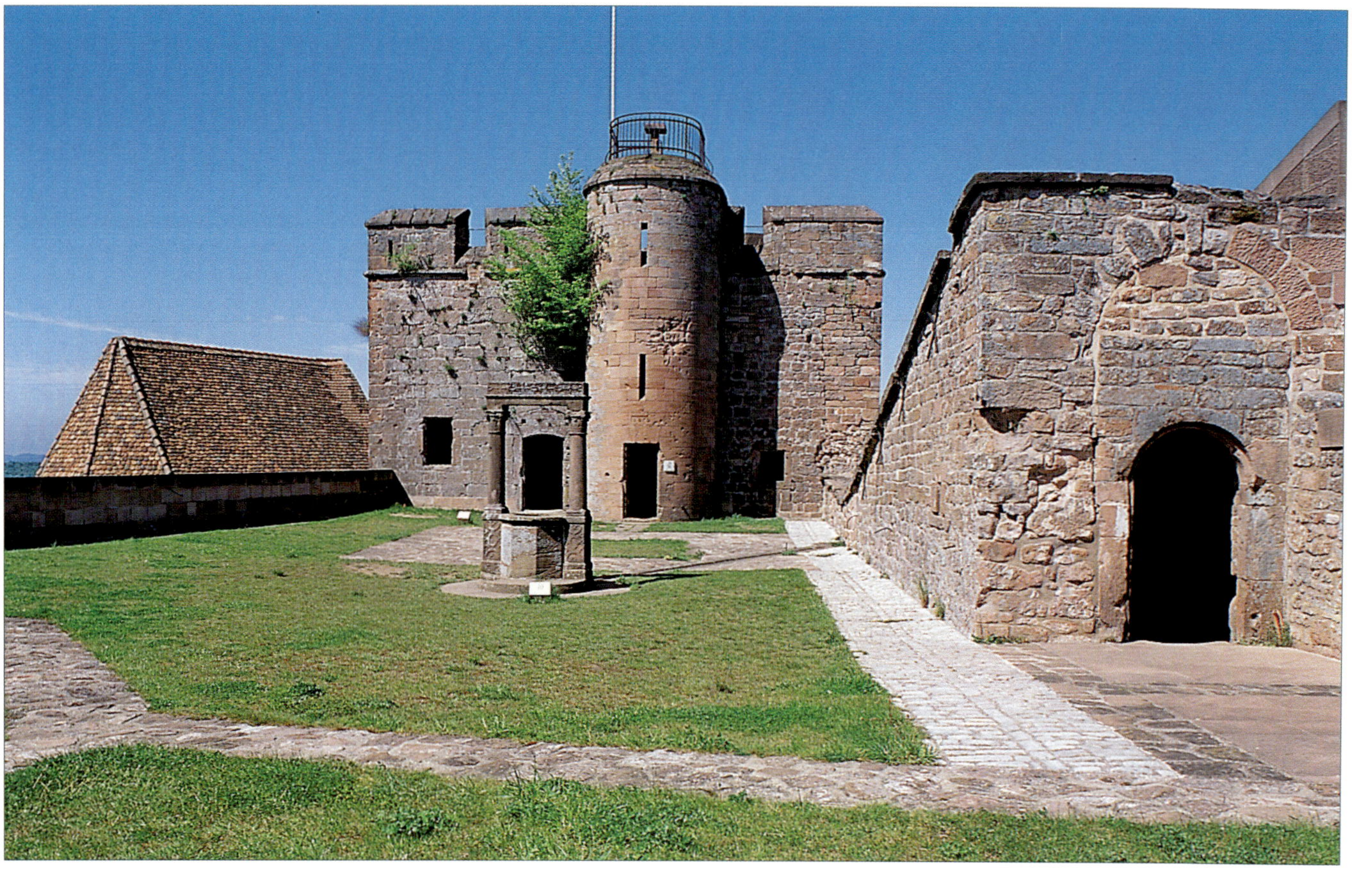

Château du Lichtenberg gothique et Renaissance.

Rue, une stèle aux quatre divinités rappelle le passé romain de la localité. Présentée dans l'introduction artistique, l'abbatiale de Surbourg n'est plus une inconnue.

On arrive enfin à Wissembourg qui est une ville particulièrement bien conservée. Quel plaisir de flâner dans ses rues et ses venelles, de découvrir ses maisons gothiques (comme l'imposante Maison Holzapfel de 1506), une foule de demeures Renaissance (comme la Maison de l'Ami Fritz datée de 1550 avec son oriel d'angle ou la Maison Vogelsberger), des constructions du XVIIIe siècle comme l'ancien Palais du Roi de Pologne où vécut Marie Leszcynska, la future reine de France, jusqu'en 1725, ou l'Hôtel de Ville, ou encore l'Hôtel du Doyenné. Ce patrimoine déjà étonnant est complété par plusieurs églises médiévales : l'ancienne abbatiale romane et gothique, grande comme une cathédrale, avec sa rose sud inspirée de la première rose de la Sainte-Chapelle à Paris, l'église Saint-Jean, l'ancienne église des Dominicains. Plusieurs tours témoignent de la puissance des fortifications anciennes. En-dehors de la ville, tout près de la frontière allemande, subsiste un magnifique donjon, seul vestige du château Saint-Jean (vers 1300).

L'ancien village d'Altenstadt fait partie de la ville de Wissembourg. L'église Saint-Ulric, qui succède apparemment à un sanctuaire romain, a été décrite plus haut.

De Strasbourg au château de Lichtenberg

Au Nord-Ouest de Strasbourg s'étend le Kochersberg, une région purement agricole striée par les houblonnières. On peut emprunter l'autoroute de Paris avec une première étape à Hochfelden avec sa brasserie réputée. Outre son église romane et néo-classique, la localité conserve la chapelle Saint-Wendelin, un édifice gothique à clocher de façade et chœur polygonal. Une cloche du XIIIe siècle, l'une des plus anciennes d'Alsace, est encore en usage.

On continue vers Bouxwiller, ancienne résidence princière des Hanau-Lichtenberg. Si le château a disparu, il reste la chapelle castrale de style gothique, l'ancienne chancellerie pré-baroque avec ses superbes portails, l'église protestante en gothique posthume (1614) avec sa loge seigneuriale, l'église catholique du XVIIIe siècle avec son orgue Baldner de 1668.

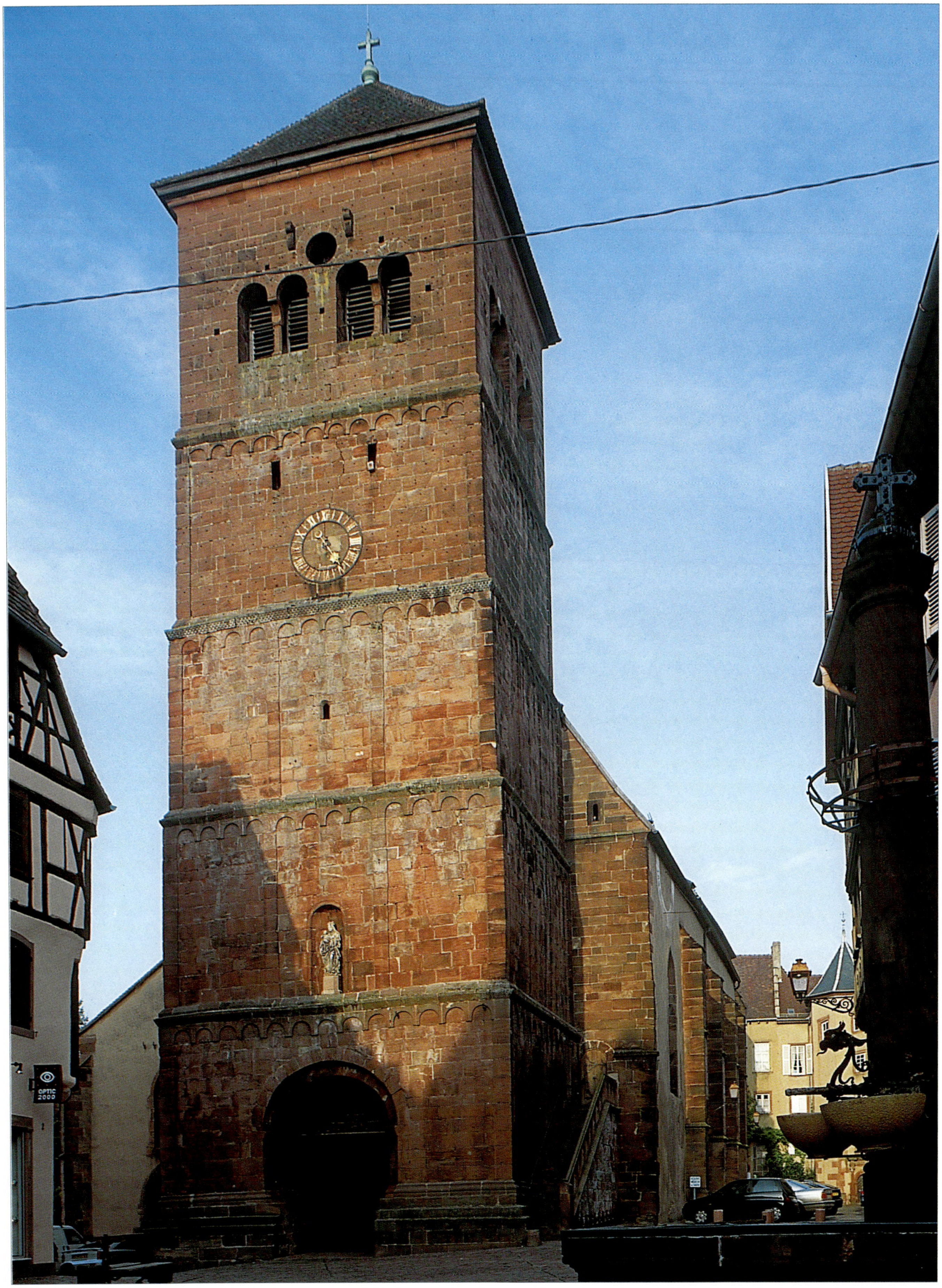

Saverne.
Église paroissiale
Notre-Dame.
Clocher de style
roman.

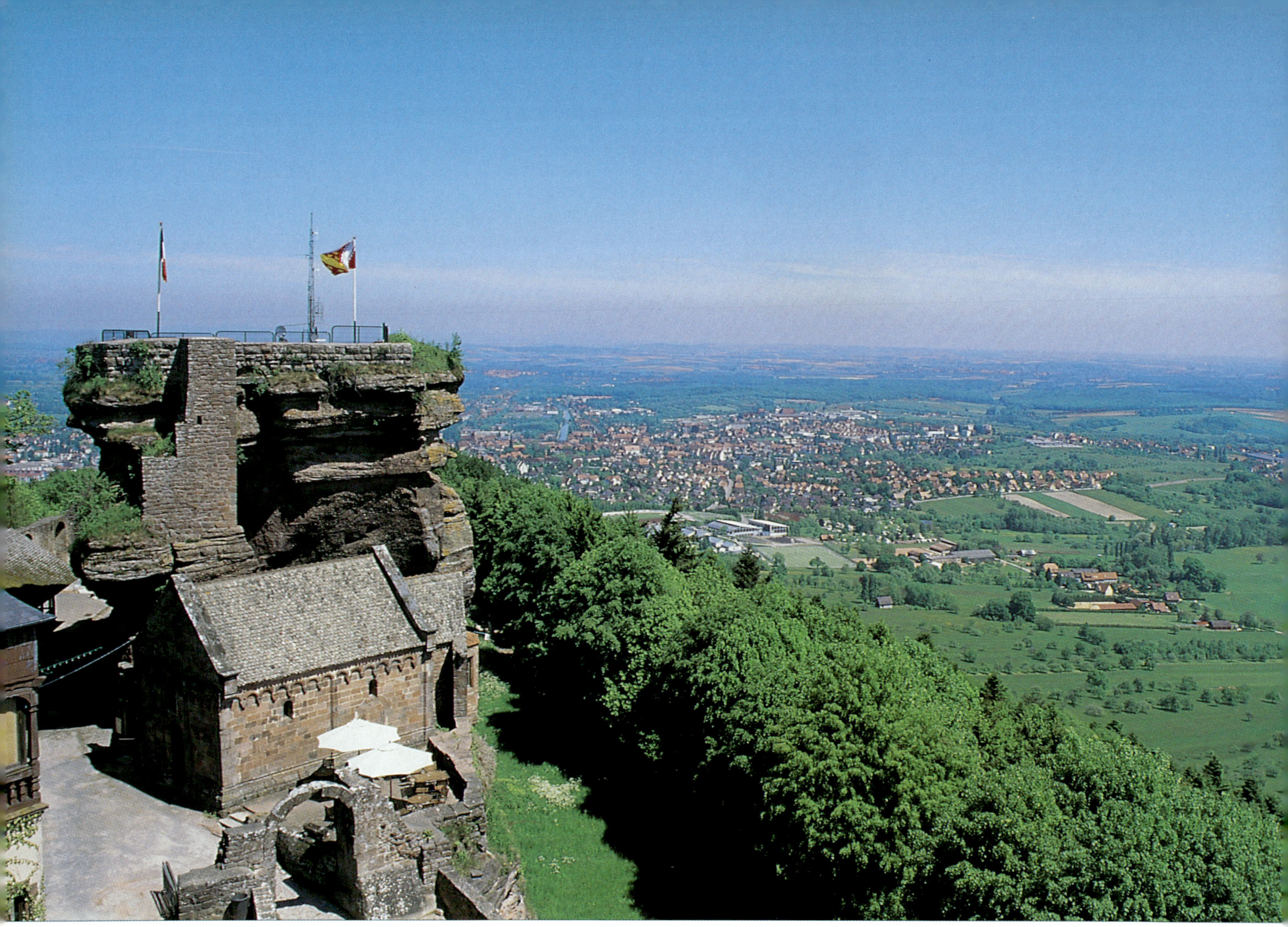

Château du Haut-Barr à Saverne, avec sa chapelle romane. Appelé l'« Œil de l'Alsace », le château domine la plaine.

Avec Ingwiller on se rapproche nettement des Vosges. Ville fondée en 1345 par les Lichtenberg, elle a perdu la plupart de ses monuments anciens. L'église protestante, conçue comme halle flamboyante, a été complétée au XIXe siècle. La chaire de 1617 fait partie des « spécialités » alsaciennes de la Renaissance.

Dominant le village de Lichtenberg, l'ancienne forteresse réunit des éléments gothiques (comme le puissant donjon), Renaissance et modernes. La chapelle, bien que datant de la fin du XVIe siècle, maintient les traditions gothiques avec sa voûte réticulée. Le mausolée de Philippe V de Lichtenberg et de ses trois épouses (1599) est en revanche très marqué par l'art italien.

À proximité de Lichtenberg, le village de Reipertswiller vous accueille dans sa charmante église médiévale romane et gothique pourvue d'un chœur à voûte en résille. Le comte Jacques de Lichtenberg y avait choisi sa sépulture (1480).

De Strasbourg à Saverne et en Alsace Bossue

Au lieu de prendre l'autoroute qui contourne les habitations, il vaut mieux suivre la Nationale 4 qui rejoint Marlenheim, ancienne cité mérovingienne, à l'entrée du Kronthal, petite vallée encaissée dans le grès rouge dont les carrières sont visibles de la route. À la sortie de ce défilé parcouru par un mince ruisseau, la Mossig, qui a donné du fil à retordre aux géographes, on peut jeter un coup d'œil sur Wasselonne qui a conservé des éléments de son

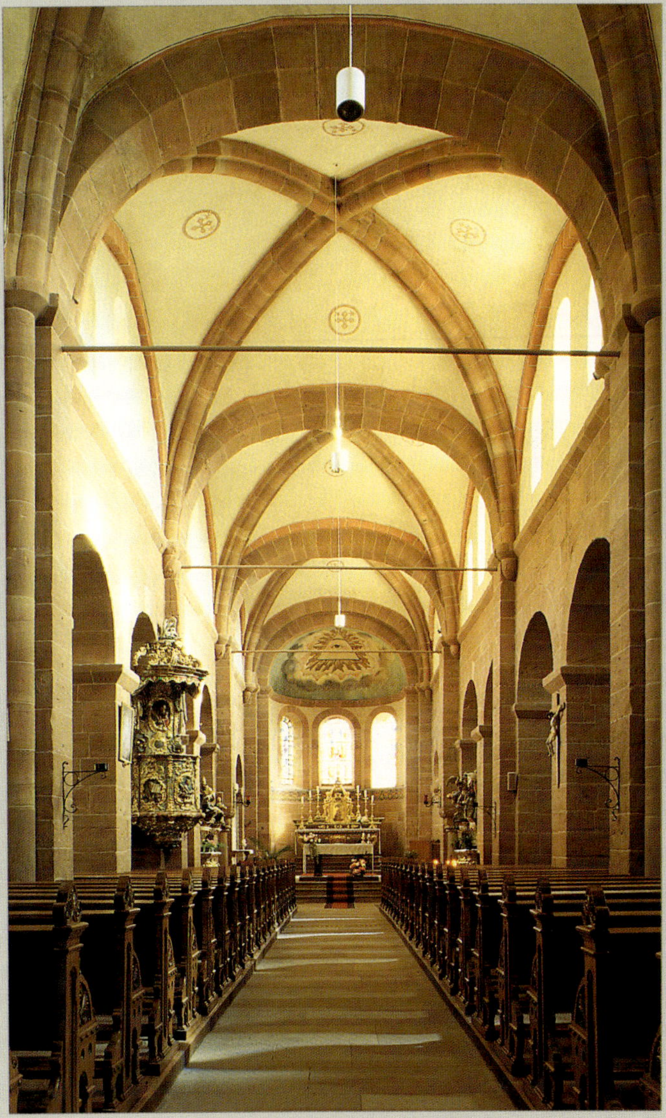

1

Saint-Jean-Saverne

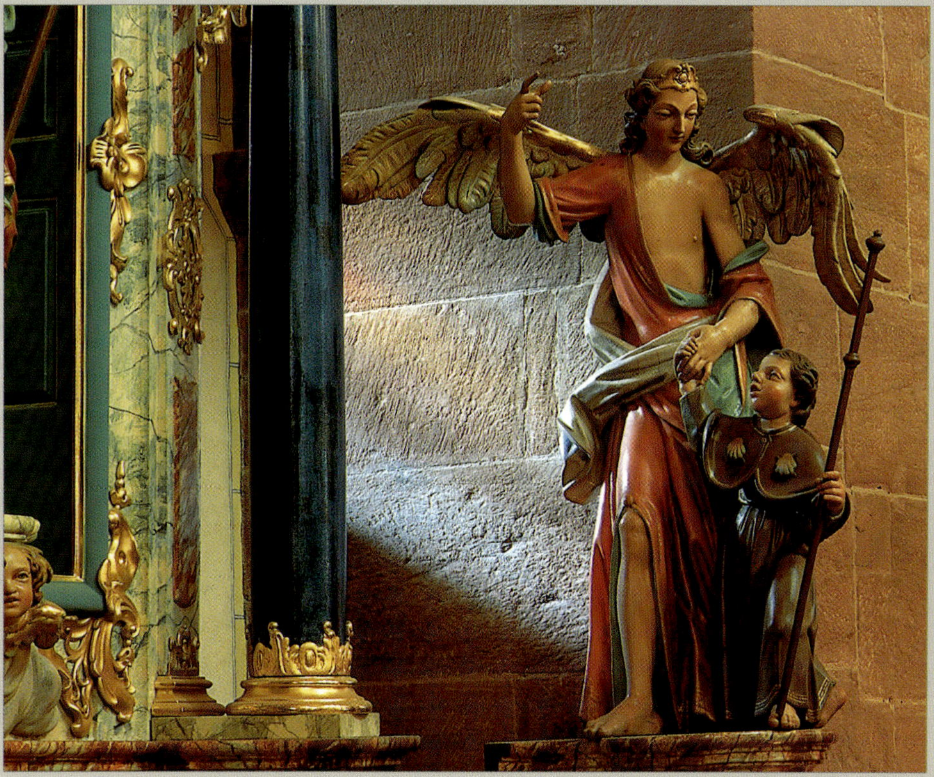

2

château gothique. Une stèle mérovingienne, découverte il y a quelques années, est exposée à l'Hôtel de ville.

Marlenheim est le point de départ nord de la Route des Vins. Mais on trouve déjà d'excellents crus à Cleebourg près de Wissembourg.

À Singrist (dont le nom dérive semble-t-il de « Signum Christi »), une charmante petite route campagnarde conduit au château de Birkenwald, un manoir de la Renaissance flanqué de tours (1562), où le Général Leclerc passa la nuit avant de libérer Strasbourg en novembre 1944.

Malgré le contournement, les touristes s'arrêtent volontiers à Marmoutier groupé autour de son ancienne abbatiale qui réunit des parties romanes (la célèbre façade du XIIe siècle), gothiques (le grand vaisseau et le transept) et baroques (le vaste chœur en gothique du XVIIIe siècle). Dans la crypte archéologique on peut suivre l'évolution de l'édifice depuis le VIe siècle.

Saverne, jadis ville romaine, possède deux églises médiévales : l'église Notre-Dame, riche de ses vitraux et de ses sculptures, et l'église des Récollets avec son cloître fleuri du XIVe siècle. La Renaissance est bien représentée par la Maison Katz à pan de bois et d'autres maisons à oriel, tandis que le grand château néo-classique du cardinal de Rohan déroule sa longue façade impassible. De l'époque romaine, le percepteur du Musée, gros et gras, répondant au doux nom de Catulinus, n'a rien perdu de sa superbe (IIIe siècle). Dominant la cité, le Haut-Barr, l'« Œil de l'Alsace », est un château épiscopal qui a gardé sa chapelle romane.

Saint-Jean-Saverne

1 : Ancienne abbatiale Saint-Jean-Saverne. Vue de la nef vers l'Est.

2 : Autel lattéral sud 1770. Statue de Raphaël avec Tobie.

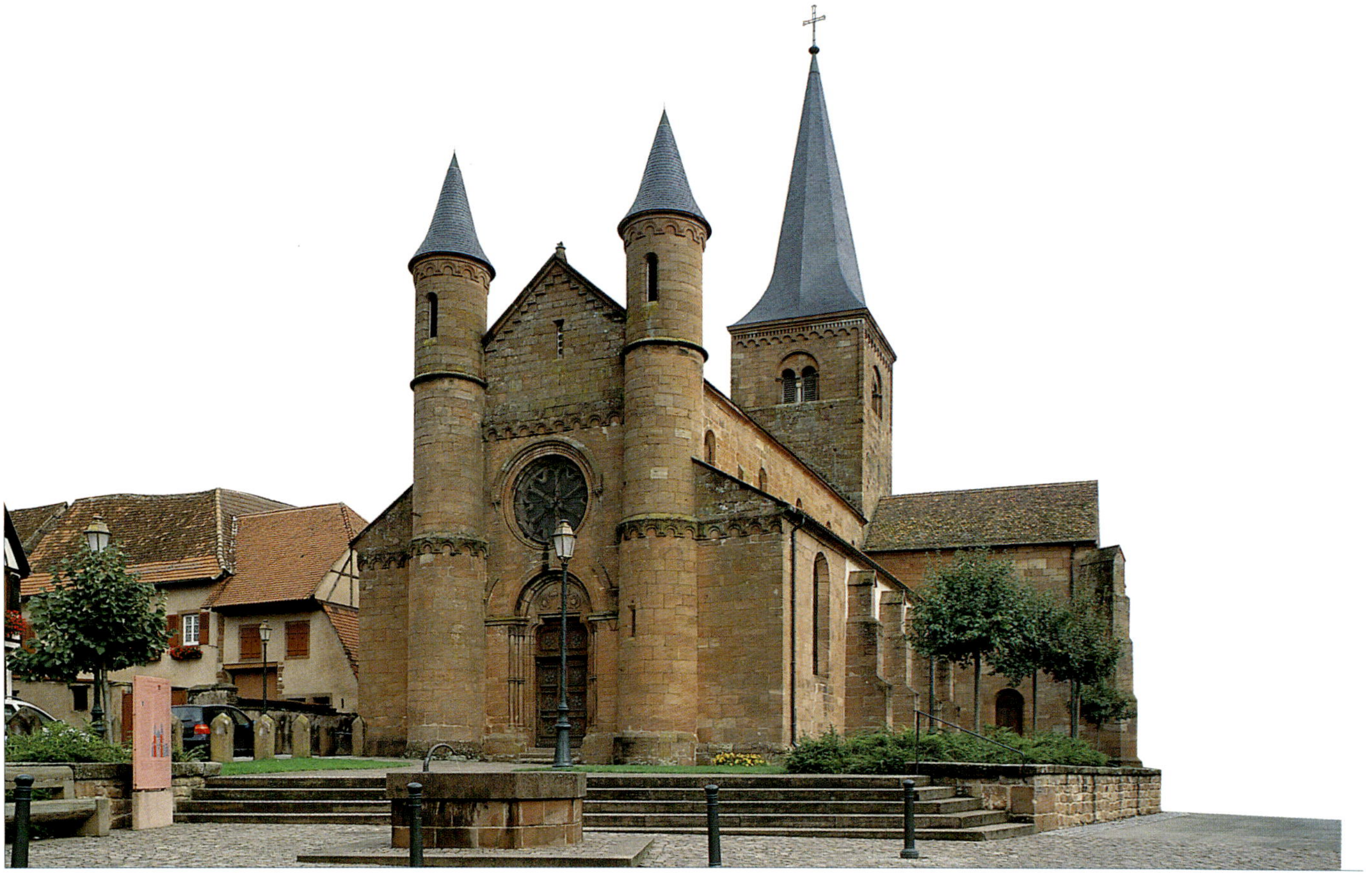

Église Saint-Adelphe à Neuwiller-lès-Saverne. Façade à tourelles et rose. Triple nef avec transept débordant et clocher de croisée (début du XIIIe siècle).

On peut quitter Saverne vers le nord en longeant la montagne. La première étape sera Saint-Jean-Saverne avec l'ancienne abbatiale romane précédée dans son état actuel d'un clocher baroque. L'église abrite des tapisseries précieuses des XVe et XVIe siècles, entre autres la *Madone au Jardinet*, la *Chasse des Hommes sauvages*, le *Trône de Grâce*, la *Mise au Tombeau* et le *Jugement de Salomon*. Plus loin, la petite ville de Neuwiller-les-Saverne a gardé intacte son abbatiale qui juxtapose des chapelles superposées à trois nefs, de style roman, un chevet plat qui englobe la « confessio » carolingienne, un transept à clocher central, un grand vaisseau à collatéraux qui passe du roman tardif au gothique, et une façade néo-classique à clocher médian due à l'architecte de l'évêché, François Pinot (1768). Dans la chapelle inférieure, dédiée à saint Sébastien, sont exposées des tapisseries de la fin du XVe siècle (Légende de saint Adelphe). La deuxième église médiévale de Neuwiller, Saint-Adelphe, a perdu son chevet-halle gothique. Il reste le transept à tour centrale et la robuste nef à collatéraux dans le style de transition. La façade-pignon est flanquée de deux tourelles. Au-dessus du portail s'ouvre une rose à remplage polylobé.

L'Alsace Bossue est une région singulière, un plateau vallonné entre 300 et 400 m, parsemé de nombreuses petites localités à l'architecture caractéristique, notamment des portails très ornés. Sur son éperon rocheux (396 m), La Petite-Pierre propose son grand château ruiné qui conserve des éléments du Moyen Age et de la Renaissance. L'ancienne chapelle castrale, devenue église paroissiale, a sauvé son chœur polygonal voûté et rehaussé de peintures murales (XVe siècle). À Sarre-Union, seule ville du secteur, l'église Saint-Georges hésite entre le gothique et la Renaissance. Plusieurs demeures pittoresques remontent à la Renaissance mais la chapelle des Jésuites est franchement baroque. Une cité concurrente, la Ville-Neuve, bâtie à partir de 1707 sur un plan en damier, se déploie au-delà de la Sarre. L'église luthérienne, de 1710, a encore une grande tendresse pour le gothique posthume. L'église réformé, en revanche, élevée vers le milieu du siècle, reste stricte et rectiligne.

Non loin de Sarre-Union, l'église protestante de Domfessel est un remarquable specimen d'architecture gothique du XIVe siècle. Au clocher de façade fortifié succède la nef soutenue par des arc-boutants coiffée par un chœur élancé qui se rattache à l'art des Ordres Mendiants.

La Petite-Pierre

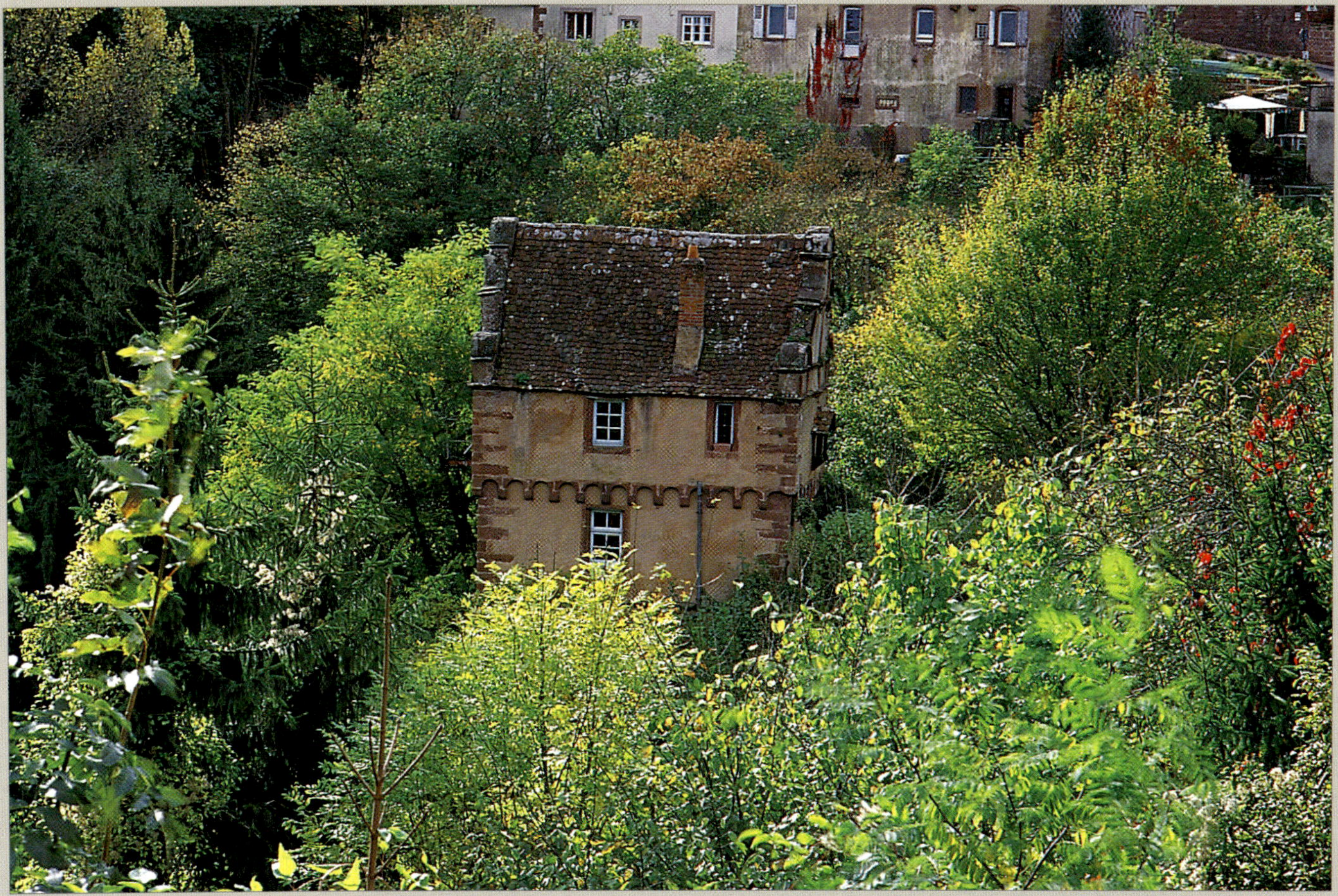

Pavillon Renaissance, appelé « Maison des Païens » (vers 1535).

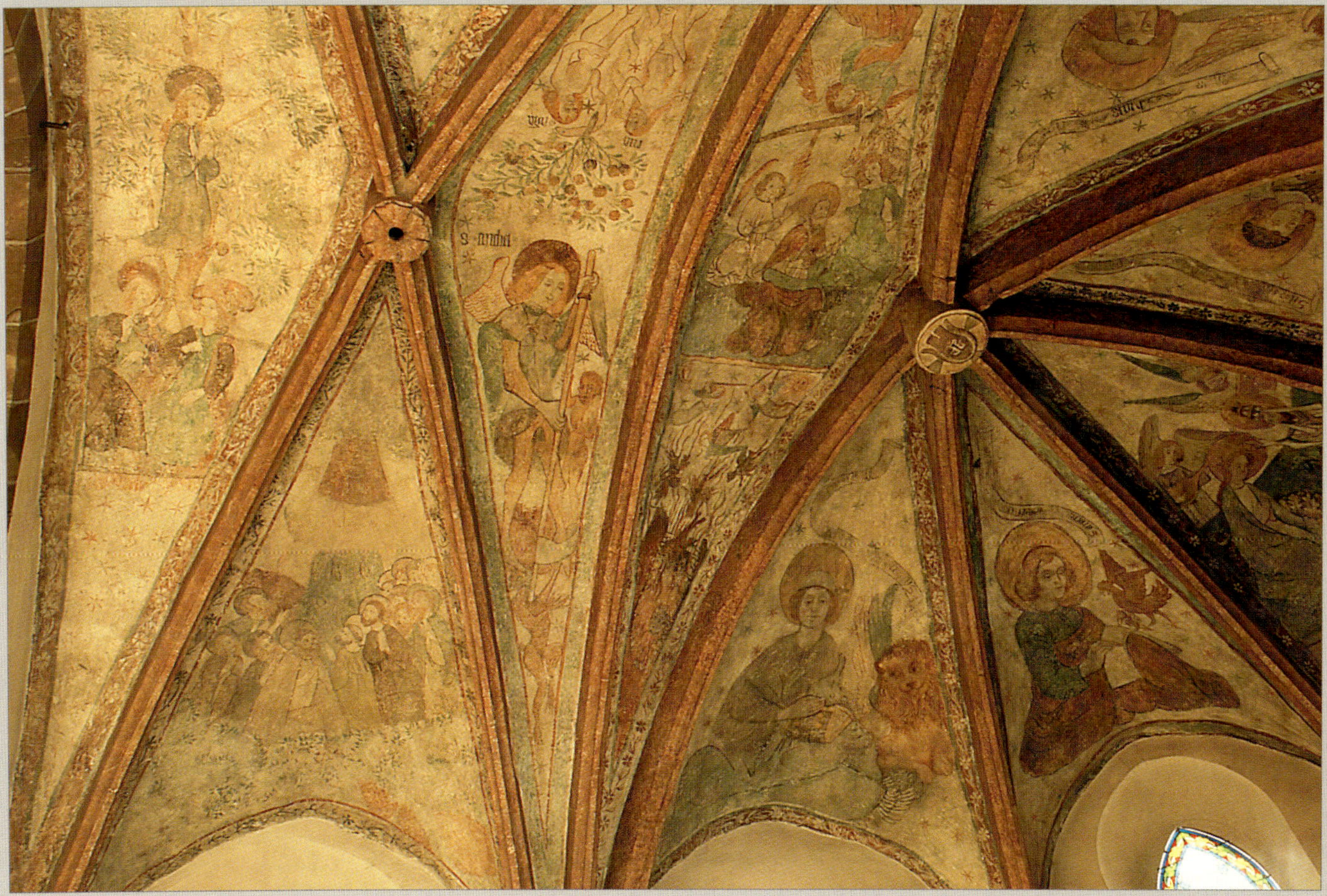

Ancienne chapelle castrale avec chœur gothique de 1417 décoré de fresques.

De Strasbourg au Struthof

En route vers le Donon.

De Strasbourg au fin fond de la vallée de la Bruche, il y a une soixantaine de km qui permettent de voir des paysages variés typiques de l'Alsace : la plaine avec ses cultures de houblon et de maïs, le piémont couronné de vignobles, la vallée encaissée bordée de montagnes boisées qui montent progressivement jusqu'à mille mètres au Donon.

Dans la plaine verdoyante surgit bientôt à droite l'imposante silhouette de l'ancienne abbatiale d'Altdorf fondée au Xe siècle. L'édifice actuel se compose d'une robuste nef à collatéraux, tout en grès rouge, avec une façade pignon à l'italienne, percée d'un triplet, d'un transept à clocher et d'un chœur polygonal baroques. Élevé a l'aube du XIIIe siècle, le vaisseau illustre le style de transition romano-gothique. À l'intérieur, les arcades en tiers-point reposent sur des supports alternés. Le portail sud, en plein cintre, est richement décoré de palmettes et de chapiteaux à lanières. Le mobilier baroque comprend une pimpante chaire, des autels et l'orgue Silbermann de 1730. Du Moyen Age subsistent le buste-reliquaire de saint Cyriaque (XIIe siècle) et la dalle funéraire d'un clerc (1360).

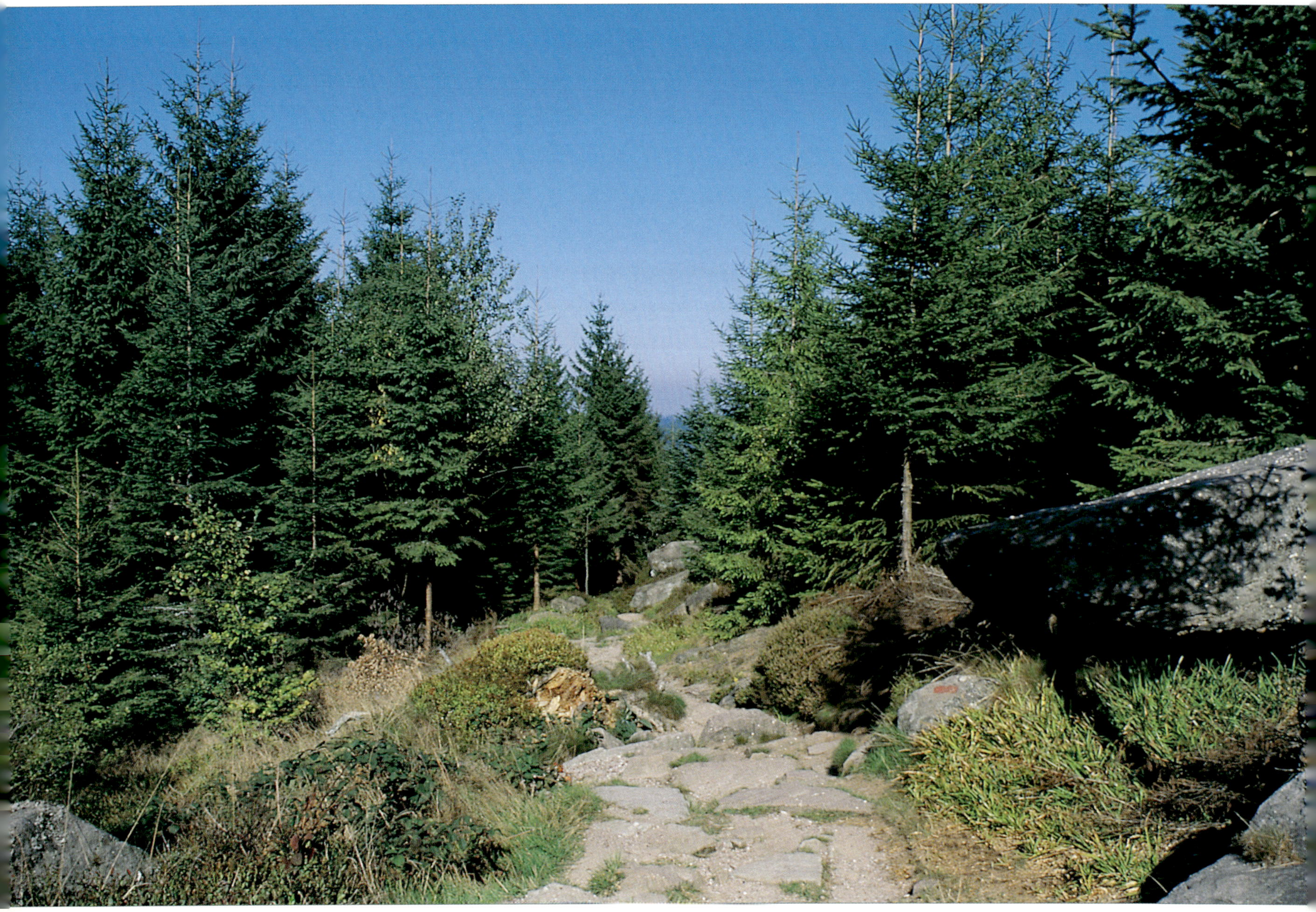

D'Altorf on gagne Molsheim en passant devant le château Bugatti, une aimable construction néo-XVIIIe siècle du milieu du XIXe siècle. Molsheim est une charmante ville médiévale qui a gardé une partie de son enceinte avec la Tour des Forgerons. Son âge d'or se situe à la Renaissance lorsque le chapitre cathédral de Strasbourg se fixa dans la ville. De la fin du XVIe siècle date le pittoresque Hôtel de Ville appelé « Metzig » (Boucherie) avec ses deux pignons chantournés, son escalier à double volée et son jaquemart. La vaste et magnifique Église des Jésuites (1618) réunit le gothique posthume et la Renaissance maniériste. Admirée par Louis XIV, cette œuvre de Christophe Wamser abrite dans une chapelle latérale stuquée le tombeau à gisant de l'évêque Jean de Dürbheim († 1328).

À Mutzig, une porte gothique du Moyen Age attend le visiteur. Le château des Rohan, en forme de fer à cheval date de la fin du XVIIe siècle. Sur la colline, des fortifications de l'époque wilhelminienne peuvent se visiter.

Après le Rocher du Corbeau (320 m), une petite route se détache à droite dans la vallée de la Hasel. À Niderhaslach, l'église Saint-Florent est considérée comme

Le Donon (1010 m d'altitude). Ancien site romain avec temple néo-dorique du XIXe siècle.

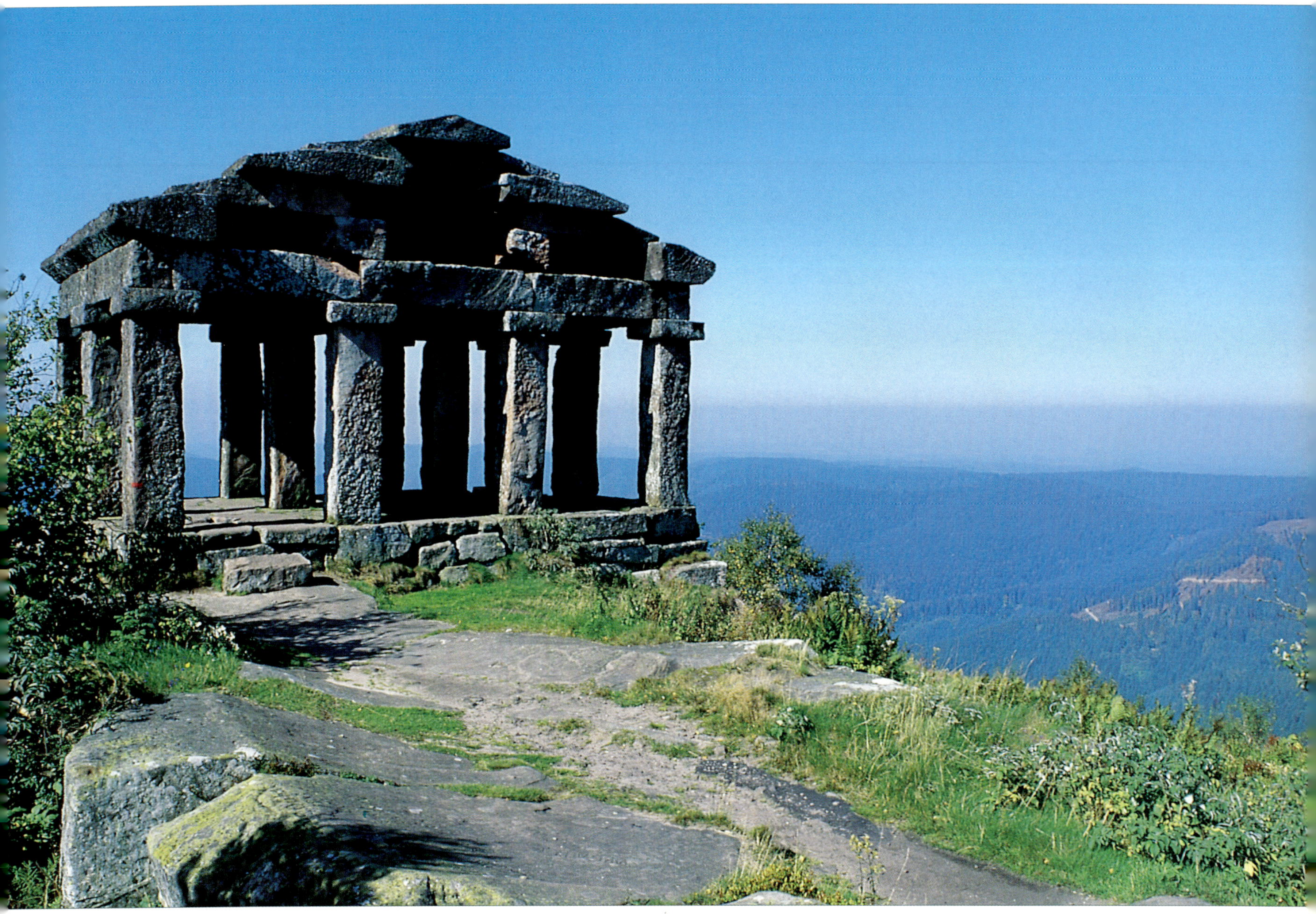

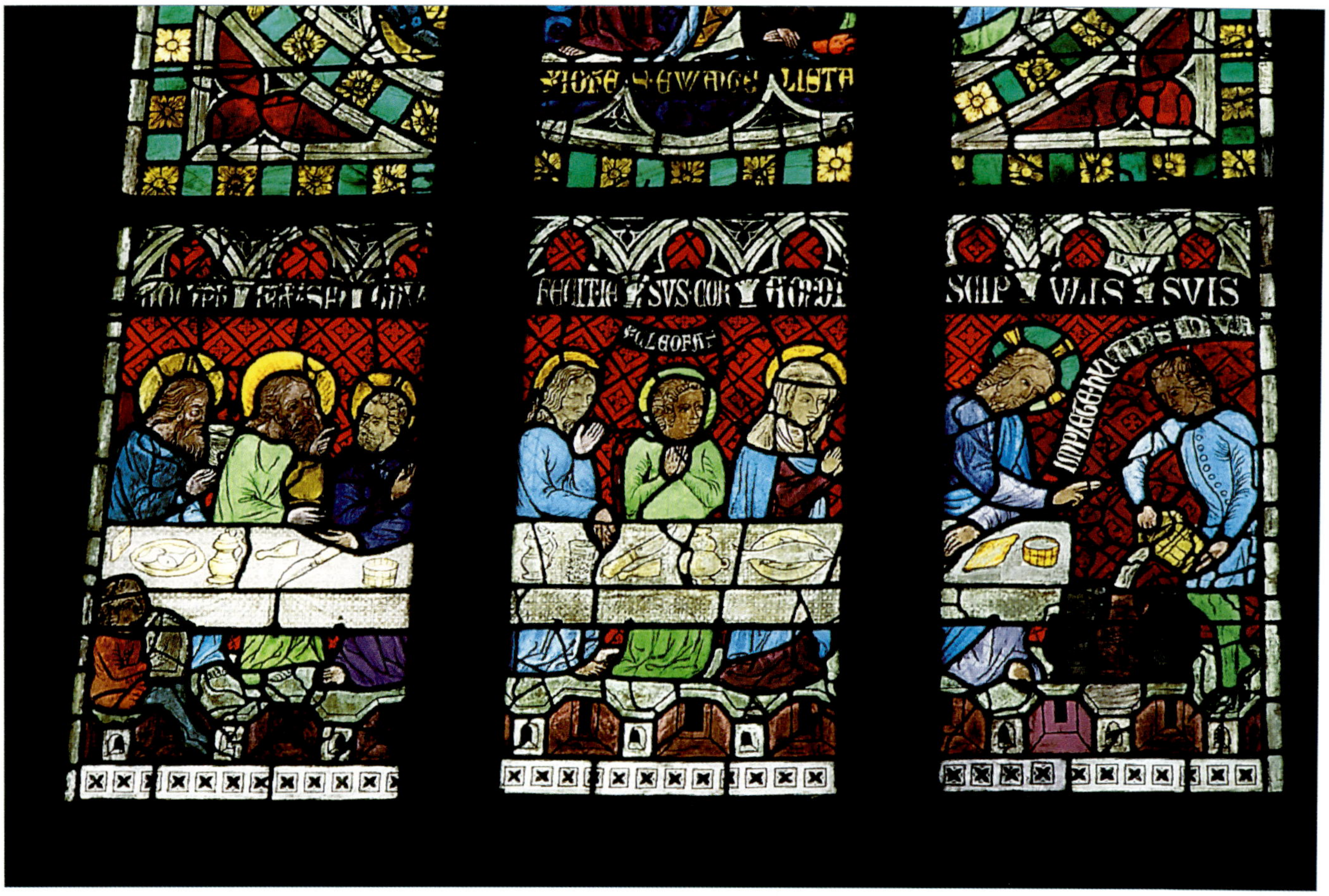

Ancienne collégiale Saint-Florent de Niederhaslach. Vitrail de Saint-Jean l'Évangeliste : *Les Noces de Cana* (vers 1360).

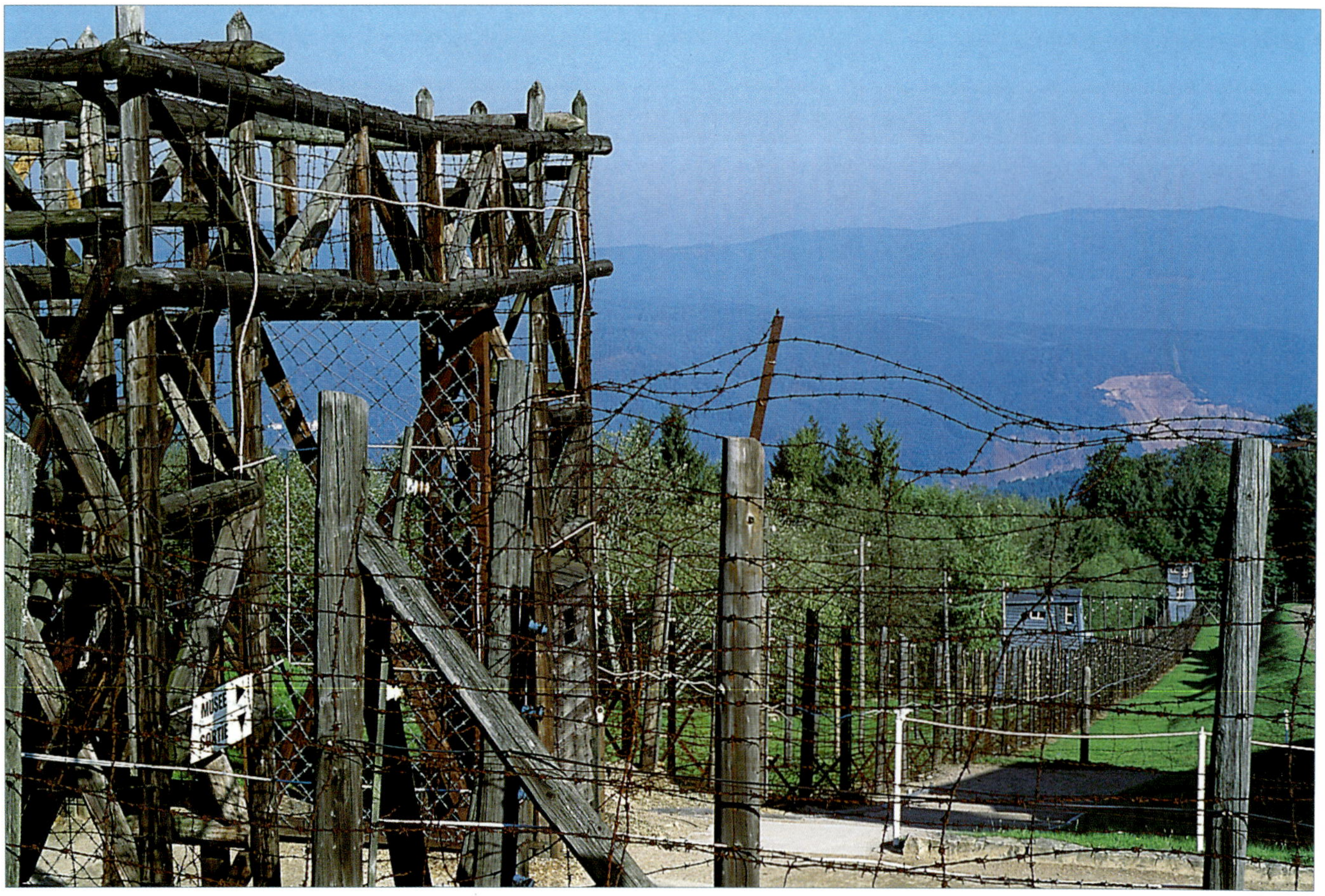

L'Ancien Camp de Concentration du Struthof.

un chantier annexe de la cathédrale de Strasbourg. L'un des fils d'Erwin y a travaillé jusqu'à 1329. Un puissant clocher de façade avec un élégant portail sculpté et une capiteuse rose curviligne précède la triple nef à piles losangées et baies maniéristes que coiffe le chœur polygonal flanqué de chapelles. Les vitraux des bas-côtés comptent parmi les plus achevés d'Alsace.

Au-delà de Niederhaslach un chemin agréable conduit à la cascade du Nideck et au château du même nom rendu célèbre par la légende de la fille du géant qui jouait avec les attelages des paysans. Revenu sur la route nationale, on franchit un certain nombre de localités pour arriver à Schirmeck dont les curiosités sont du XIXe siècle. À Grandfontaine, le site du Donon a livré aux fouilleurs un certain nombre de sculptures romaines qui se trouve maintenant dans les musées de Strasbourg et d'Épinal. Sur place un petit temple a été édifié en 1869 par l'architecte Boltz.

À Rothau, les églises datent aussi du XIXe siècle. À Natzwiller, l'ancien camp de concentration nazi, le Struthof, ouvert en 1941, comporte une chambre à gaz (classée monument historique). Le cimetière national des Déportés est complété par le Mémorial de la Déportation inauguré par le Général de Gaulle en 1960. Le musée de la Déportation et de la Résistance est installé dans l'une des baraques du camp.

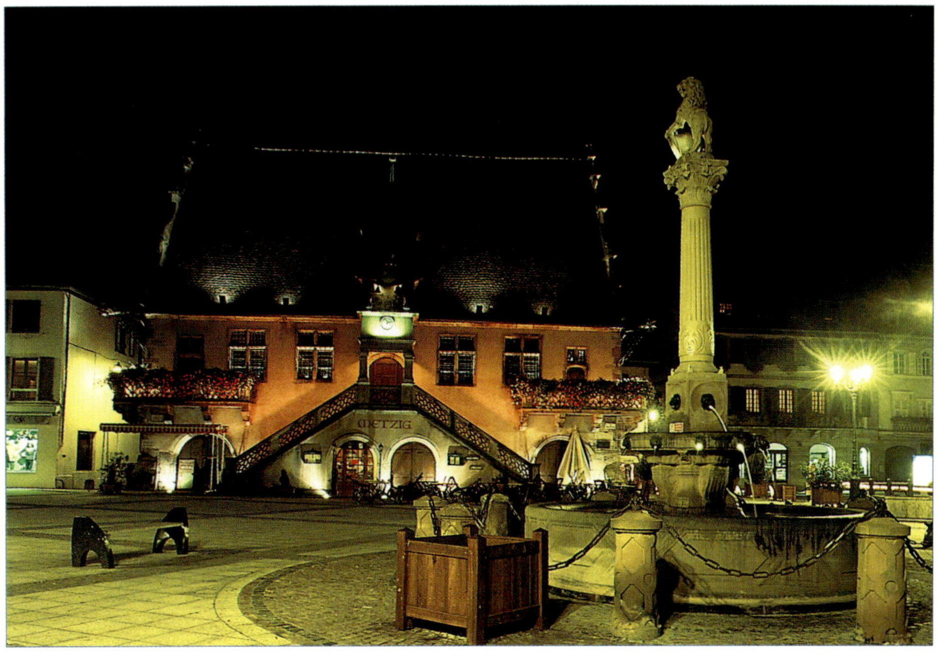

« Metzig » de Mosheim. Façade avec escalier d'honneur et tourelle à Jaquemart.

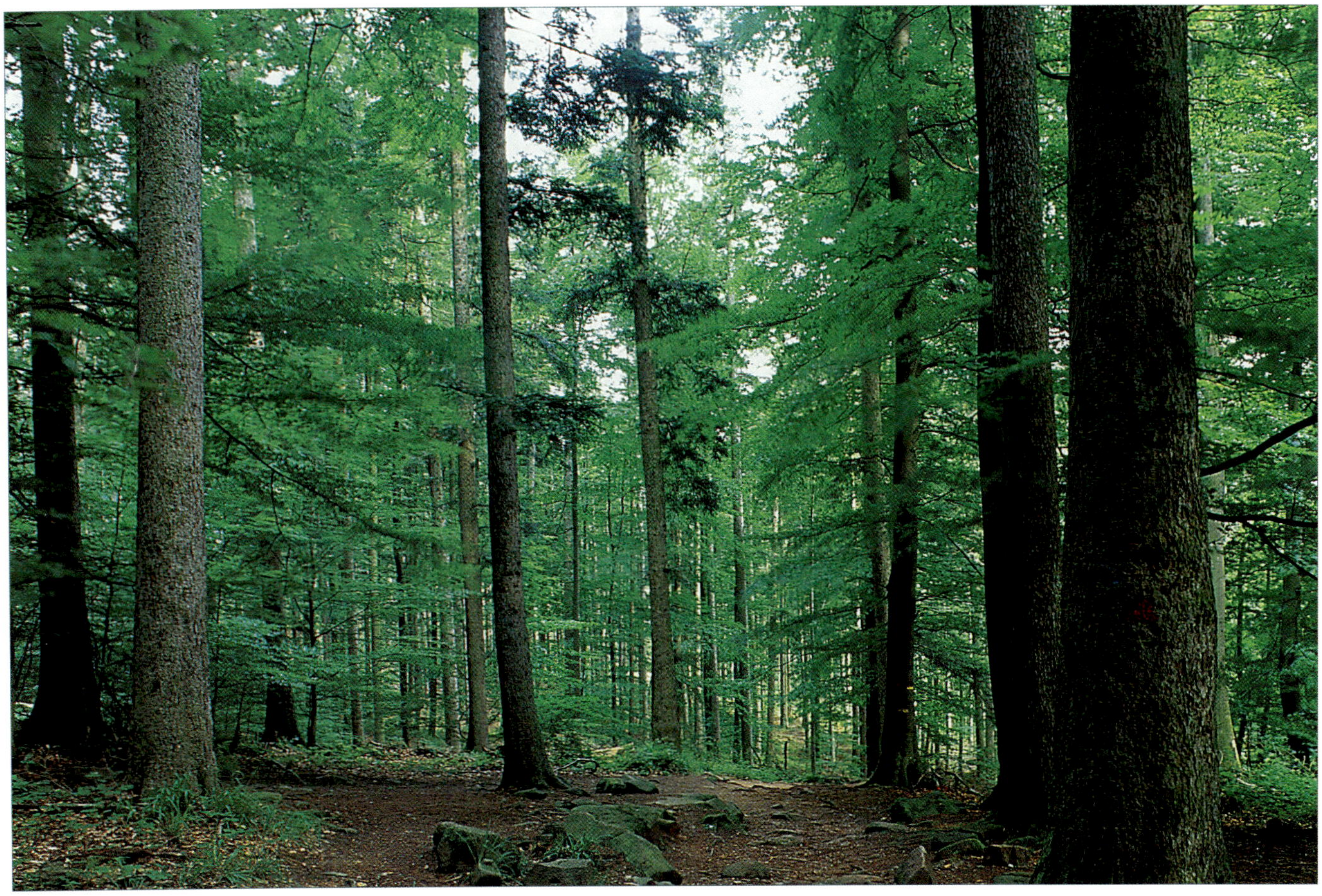
La forêt du Nideck où se trouvent la cascade et le château du même nom.

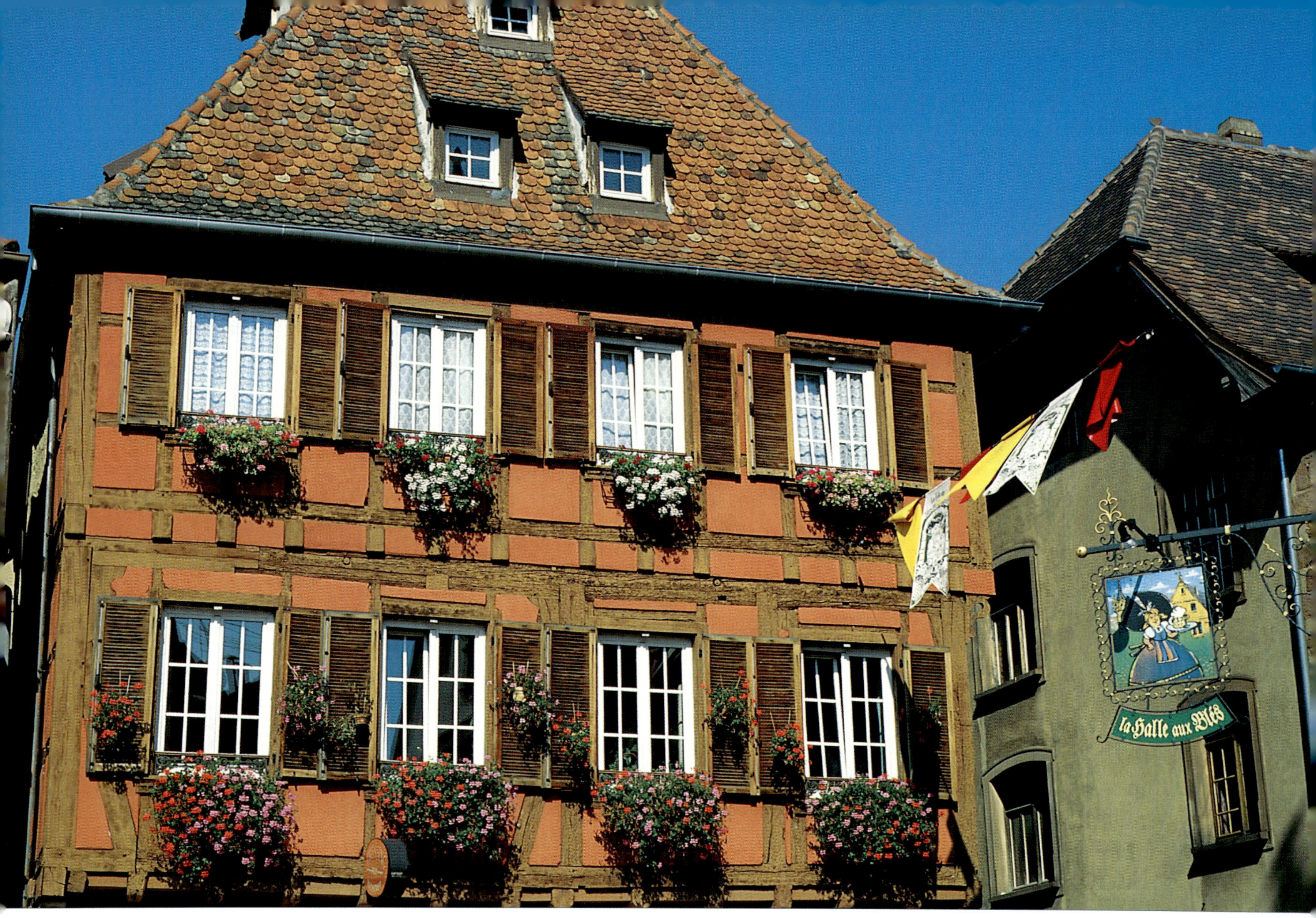

De Strasbourg au Mont Sainte-Odile

Obernai, place du Marché

Maison à colombage du XIXe siècle.

Enfant à la trompette de la fontaine.

Par l'autoroute A 35 on arrive rapidement au carrefour de Dorlisheim. On se dirige vers Rosheim, ancienne ville de la Décapole jadis entourée d'une double enceinte dont témoignent encore plusieurs portes et tours. L'église Saint-Pierre-Saint-Paul, déjà présentée, est un parfait exemple du roman alsacien arrivé à pleine maturité. L'église Saint-Étienne a conservé son clocher médiéval, mais l'édifice proprement dit date de 1785. C'est une œuvre de célèbre architecte Salins de Montfort, l'un des propagateurs du style néo-classique en Alsace et dans les pays rhénans. Rosheim possède aussi l'une des rares maisons romanes de la région. À noter aussi le « Stierhüs », la Maison du taureau communal dans l'avenue Leclerc.

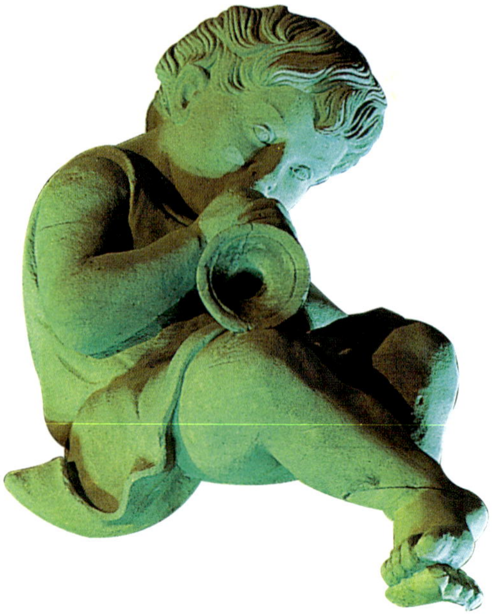

À proximité de Rosheim, un peu à l'écart, le village de Rosenwiller se signale par son église paroissiale à clocher d'avant-chœur et chœur gothiques avec des peintures murales et de remarquables vitraux d'époque.

Obernai fait partie des incontournables lors d'une visite rapide de l'Alsace. Certes, son église paroissiale est néo-gothique, mais elle renferme des œuvres anciennes. L'Hôtel de Ville allie la Renaissance à l'éclectisme. La Halle au blé de 1554 est en réalité l'ancienne Boucherie. Le « Kapellturm » est bien la tour de la chapelle Notre-Dame, mais avec son couronnement à échauguettes de la fin du XVIe siècle, c'est aussi le beffroi de la ville haut de 60 m. Le puits à six sceaux, chef-d'œuvre de la Renaissance (1579), a été remis en état après une rencontre plutôt désastreuse avec un camion.

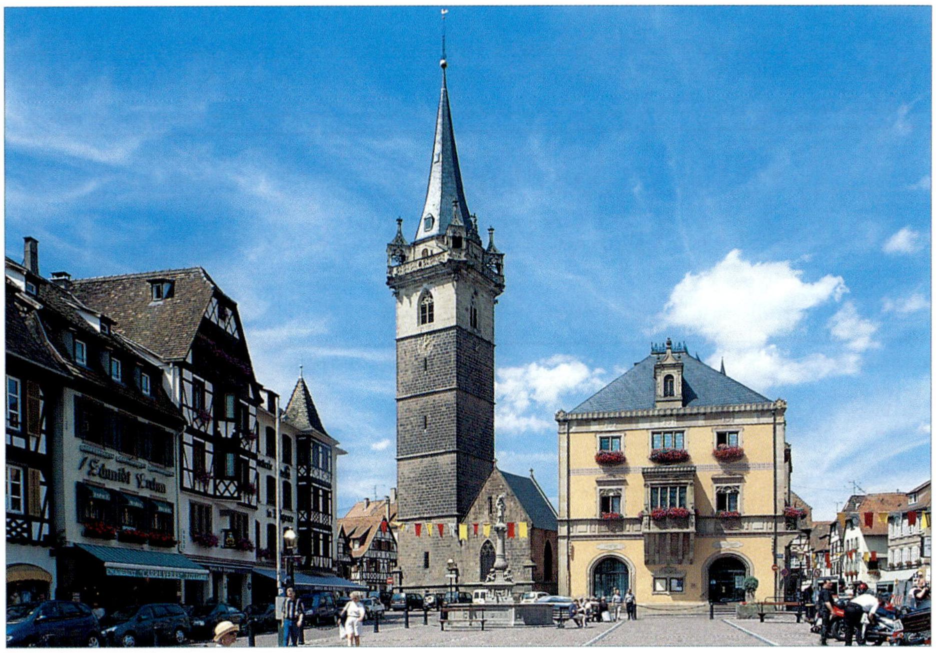

Obernai, place du Marché. Hôtel de Ville Renaissance et beffroi gothique à échauguette.

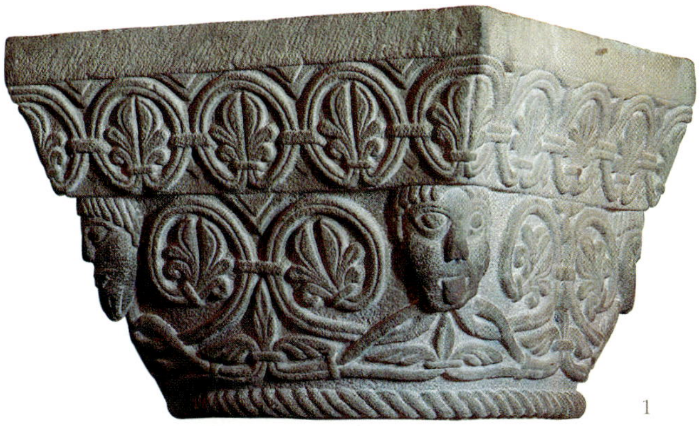

1

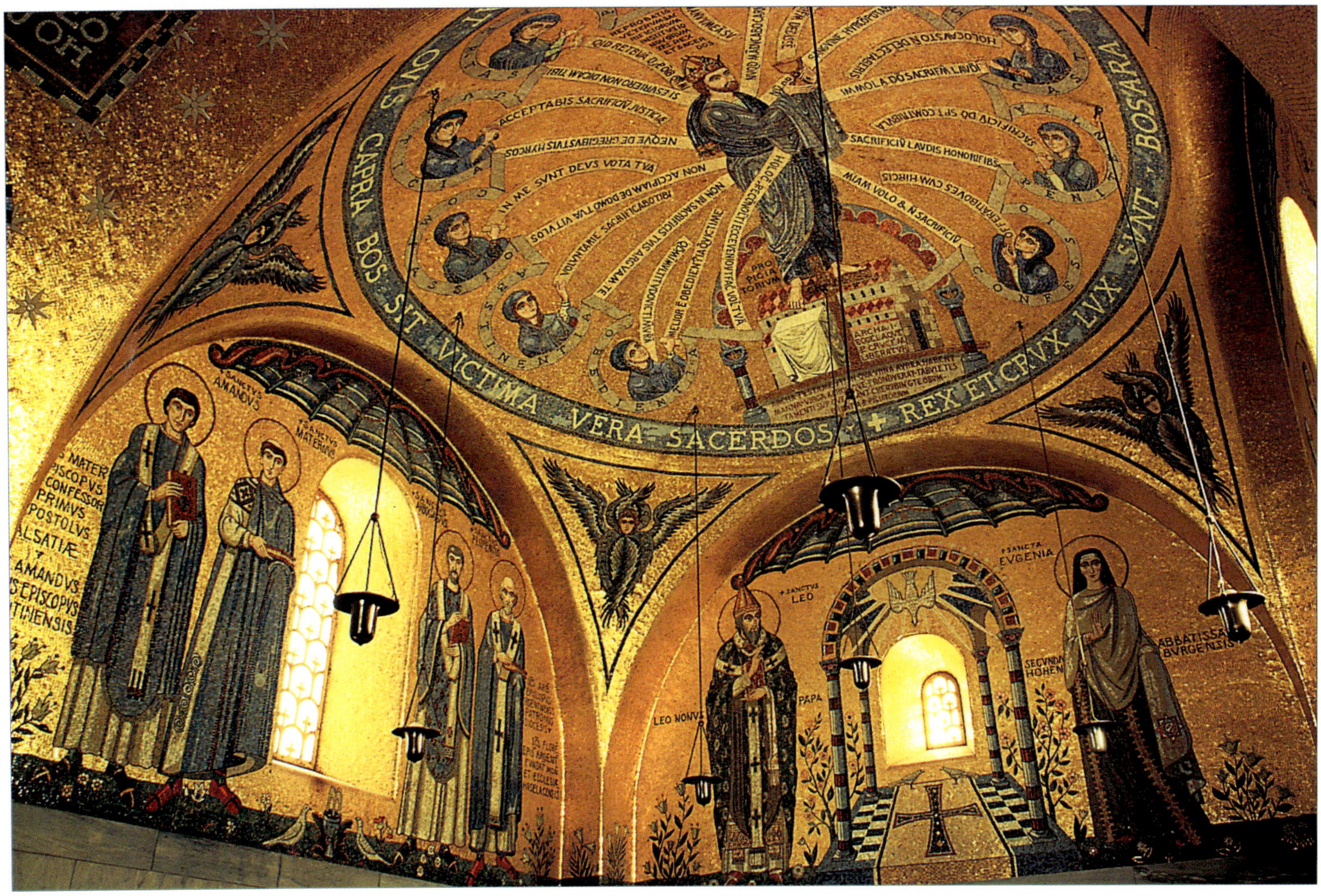

2

Mont Sainte-Odile

1 : Chapiteau roman de la chapelle de la Croix (XIIe siècle).

2 : La « chapelle des Larmes » sur la terrasse (XIIe siècle) et mosaïques modernes.

Page de droite :
Rocher du Mont Sainte-Odile avec l'ancienne église conventuelle.

Chapelle de la Croix, Mont Sainte-Odile. Construction romane à pilier central surmontée de la bibliothèque.

La montée au mont Sainte-Odile se fait en principe par Ottrott connu pour ses vins rouges (« Ottrotter Roter »). La montagne sainte de l'Alsace est un pèlerinage très fréquenté. De l'ancien couvent fondé à l'époque mérovingienne subside l'église conventuelle reconstruite sous forme d'église-halle à colonnes toscanes à la fin du XVIIe siècle. Dans les bâtiments contigus sont englobées deux chapelles médiévales : la chapelle de la Croix, à pile centrale surmontée d'un étage de même conception, et la chapelle Saint-Jean Baptiste (ou Sainte-Odile) avec le sarcophage authentique de la sainte. Sur la terrasse, deux autres chapelles d'origine romane, mais restaurées au XIXe siècle : la chapelle des Anges et la chapelle des Larmes.

Le Mont-Sainte-Odile est entouré d'une vaste enceinte (10 km) en blocs de pierre jadis assemblés par des tenons en bois, les queues d'aronde. Un examen récent fondé sur la dendrochronologie prouverait que ce monument extraordinaire ne daterait que du VIIe siècle. Mais les échantillons examinés ne sont pas forcément les premiers utilisés. Certains savants penchent plutôt pour le premier siècle avant J.-C.

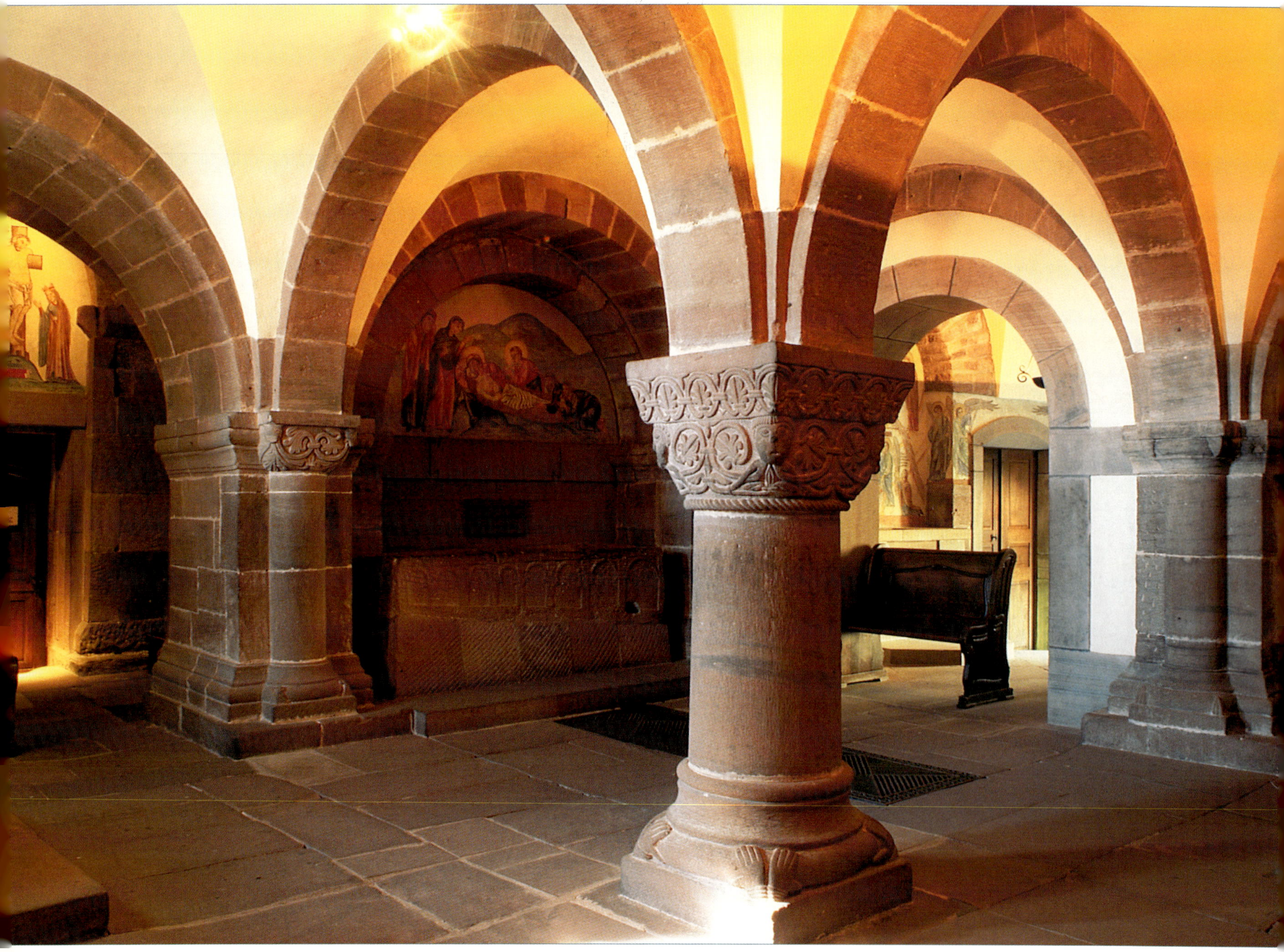

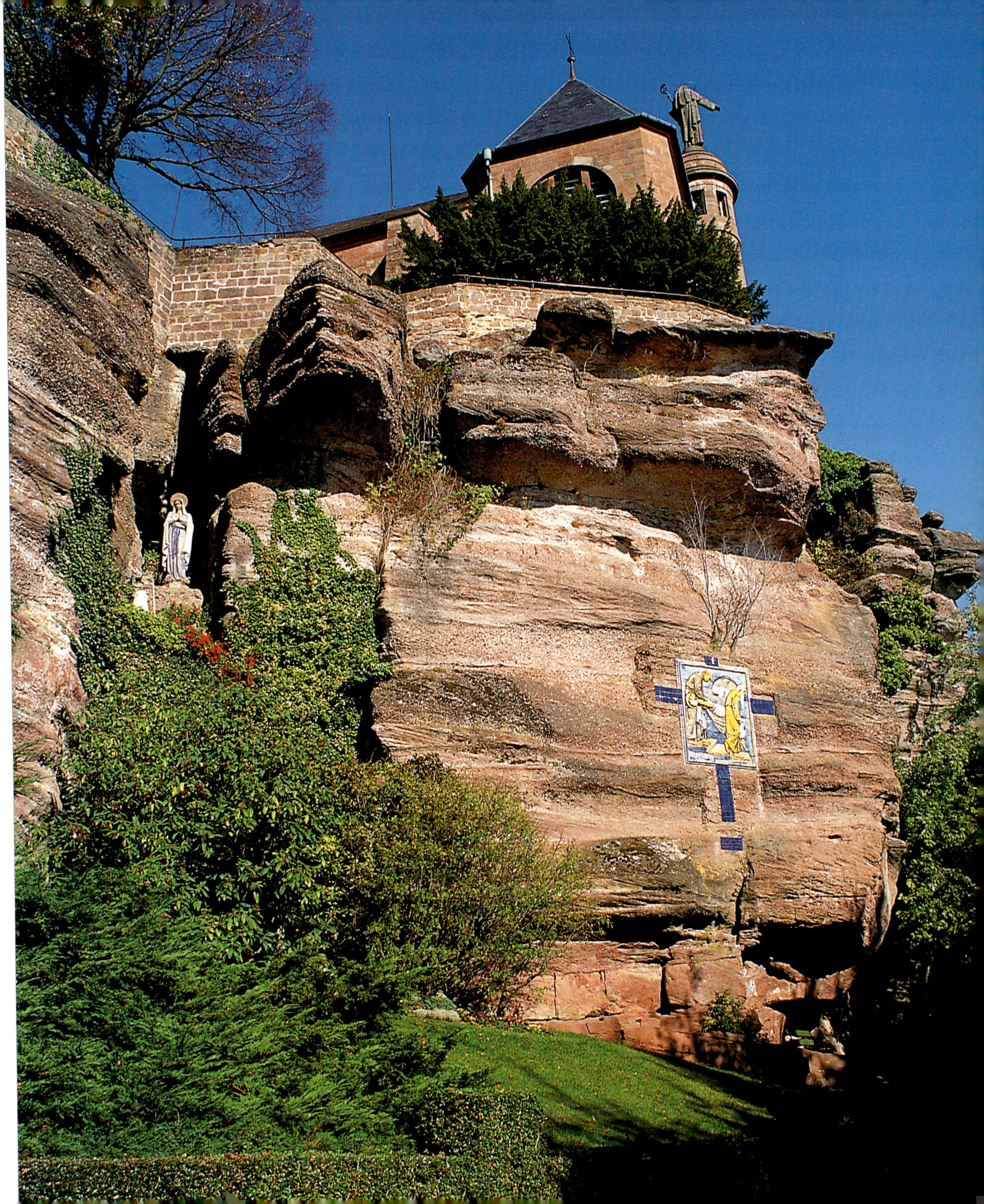

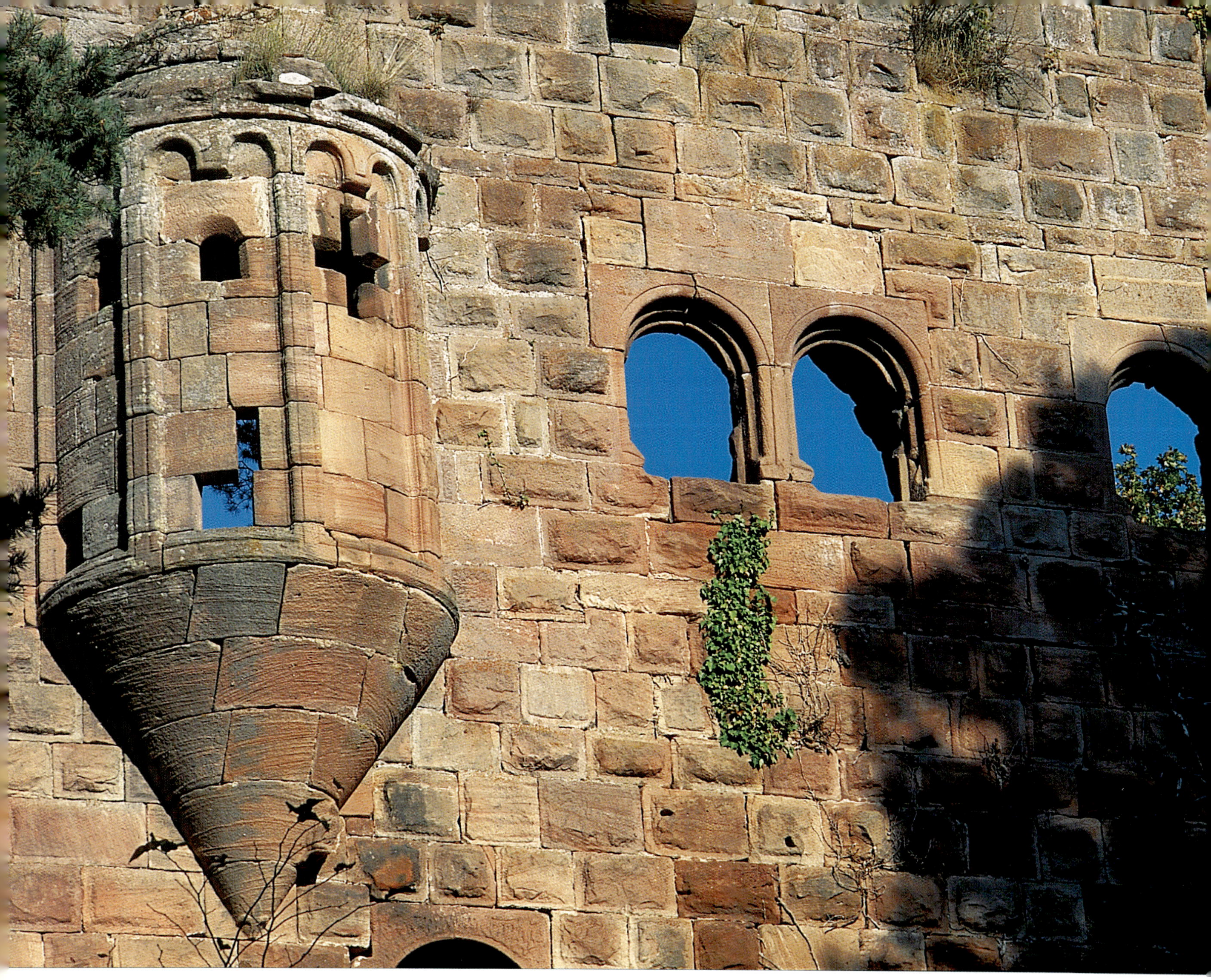

De Strasbourg aux châteaux de Scherwiller

Château du Landsberg. Logis seigneurial du XIIe avec oriel-chœur de l'ancienne chapelle (vers 1200).

Par l'autoroute A 35 et la N 422 on traverse de biais la plaine d'Alsace pour faire une première étape à Barr qui nous accueille avec son Hôtel de Ville du XVIIe siècle et sa « Folie Marco » du XVIIIe siècle. Avec un peu de courage on peut monter aux ruines du Landsberg dont le logis roman s'agrémente d'un oriel renfermant le chœur de l'ancienne chapelle.

À Andlau, au fond de sa vallée, l'abbatiale de sainte Richarde, reine de France en 884, produit toujours le même effet de grandeur. Dans le chœur, la châsse de la sainte retrace les événements marquants de son existence. À l'entrée de la localité, la Commanderie de l'Ordre Teutonique se rattache au XVIIIe siècle. Les amateurs de châteaux forts iront voir le château d'Andlau aux deux tours caractéristiques et celui du Spesbourg avec son logis gothique en bossage.

Dambach-la-Ville avec ses trois portes gothiques a largement préservé son authenticité. Si l'église paroissiale ne remonte qu'au XIXe siècle, la chapelle de la Vierge date de 1479, la chapelle Saint-Jean-Baptiste dans les champs est le seul vestige d'un village disparu, tandis que la chapelle Saint-Sébastien, à mi-pente dans le village, a l'allure d'une église avec son clocher, sa nef charpentée et son chœur voûté du XIVe siècle muni de vitraux d'époque. Le maître-autel de la fin du XVIIe siècle frappe par son exubérance baroque.

On appelle châteaux de Scherwiller, l'Ortenbourg et le Ramstein qui surveillent l'entrée de la vallée de Sainte-Marie-aux-Mines. L'Ortenbourg est un superbe château en granit dont le donjon pentagonal, protégé par une haute chemise, s'élève à 32 m. Le Ramstein, en contre-bas, avait été construit pour soutenir un siège finalement victorieux (1293).

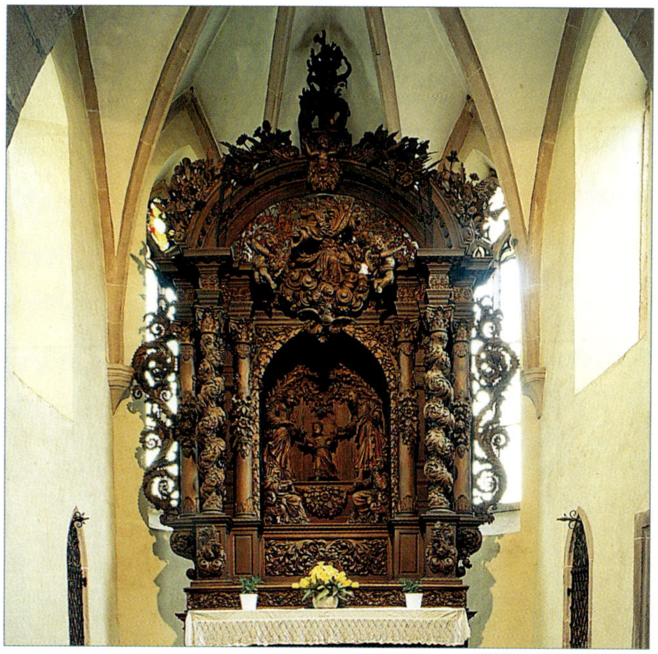

Chapelle Saint-Sébastien à Dambach-la-Ville. Retable baroque exubérant de la fin du XVIIe siècle.

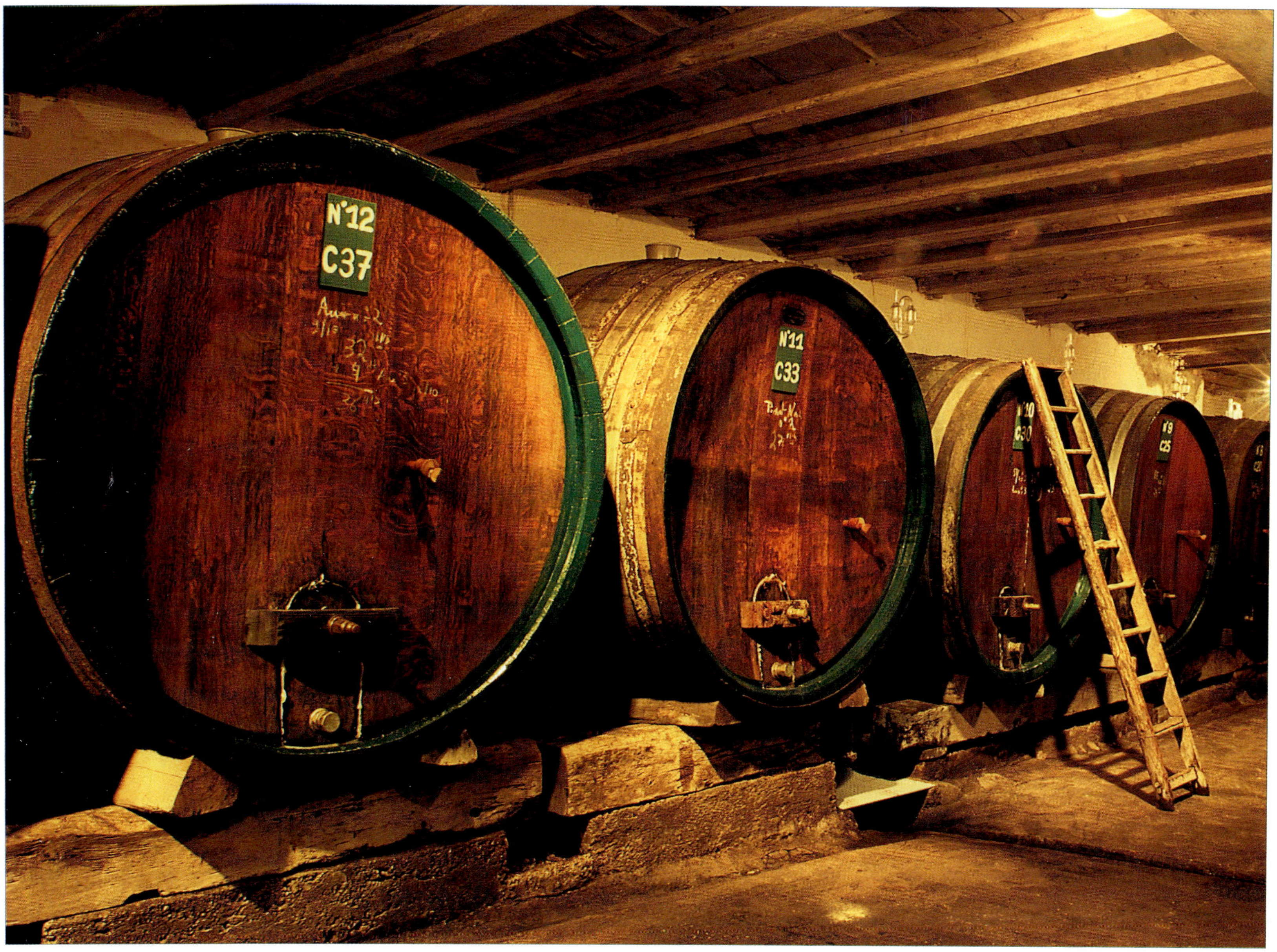

Cave traditionnelle (1790) du domaine André Dussourt à Scherwiller.

De Strasbourg à Sélestat

Après avoir quitté Strasbourg par le sud, on s'arrête déjà à Eschau dont l'église romane renferme des sculptures fort intéressantes. La châsse de sainte Sophie, du XIVe siècle, est surmontée d'un groupe gracieux montrant la sainte accompagnée de ses trois filles (XVe siècle). Il faut également faire état d'une statue de saint Christophe et de celle de l'évêque de Strasbourg Remi, fondateur du monastère.

À Osthouse, au sud d'Erstein, le château construit en équerre (XVe et XVIe siècles) occupe le site d'un établissement plus ancien dont il subsiste les douves et les tours d'angle. À l'entrée on découvre les monuments funéraires de Georges Zorn de Bulach et de son épouse Ursule de Landsberg. Les défunts sont agenouillés sur des socles portés par des éléphants.

Benfeld est une charmante ville marquée par la Renaissance. L'Hôtel de Ville, gothique et Renaissance, est orné en son milieu d'une tour d'escalier à jaquemart. Construit à l'initiative du bailli Albertini, l'Hôpital à galeries voûtées n'est pas exempt d'italianismes (1625). Enfin, le « Châtelet » ou Maison du gouverneur (1620) a été remanié et agrandi au fil des siècles. La Vierge à l'Enfant de la façade se trouve maintenant au Musée de Strasbourg. L'ancien Centre de Fermentation des Tabacs (1855) séduit par sa belle architecture et rappelle l'une des richesses de l'Alsace.

À Ebersmunster, l'abbatiale baroque se mire dans les eaux indolentes de l'Ill. Ses trois clochers à bulbe sont visibles à des kilomètres à la ronde. La façade à deux tours enserre un porche à la manière alsacienne. Le grand vaisseau accompagné de collatéraux repose sur de puissantes piles. Au-delà du transept se développe le chœur à clocher axial. Un vaste programme de peintures murales crée une symphonie de couleurs que l'orgue Silbermann vient renforcer. Des artistes de grande renommée ont participé aux travaux.

À Ebersheim, un peu éclipsée par l'opulente voisine, l'église Saint-Martin présente une façade baroque à courbes et contre-courbes (1767), plus récente que le clocher à bulbe latéral qui date de 1753.

Vignes entre Kientzheim et Sigolsheim.

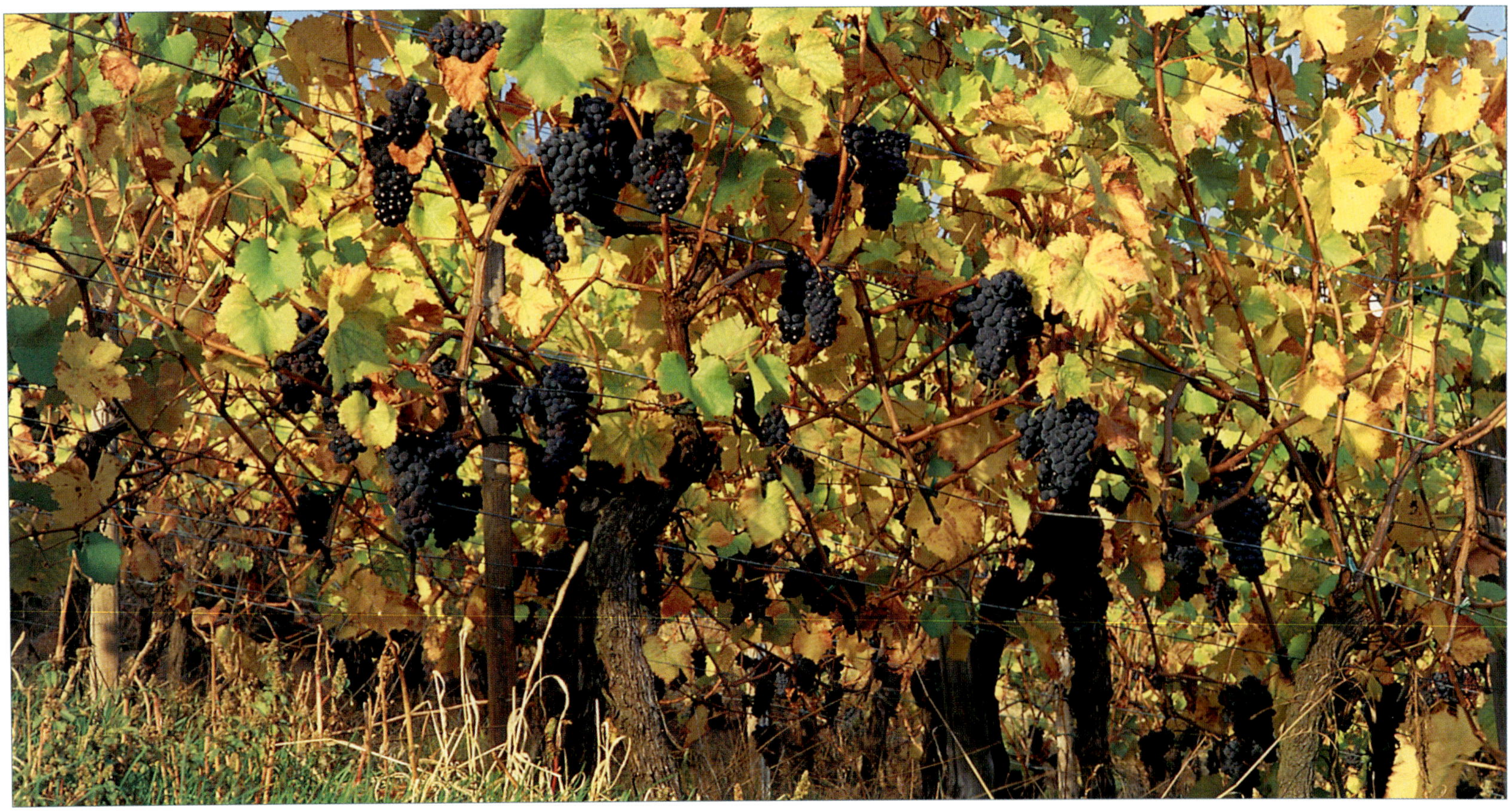

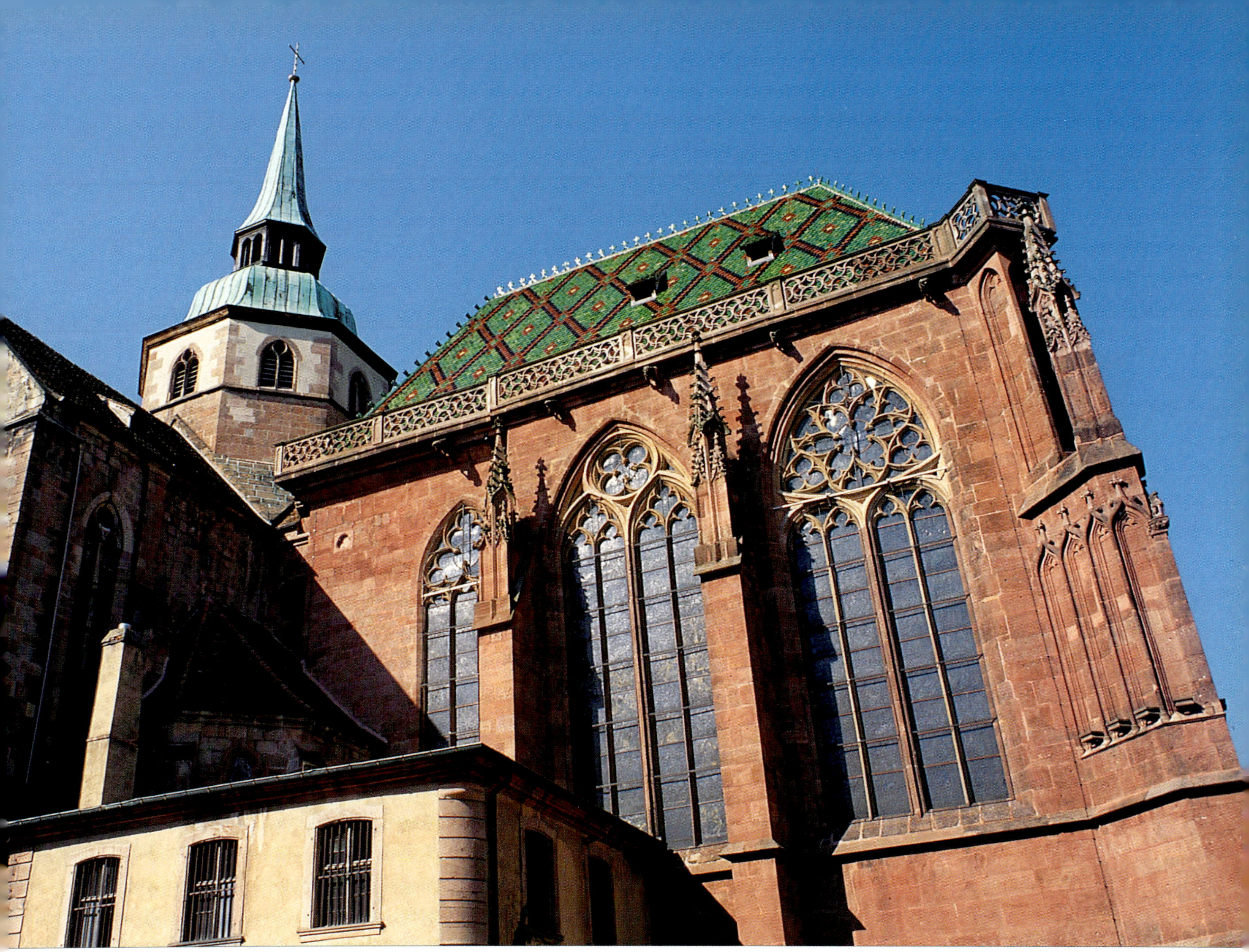

Sélestat, ville des humanistes

Sélestat a une longue histoire à nous conter. En 775, Charlemagne fêta Noël dans la rotonde dégagée au XIXe siècle sous l'église Saint-Georges. Depuis la fin du XIe siècle, les Hohenstaufen sont présents dans la ville. L'empereur Frédéric II chargea son bailli Woelfelin de fortifier la cité (vers 1217). Devenue ville libre Sélestat adhéra à la « Décapole » qui réunissait les dix villes impériales d'Alsace, à l'exception de Strasbourg. Au XVe et au XVIe siècle, l'humanisme produisit trois grandes personnalités : Jacob Wimpheling, Beatus Rhenanus, et Martin Bucer, le réformateur, qui finit ses jours en Angleterre. Le protestantisme n'arriva pas à s'implanter à Sélestat. Puis vint le XVIIe siècle avec ses soubresauts. En 1691, Jacques Tarade fit élever une nouvelle enceinte dont il reste des vestiges, notamment la Porte de Strasbourg. Depuis, Sélestat a partagé le sort des villes moyennes d'Alsace : un XVIIIe siècle bénéfique, une industrialisation modérée, l'annexion, l'essor de l'après-guerre. Aujourd'hui Sélestat compte 16 000 habitants contre 10 000 avant-guerre.

Le patrimoine architectural et artistique reste très considérable. L'église Sainte-Foy, transformée par les

A Sélestat l'église Saint-Georges a succédé à la rotonde carolingienne où Charlemagne a fêté Noël en 775. Le chœur rectangulaire actuel à riches remplages est une adjonction du début du XVe siècle.

Jésuites au XVIIe siècle, a retrouvé ses volumes initiaux de grand programme. Sous le chœur et la croisée on a dégagé les vestiges d'un premier sanctuaire daté de 1087.

L'église Saint-Georges a des allures de cathédrale gothique. Le massif occidental, du début du XIVe siècle, est surmonté d'un beau clocher médian. La face sud montre la rose du Décalogue. Le vaisseau flanqué de bas-côtés remonte au début du XIIIe siècle. Les arcades reposent alternativement sur des piles fortes et des piles faibles. Du chœur primitif subsistent deux absidioles, mais l'abside principale a été remplacée au XVe siècle par le chevet rectangulaire actuel qui rappelle les constructions anglaises de l'époque. Les beaux vitraux d'époque ont été complétés par des œuvres modernes de Max-Ingrand.

D'autres églises médiévales nous sont parvenues, du moins en partie : de l'église des Franciscains subsiste le chœur polygonal à travées multiples, de l'église des Dominicaines remaniée. On peut encore admirer les voûtes du chœur et la façade. Le cloître du couvent a également échappé à la destruction.

La Renaissance est brillamment représentée par l'Hôtel d'Ebersmunster avec son beau portail et ses médaillons, la maison de l'architecte municipal Stéphane Ziegler avec son oriel rectangulaire, la Maison Billex également pourvue d'un charmant oriel, et surtout l'ancienne commanderie Saint-Jean avec les chambrettes élégamment voûtées de son oriel.

La fin du XVIIe siècle et le XVIIIe siècle ont laissé de nombreux témoins d'une architecture vivace et originale. L'ancien Hôtel Feltz (vers 1730) surprend par son riche portail à colonnes plantées de biais qui se rattache encore à la tradition renaissante. L'Hôtel de Chanlas, qui date des mêmes années, est davantage conforme au canon de l'époque. L'ancien Hôpital, dû à l'architecte Alexandre Chassain, s'apparente aux bâtiments strasbourgeois de style Régence (1766). Quant à l'Hôtel de Ville néo-classique, il est attribué à l'architecte Gouget (1787).

Sur le plan des constructions militaires, on peut faire état de la pittoresque Tour Neuve, de l'Arsenal Sainte-Barbe avec son pignon à redents (XVe siècle), de l'arsenal Saint-Hilaire, du XVIe siècle.

La Bibliothèque Humaniste comporte un millier de manuscrits et d'incunables et deux mille ouvrages imprimés du XVIe siècle. Parmi les trésors, il faut mentionner un Lectionnaire mérovingien du VIIe siècle et un Vitruve abondamment illustré du Xe siècle.

Bibliothèque Humaniste de Sélestat. Salle Beatus Rhenanus. Buste de Jean Mentel (1410-1478), premier imprimeur en Alsace. Photo : R. Ansel.

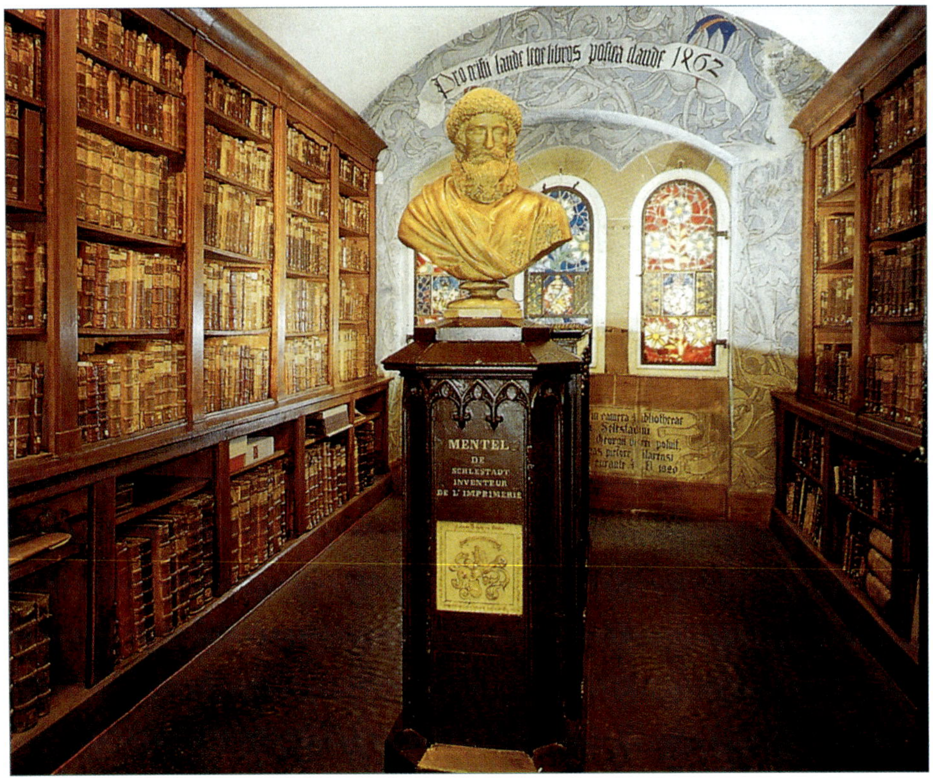

De Sélestat à Sainte-Marie-aux-Mines

Laissant Châtenois à gauche on s'avance dans la vallée jusqu'à la bifurcation. Au nord, le Val de Villé reste dans le Bas-Rhin, au sud on entre rapidement dans le Val de Sainte-Marie-aux-Mines. Le Val de Villé est parcouru par la rivière Giessen. Avant d'arriver à Thanvillé, qui retient l'attention grâce à son grand château de la Renaissance, les randonneurs peuvent monter à l'assaut du Frankenbourg (commune de Neubois) à 703 m d'altitude. Une enceinte protohistorique à blocs de pierre rassemblés par des tenons (comme au Mur Païen du Mont-Sainte-Odile) pourrait remonter au début de notre ère. De plan elliptique, avec un donjon cylindrique intérieur, le château proprement dit est en partie du XIIe siècle.

À Villé, l'église paroissiale Notre-Dame remonte à 1757. C'est une quasi-halle reposant sur des piles carrées. Dans le chœur se voient curieusement des nervu-

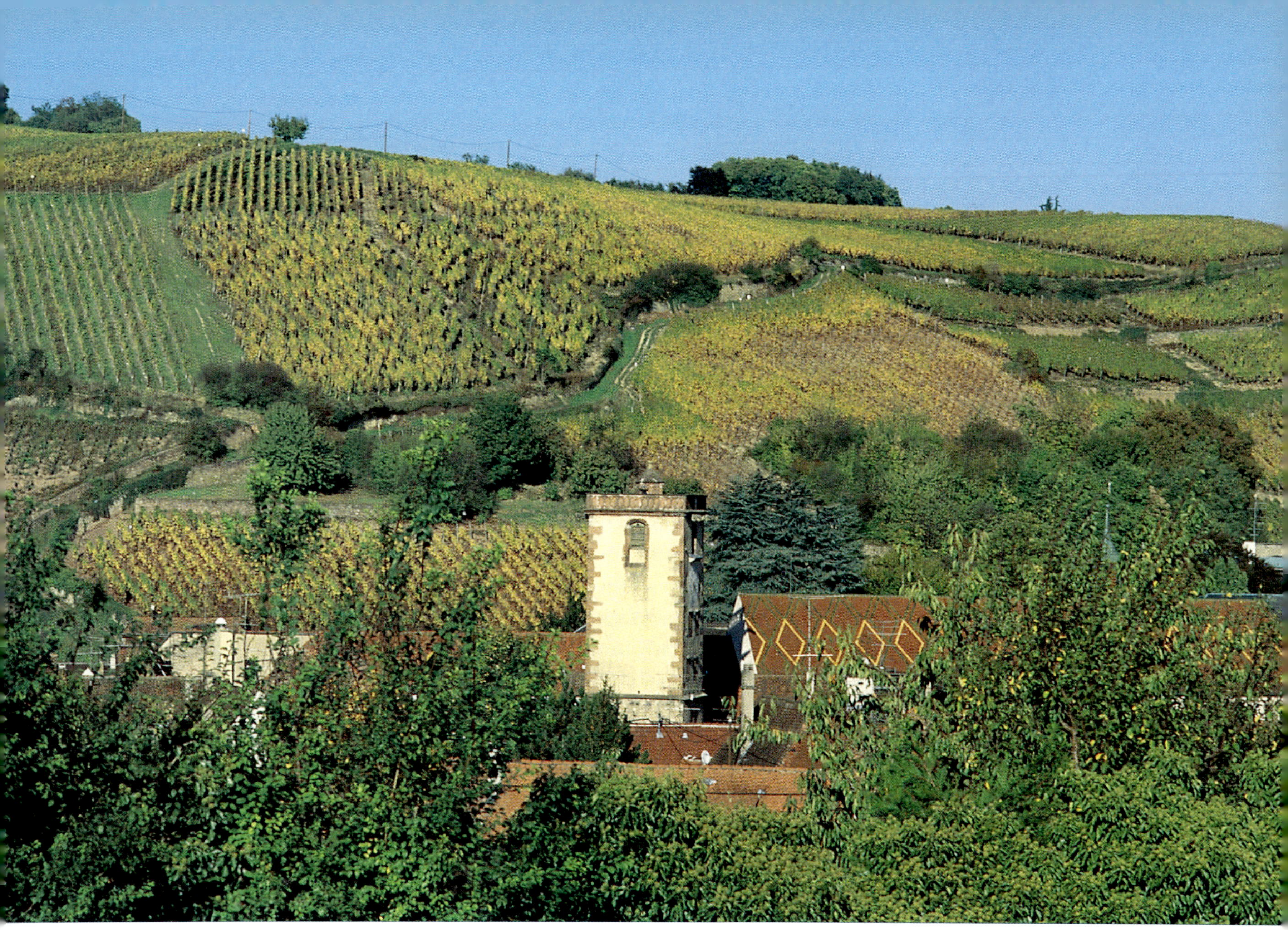

res gothisantes. Le peintre René Kuder, l'enfant du pays, qui a décoré l'église a acquis une solide réputation.

À Steige, connue pour ses eaux de vie, l'ancienne église tronquée du cimetière est devenue la chapelle du cimetière. On y montre encore la maison où grandit Joseph Meister, le premier enfant vacciné contre la rage par Louis Pasteur.

Le Val de Sainte-Marie-aux-Mines traverse un paysage enchanteur. De l'ancienne abbaye de Honcourt il ne reste plus qu'une chapelle du XVIIIe siècle On y trouve aussi une échauguette de la citadelle de Strasbourg.

Sainte-Marie-aux-Mines est une ville qui a surmonté le déclin des mines d'argent et la décadence de l'industrie textile. Elle a développé le tourisme et met en valeur les atouts dont elle dispose. En raison des circonstances politiques et religieuses, la ville possède de nombreux édifices de culte : l'église Sainte-Madeleine, commencée en 1757, l'église Saint-Louis, néo-classique, l'église réformée (1634), en gothique posthume, l'église luthérienne (1844), la chapelle du cimetière et plusieurs autres chapelles anciennes ou modernes. À Saint-Pierre-sur-l'Hâte, l'église des Mineurs, gothique avec clocher de façade et chœur polygonal, accueille trois confessions et sert aussi de salle de concerts aux chandelles.

À Echery subsiste la Tour des Mineurs du XVIe siècle où siégeait la justice des mines. Témoin de l'opulence passée, le Théâtre Municipal (1908) est un beau bâtiment classicisant de l'architecte strasbourgeois Gustave Oberthur.

À Ribeauvillé, la Tour des Bouchers émerge des frondaisons et des toitures.

De Sélestat à Colmar

C'est un itinéraire de rêve qui coïncide avec la route du Vin. Nous voici d'abord à Châtenois avec son église baroque dominée par un clocher à échauguettes du XVIe siècle. La rue principale est bordée de maisons gothiques (Hôtel de Ville et Maison Adler) et d'une curieuse chapelle à plan tréflé (XVIIIe siècle).

À l'origine, Kinzheim était un domaine du fisc romain, puis une villa regia carolingienne. Le château Fabvier (1807) est une belle demeure néo-classique gardée par des sphinx. Sur la colline se dresse, bien conservé dans son gros-œuvre le château fort médiéval avec son donjon intérieur jouxtant la muraille et sa charmante chapelle gothique dédiée à Saint-Jacques-le-Majeur. Sur l'esplanade ont lieu les vols acrobatiques de nombreux rapaces.

Le célèbre château du Haut-Koenigsbourg dépend de la commune d'Orschwiller. Solidement campé sur son promontoire rocheux (757 m), il s'étend sur quelque 270 m et rassemble des éléments divers allant de l'époque romane au XVIIe siècle. Généreusement restauré au début du XXe siècle, il présente des parties restituées (comme le donjon) mais reste dans l'ensemble fidèle au Moyen Age finissant. Dans le bastion occidental, l'épaisseur des murs dépasse sept mètres.

Ceinte de remparts, la petite ville de Bergheim s'étire tout en longueur. À l'est s'élève l'église gothique remaniée au XVIIIe siècle, à l'ouest se dresse la Porte Haute (Obertor). La Synagogue du XIXe siècle s'élève, et c'est rarissime, à l'emplacement du premier sanctuaire du XIVe siècle.

Nous arrivons à Ribeauvillé dominé par ses trois châteaux dont l'extraordinaire Saint-Ulrich avec sa salle des chevaliers percé de multiples baies géminées. L'église Saint-Grégoire, l'ancienne église des Augustins et la chapelle de l'Hôpital illustrent le style gothique. La Tour des Bouchers est un vestige de l'enceinte primitive. Quant à la Maison des Ménétriers (Pfifferhüs) elle arbore un oriel polygonal avec la Vierge et l'archange Gabriel de part et d'autre de l'inscription classique : *Ave Maria gratia plena* (vers 1680).

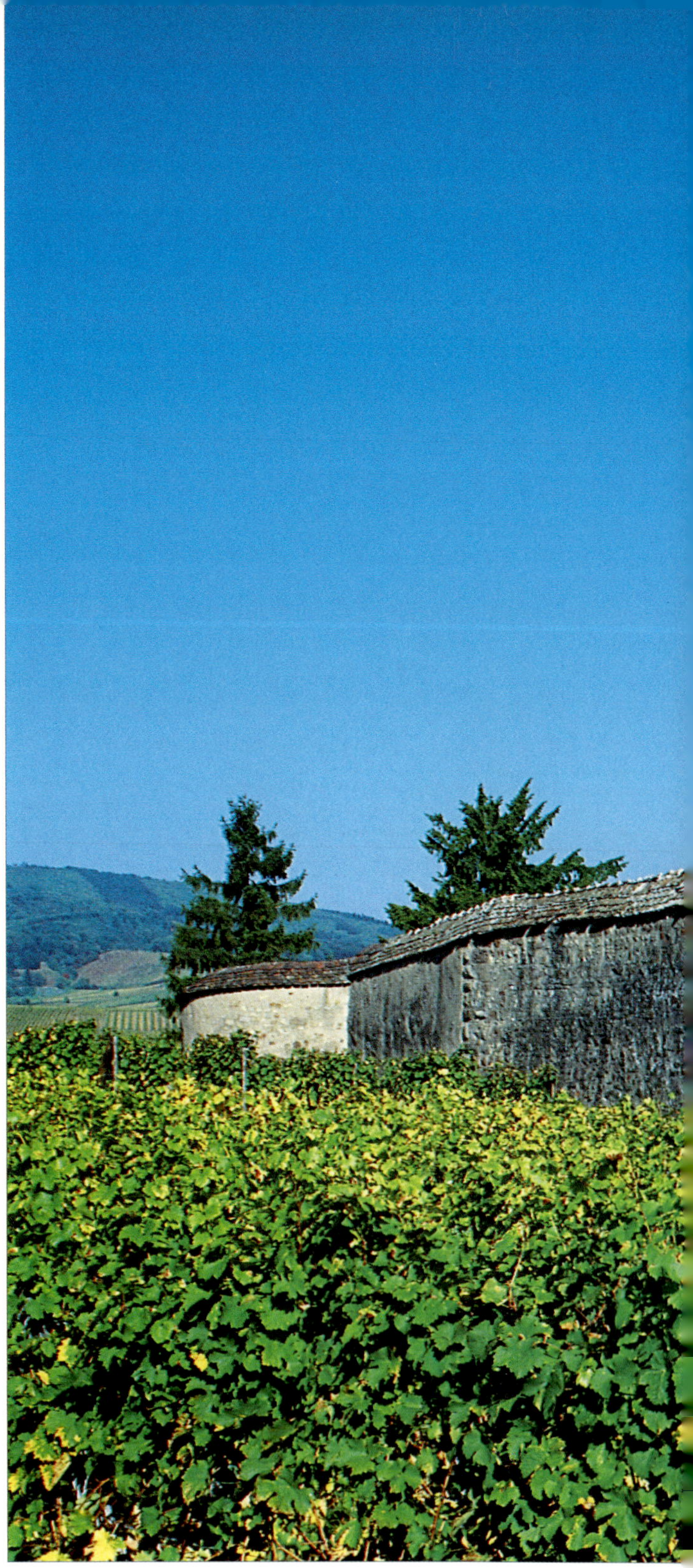

Cernée par le vignoble, l'église fortifiée d'Hunawihr reste pugnace et vigilante (XVe et XVIe siècles).

Hunawihr au cœur du vignoble est protégé par son église gothique fortifiée au gros clocher flanquant le chœur polygonal. Daté de 1524, ce chevet présente une voûte réticulée comme c'est l'usage à cette époque. Le clocher-chœur s'orne de peintures murales consacrées à la légende des miracles de Saint-Nicolas et au *Couronnement de la Vierge* (fin du XVe siècle).

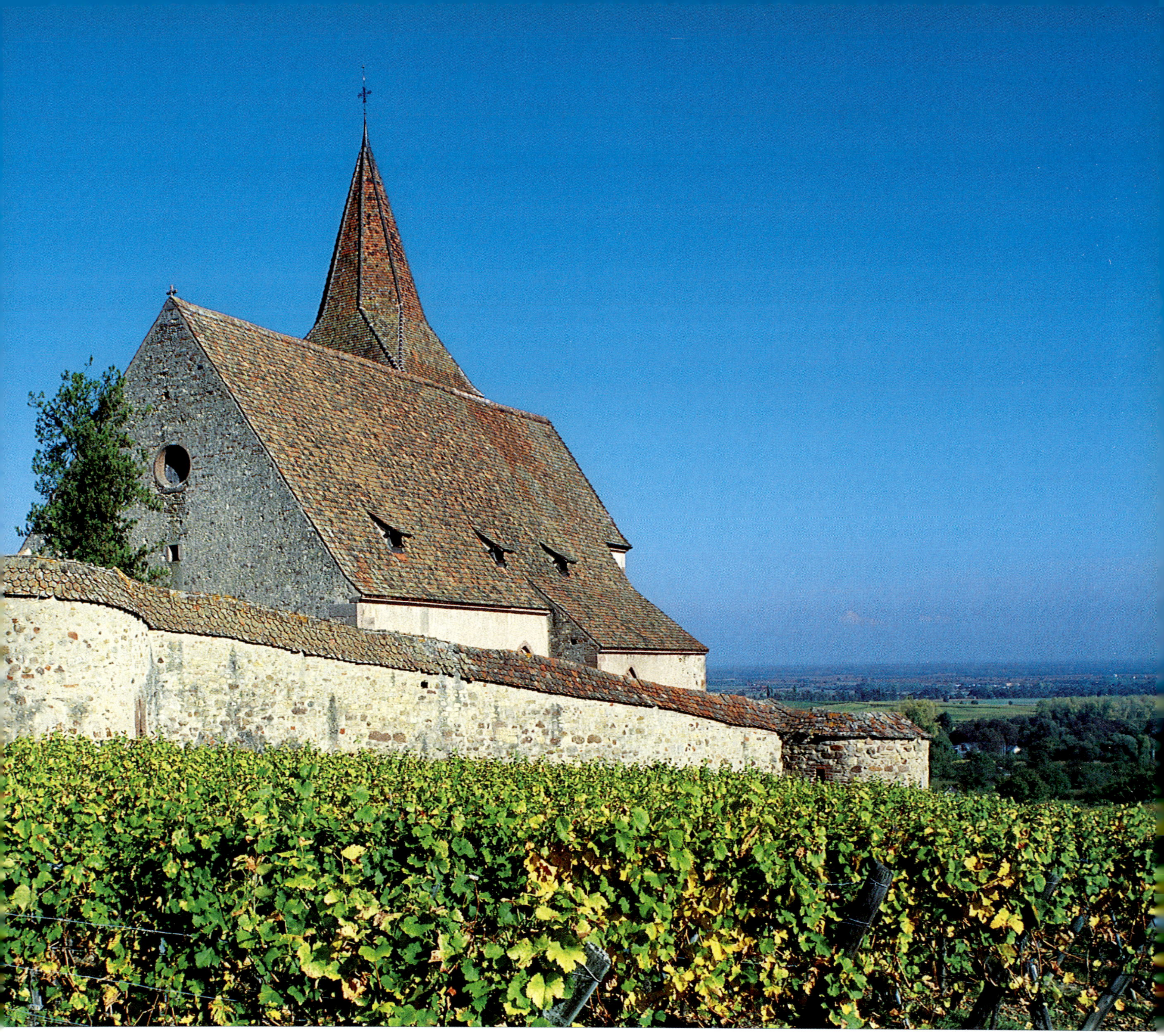

Le miracle s'opère à Riquewihr où toute une cité semble surgie du passé, avec ses murailles, ses tours, ses maisons à colombage ou en pierre. La plupart de constructions sont gothiques ou Renaissance, comme l'ancien château du comte de Wurtemberg (1540), la Maison Ortlieb, l'ancienne cour de l'abbaye d'Autrey, la Maison Dissler très représentative du style Renaissance avec son oriel et son pignon à volutes, la Maison à la Pomme d'Or, l'ancienne cour de Strasbourg. Au total, on compte une bonne trentaine d'édifices inscrits ou classés.

Après cet enchantement, on peut rejoindre Colmar en passant par Ingersheim dont l'ancien Hôtel de Ville combine le gothique et la Renaissance. Le Nouvel Hôtel de Ville est installé dans l'ancien château Salomon, une construction classique en fer à cheval datant de 1757.

Colmar, le miracle du passé

Colmar est assurément l'une des villes les mieux conservées d'Alsace. Aucune grande église gothique ne manque à l'appel : l'ancienne collégiale Saint-Martin est riche de ses vitraux et de ses sculptures ; l'église des Dominicains avec sa magnifique nef en quasi-halle héberge la fameuse *Vierge au Buisson de Roses* de Martin Schongauer (1473) ; l'église des Franciscains est devenue l'église protestante Saint-Matthieu ; l'ancien couvent des Catherinettes a perdu son chevet polygonal ; le couvent d'Unterlinden abrite le célèbre Musée, dans la chapelle, qui a perdu son unique collatéral, est exposé le mythique retable d'Issenheim. En plus il y a les vestiges du couvent des Augustins et une partie de l'église de la Commanderie de Saint-Jean.

En architecture civile du Moyen Age il faut surtout citer l'Ancienne Douane avec sa salle d'apparat au premier niveau (vers 1480), et la Maison du Cygne, rue Schongauer.

La Renaissance est l'une des grandes pourvoyeuses de Colmar. On commence par la Maison Pfister et le Waagkeller, et on termine par la Maison des Têtes au début du XVIIe siècle. En 1626, l'ancien poêle des Laboureurs reçoit son magnifique portail.

Le XVIIIe siècle est représenté en architecture religieuse par l'élégante chapelle des Jésuites (1750). En architecture civile, il faut mentionner le Palais du Conseil Souverain (1765), une œuvre d'Alexandre Chassain, le Nouvel Hôpital, l'Hôtel d'Arlesheim (1774), l'Hôtel de Ville (1778), le Théâtre et la Bibliothèque du Collège Royal (1785).

Le XIXe siècle a laissé nombre de monuments intéressants : la Synagogue, la Cour d'Assises et le Tribunal d'Instance, le Théâtre Municipal, la Préfecture. À l'époque wilhelminienne remontent la magnifique maison Art Nouveau de la rue Bartholdi (Eudoxe Gregoriady, architecte, 1902), la Gare injustement décriée, la Cour d'Appel néo-baroque (1906).

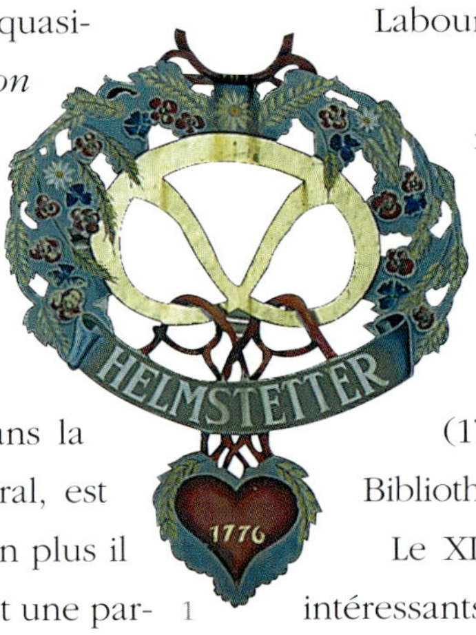

1

Colmar

1 : Enseigne d'une boulangerie, place des Dominicains.

2 : Quai de la Poissonnerie. Alignement de maisons à colombage du XVIIe au XIXe siècle.

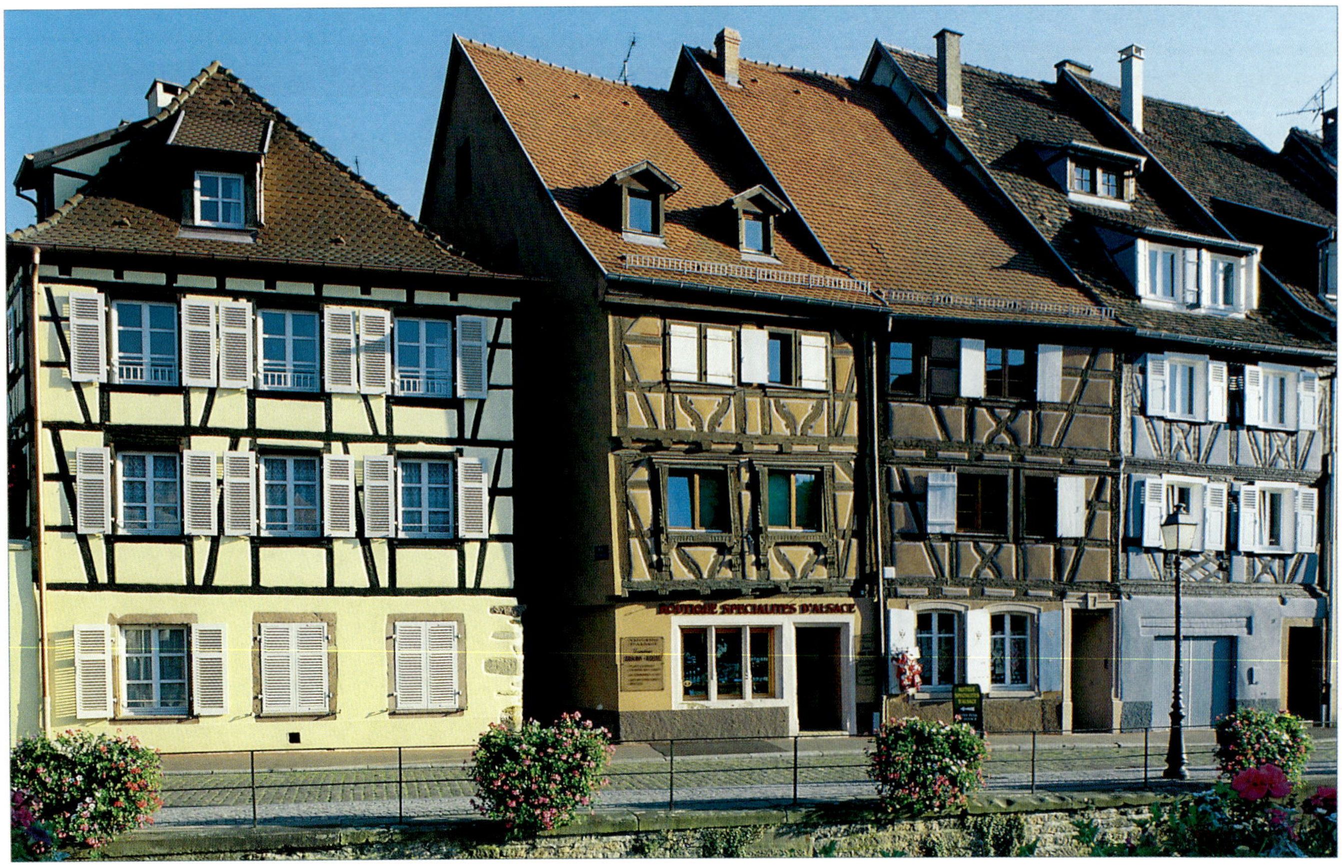

2

Page de droite :

3 : La « Petite Venise ». Vue nocturne.

4 : Maison Pfister, construite par un chapelier en 1537. Elle marque le début de la Renaissance en Alsace.

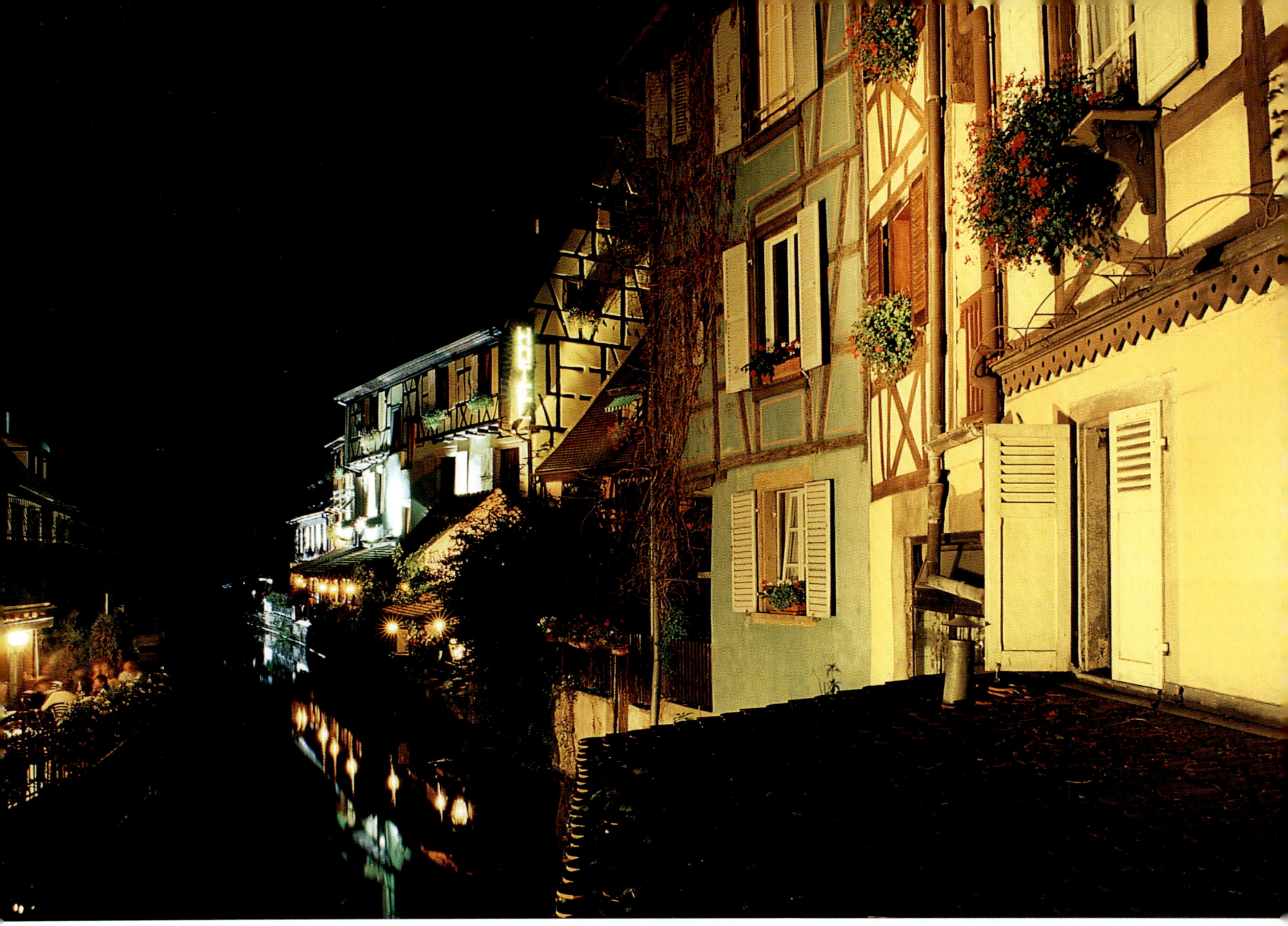

3

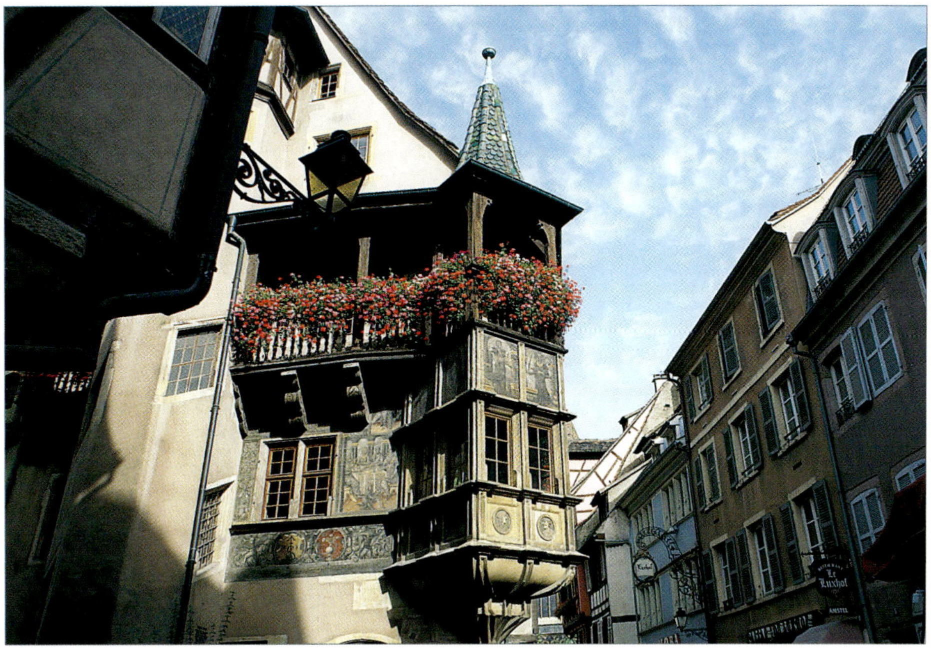

4

Auguste Bartholdi, le sculpteur universellement connu, est l'auteur de la statue du général Rapp (1856), du monument Schongauer (1861), de la fontaine Bruat (1863), de la fontaine du petit Vigneron (1869), de la fontaine Rœsselmann (1888), du monument Hirn (1890), de la fontaine Schwendi (1897).

De Colmar à Kaysersberg et Orbey

Les grandes vallées des Vosges nous proposent des paysages magnifiques aux prés verdoyants, aux étangs et lacs mystérieux. L'habitat est plus dispersé, la langue et la mentalité changent parfois.

Ammerschwihr a souffert de la dernière guerre. Mais l'église Saint-Martin, l'un des rares édifices religieux

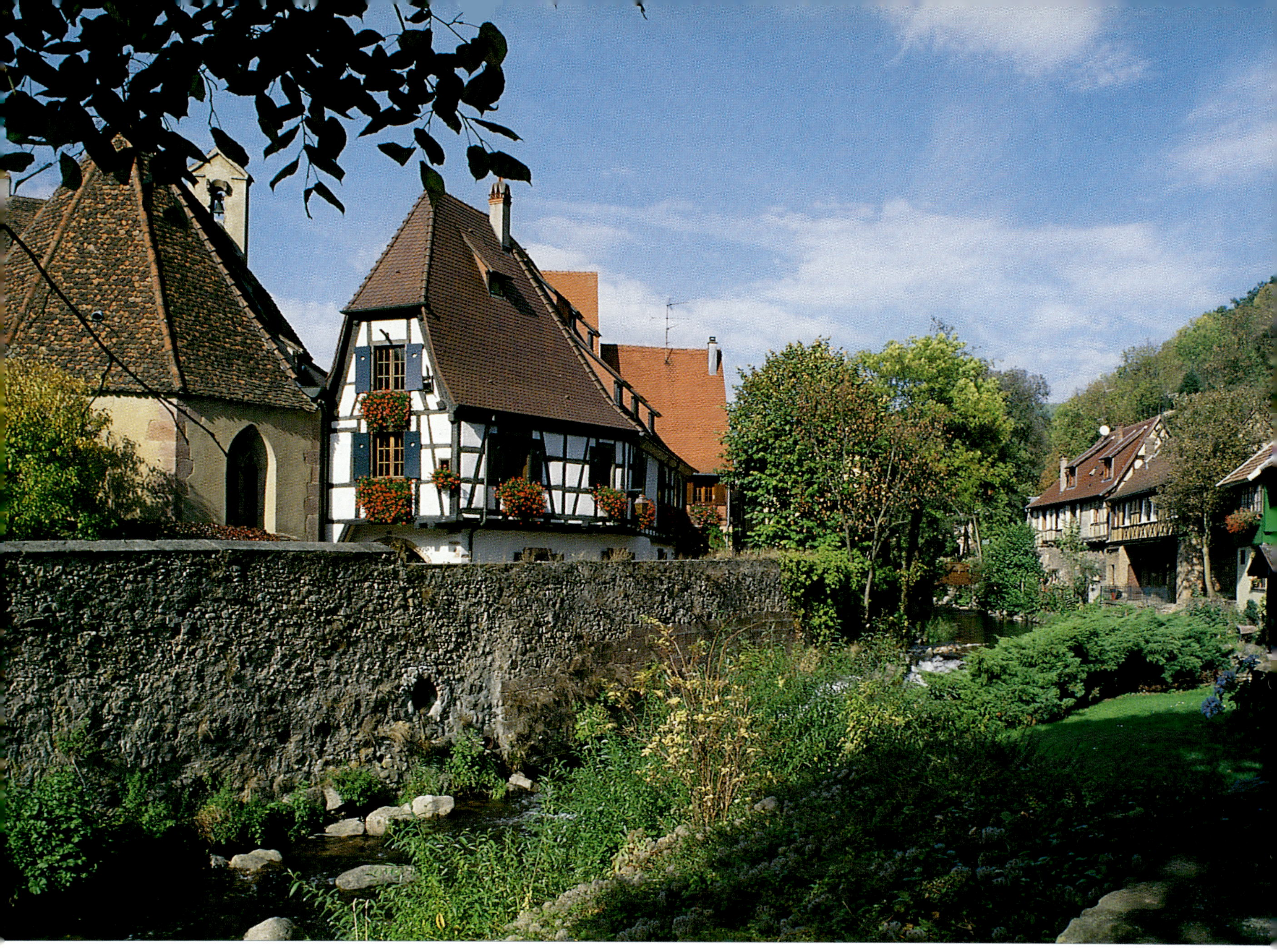

Kaysersberg au bord de la Weiss. Ancienne chapelle de Pairis et maison à colombage.

alsaciens du XVIe siècle, mi-gothique mi-Renaissance, l'a échappé belle. D'Ammerschwihr dépend le pèlerinage des Trois-Epis avec l'ancienne chapelle gothique du XVe siècle et la nouvelle église édifiée après la guerre.

Kaysersberg, ville impériale comme l'indique son nom, est veillée par son ancien château-fort du XIIIe siècle. L'église romane et gothique reprend à la façade le thème du *Couronnement de la Vierge* (début du XIIIe siècle). L'intérieur abrite des vitraux et des sculptures de la fin du gothique. Kaysersberg possède cinq chapelles anciennes : la chapelle de Pairis, au bord de la Weiss, la chapelle du pont sur la Weiss, la chapelle Saint-Michel et son ossuaire, la chapelle Saint-Wolfgang, et la chapelle de l'Hôpital. De nombreuses demeures gothiques et Renaissance donnent l'impression d'une cité ancienne bien conservée. Il faut citer en premier lieu l'Hôtel de Ville avec sa belle salle d'apparat tapissée de boiseries (1604).

À Orbey, l'ancienne abbaye de Pairis a pratiquement disparu. Un bâtiment conventuel du XVIIIe siècle abrite aujourd'hui un hôpital. La chapelle actuelle est, une construction octogonale, de la fin du XIXe siècle.

De Colmar à Munster

La vallée de la Fecht est jalonnée de nombreuses localités. Nous commençons par Turckheim, célèbre par la victoire de Turenne sur les Impériaux (1675). Trois

Portes anciennes rappellent que Turckheim était une ville fortifiée depuis le XIVe siècle. L'Hôtel de Ville de 1620 se distingue par ses pignons chantournés. Sur la façade de l'ancien corps de garde de 1580, se voit dans une niche un écusson avec l'aigle bicéphale des Habsbourg et la couronne impériale. L'Hôpital (1662) garde dans sa chapelle des vitraux du XVIIe siècle.

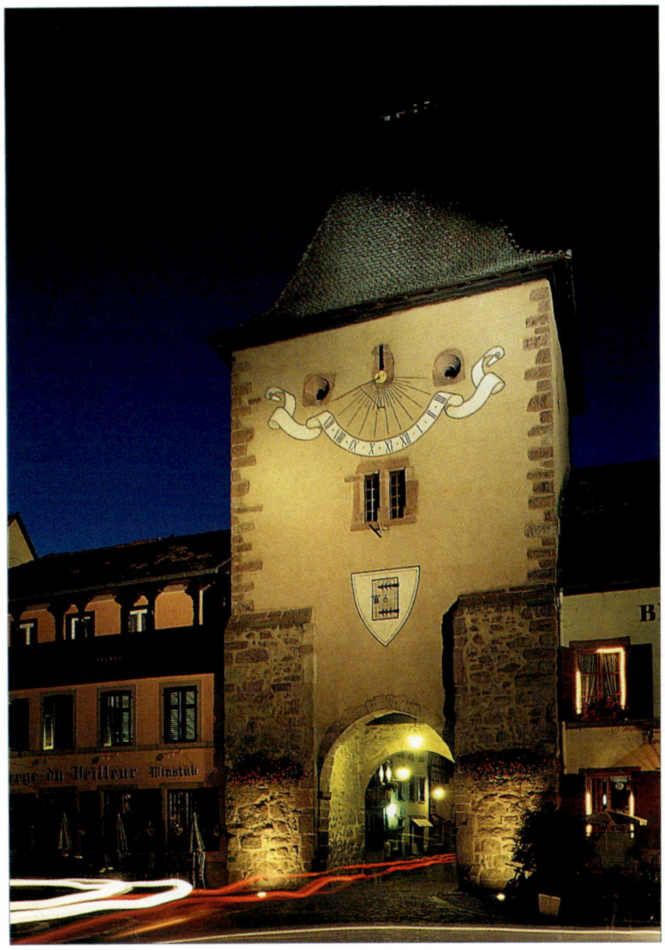

2

Le Pflixbourg, château-fort médiéval, dépend de la commune de Wintzenheim. Datant des XIIe et XIIIe siècles, il présente un plan unique en Alsace. L'entrée se fait par un goulot d'étranglement qui s'obtient par un retrait bilatéral de la chemise de protection. Face à l'entrée, dans la cour castrale, se dresse le donjon cylindrique.

À Walbach, le château est en fait un petit manoir rural du XVIe siècle dont le principal mérite est d'être bien conservé. Wihr-au-Val a gardé une Porte de Ville et deux chapelles intéressantes. À Gunsbach se trouve le Musée Albert Schweitzer.

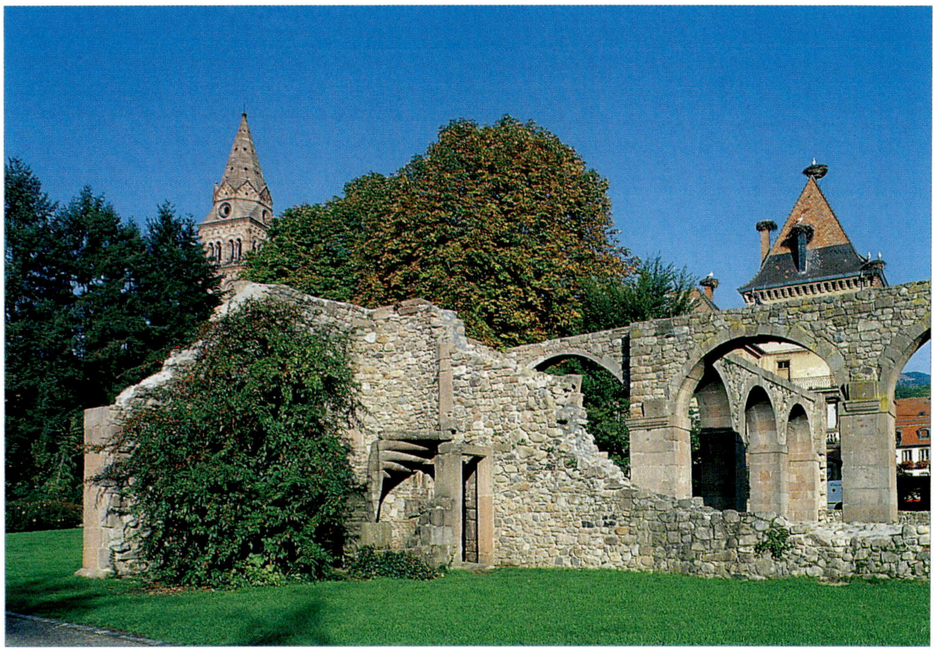

1

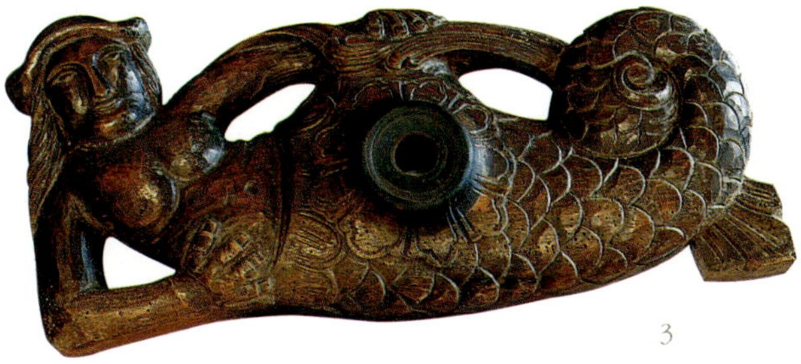

3

Ville de 5 000 habitants, Munster est née autour de l'abbaye Saint-Grégoire dont il ne reste que quelques vestiges tardifs. L'église protestante est un imposant édifice néo-roman dû à l'architecte suisse de Rutté, tandis que l'église catholique réutilise les piles d'un sanctuaire du XVIIe siècle. À noter l'Hôtel de Ville Renaissance dont seule la façade a échappé aux destructions de la première guerre mondiale.

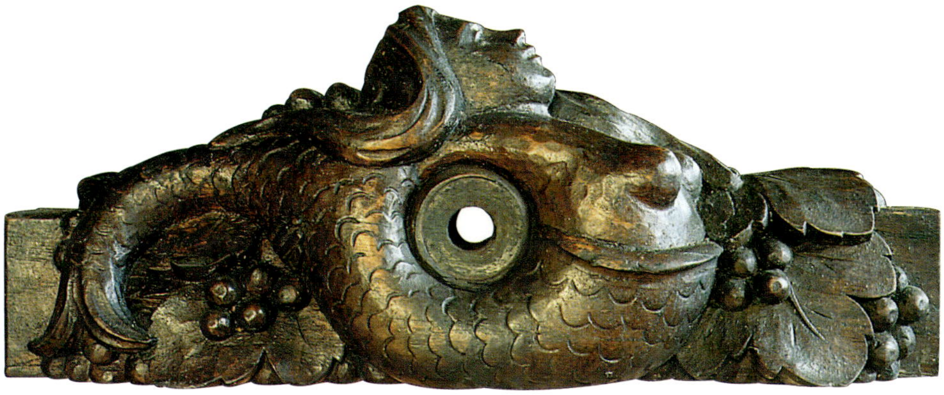

4

1 : Munster. Vestige de l'ancien Palais abbatial (XVIIIe siècle).

2 : Porte de France à Turckheim (XIVe siècle).

3 et 4 : Barres de tonneau - coll. de Luc Beyer - Maison Émile Beyer à Eguisheim.

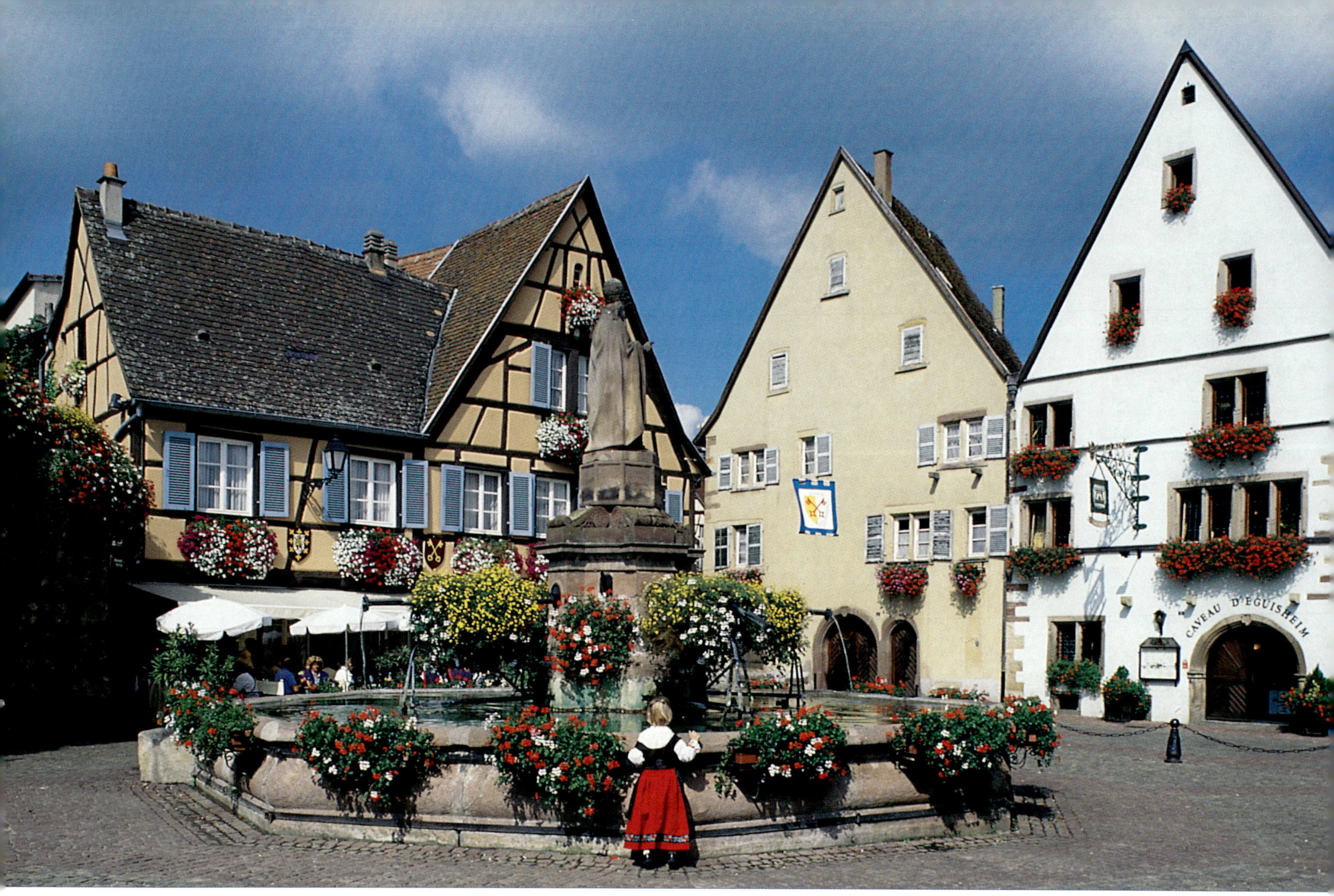

Eguisheim. Fontaine du pape Léon IX, entourée de maisons Renaissance.

Page de droite : Les trois châteaux d'Eguisheim se trouvent en réalité sur le territoire de la commune d'Husseren-les-Châteaux.

De Colmar au Florival

Eguisheim est considéré comme le lieu de naissance du pape Léon IX qui vit le jour en 1002. Le château octogonal au centre de la ville n'a gardé qu'une partie de son enceinte, les bâtiments actuels, logis et chapelle, sont des ajouts du XIXe siècle. L'église Saint-Pierre-Saint-Paul, reconstruite au début du XIXe siècle, a conservé son clocher ancien avec un beau portail du début du gothique (vers 1220) consacré au Christ bénissant entouré de Pierre et de Paul. Sur le linteau figurent les *Vierges sages et les Vierges folles*, thème qui sera repris à la façade de la cathédrale de Strasbourg. La petite ville, encore entourée de ses murailles, offre en maints endroits l'aspect d'une cité de la Renaissance avec ses nombreuses maisons à colombage.

Les trois châteaux d'Eguisheim se trouvent sur le territoire de la commune de Husseren-les-Châteaux. Du nord au sud, il s'agit du Dagsbourg (avec son donjon ébréché et son logis romans), du Wahlenbourg (le château du milieu avec un autre donjon) et du Weckmund (également pourvu d'un donjon carré).

À Gueberschwihr un magnifique clocher roman du XIIe siècle s'étage sur quatre niveaux. C'est l'ancienne tour de croisée d'un édifice reconstruit au XIXe siècle.

L'église de Pfaffenheim, elle aussi reconstruite au XIXe siècle dispose toujours de son chœur polygonal, l'un des premiers d'Alsace (avec Obersteigen dans le Bas-Rhin). Une galerie naine court au sommet du chevet qui illustre la dernière phase du roman tardif alsacien (début du XIIIe siècle).

Possession strasbourgeoise depuis l'époque mérovingienne, la ville de Rouffach réunit elle aussi les

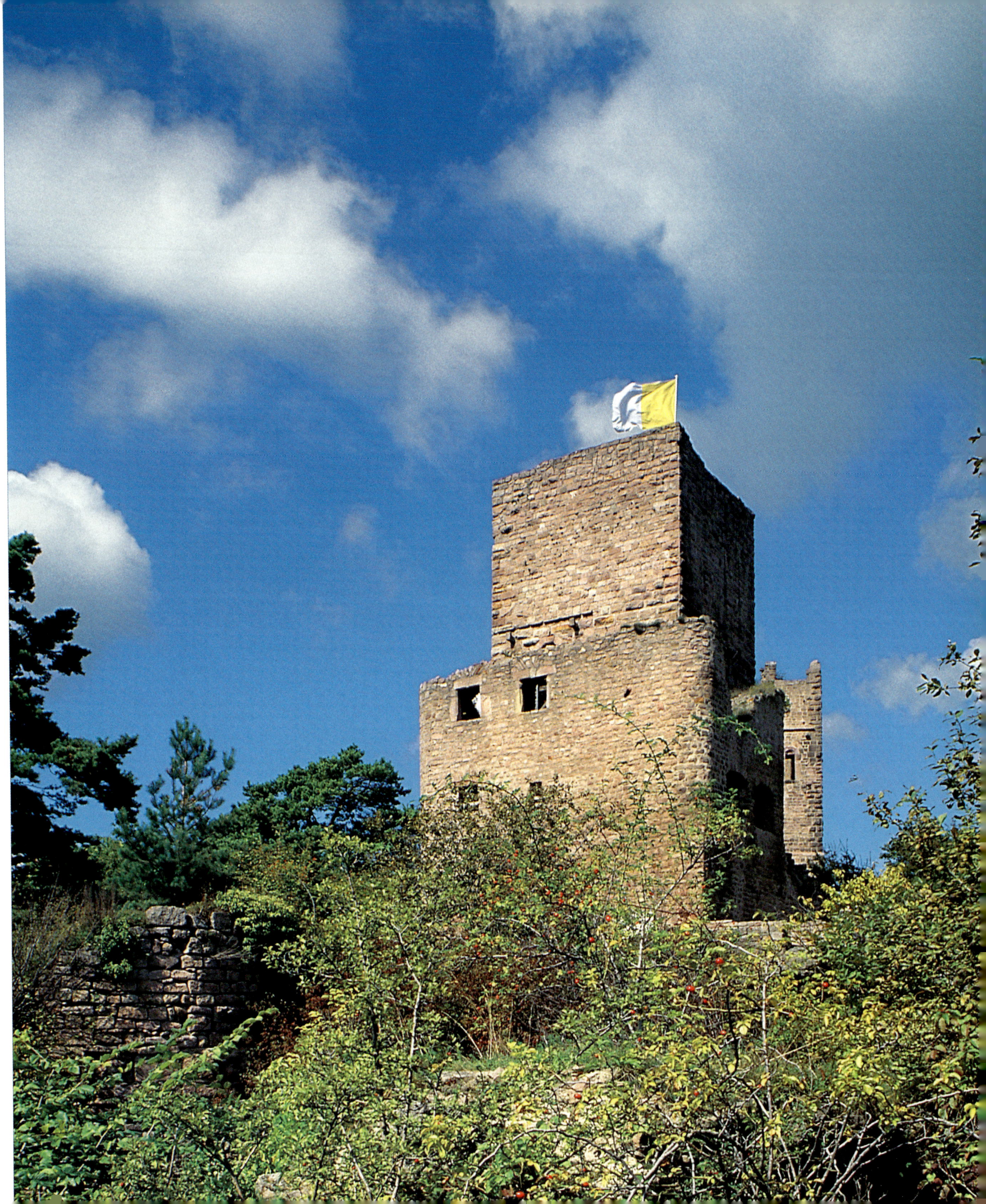

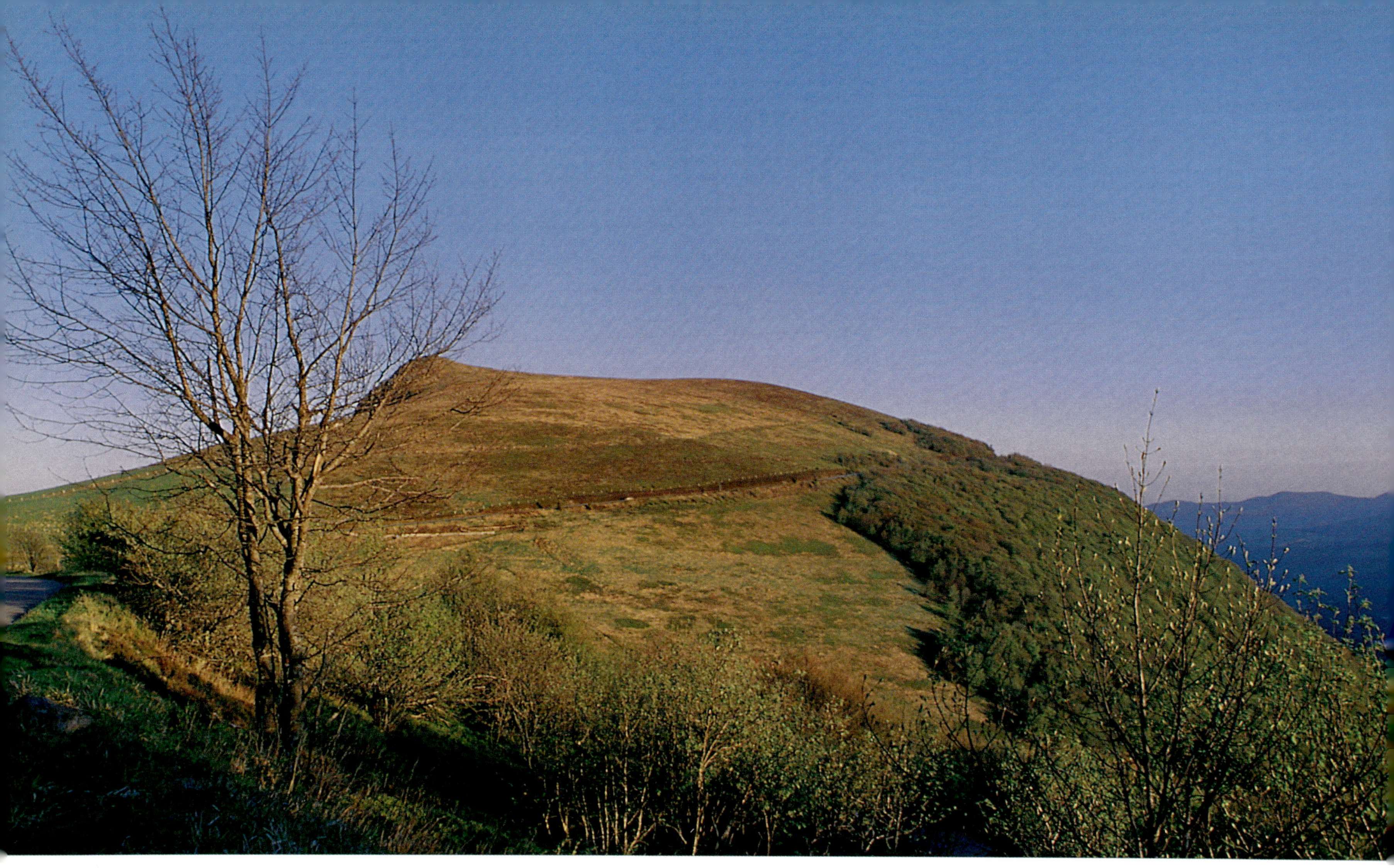

Paysage des Hautes-Vosges.

atouts traditionnels de la cité alsacienne : le château épiscopal (reconstruit) sur la colline envahie par le vignoble, la grande église gothique dédiée à Notre-Dame, illuminée d'une féerique rose parisienne à vingt pétales, l'église des Récollets où flotte la spiritualité des Franciscains (XIIIe siècle), les fortifications médiévales avec la Tour des Sorcières, de nombreuses maisons pittoresques de la fin du gothique et de la Renaissance : l'ancienne Halle au blé, l'ancienne Maison de l'Œuvre Notre-Dame, l'ancien Hôtel de Ville, des demeures des XVIe et XVIIe siècles ornées d'oriels.

L'église Saint-Maurice de Soultz est un moyen programme gothique à façade-pignon, triple nef, transept à tour centrale et chevet droit. Ancienne résidence du bailli, le château de Bucheneck qui date en partie du XVIe siècle abrite aujourd'hui le Musée de la Ville.

Guebwiller est une belle ville active de 12 000 habitants à l'entrée du Florival. Ses trois églises sont des fleurons de l'architecture religieuse en Alsace. Saint-Léger avec sa puissante façade rassemble une dernière fois toute la vigueur du roman finissant. L'ancienne église des Dominicains avec sa haute nef, son chœur élancé et sa svelte tour latérale exprime toute la finesse du gothique rayonnant. Quant à l'église Notre-Dame, construite pour remplacer Murbach dans la forêt, elle introduit dans l'est de la France le grand art néo-classique de la fin du XVIIIe siècle. L'Hôtel de Ville gothique de 1514, agrémenté d'un ravissant oriel, est en fait une ancienne maison bourgeoise construite pour un drapier. À l'angle de la maison, la statue de la Vierge est de la main du célèbre maître d'œuvre et sculpteur Hans Hamme de Strasbourg. Avant d'arriver à Buhl dont l'église recèle un riche retable du début du XVIe siècle (avec la *Vie de la Vierge*, la *Passion* et le *Jugement Dernier*), une petite route conduit à gauche à Murbach qu'il faut voir le matin lorsque les parties orientales resplendissent au soleil. C'est l'une des pages architecturales les plus achevées de tout l'art roman.

À Lautenbach, terminus de notre périple, l'ancienne collégiale Saint-Jean-Baptiste, déjà présentée dans le chapitre des arts, séduit non seulement par son porche, mais aussi par ses vitraux du XVe siècle et par son mobilier du XVIIIe siècle. La chaire de 1717, richement décorée, n'a guère d'équivalent dans toute l'Alsace.

De Colmar à Mulhouse

La sortie Sud de Colmar conduit rapidement à Sainte-Croix-en-Plaine dont l'église gothique et néo-classique abrite un retable de la fin du XVIIe siècle. L'Hôtel de Ville du milieu du XVIIIe siècle se rattache à l'art urbain de l'époque.

Ensisheim, ville de 6 000 habitants, est une étape importante sur le chemin de Mulhouse. C'est l'ancienne capitale des possessions autrichiennes en Alsace. Un palais résidentiel, la Régence, fut construit à partir de 1535. Malgré la date précoce, le style Renaissance est assez pur, avec quelques réminiscences gothiques.

Ensisheim possède d'autres bâtiments de la Renaissance, comme l'Hôtel de la Couronne, avec son superbe oriel (1610). Quant à l'ancien Collège des Jésuites, il a été transformé en lieu de détention. De la belle église-halle à trois nefs de la fin du XVIIe siècle il ne subsiste plus que la façade et la travée adjacente (aujourd'hui chapelle protestante).

L'Écomusée d'Ungersheim ne cesse de s'agrandir et a l'ambition de représenter l'ensemble du monde rural du XIXe siècle. Une chapelle campagnarde a complété récemment la collection de constructions remontées avec amour et compétence.

L'écomusée d'Ungersheim est une remarquable réussite qui évoque d'une façon vivante la vie et les peines d'autrefois. Les bâtiments remontés avec les éléments d'origines proviennent de différentes régions d'Alsace. Ici, un des bâtiments d'une ferme du Kochersberg (fin XVIIIe et début XIXe siècles)

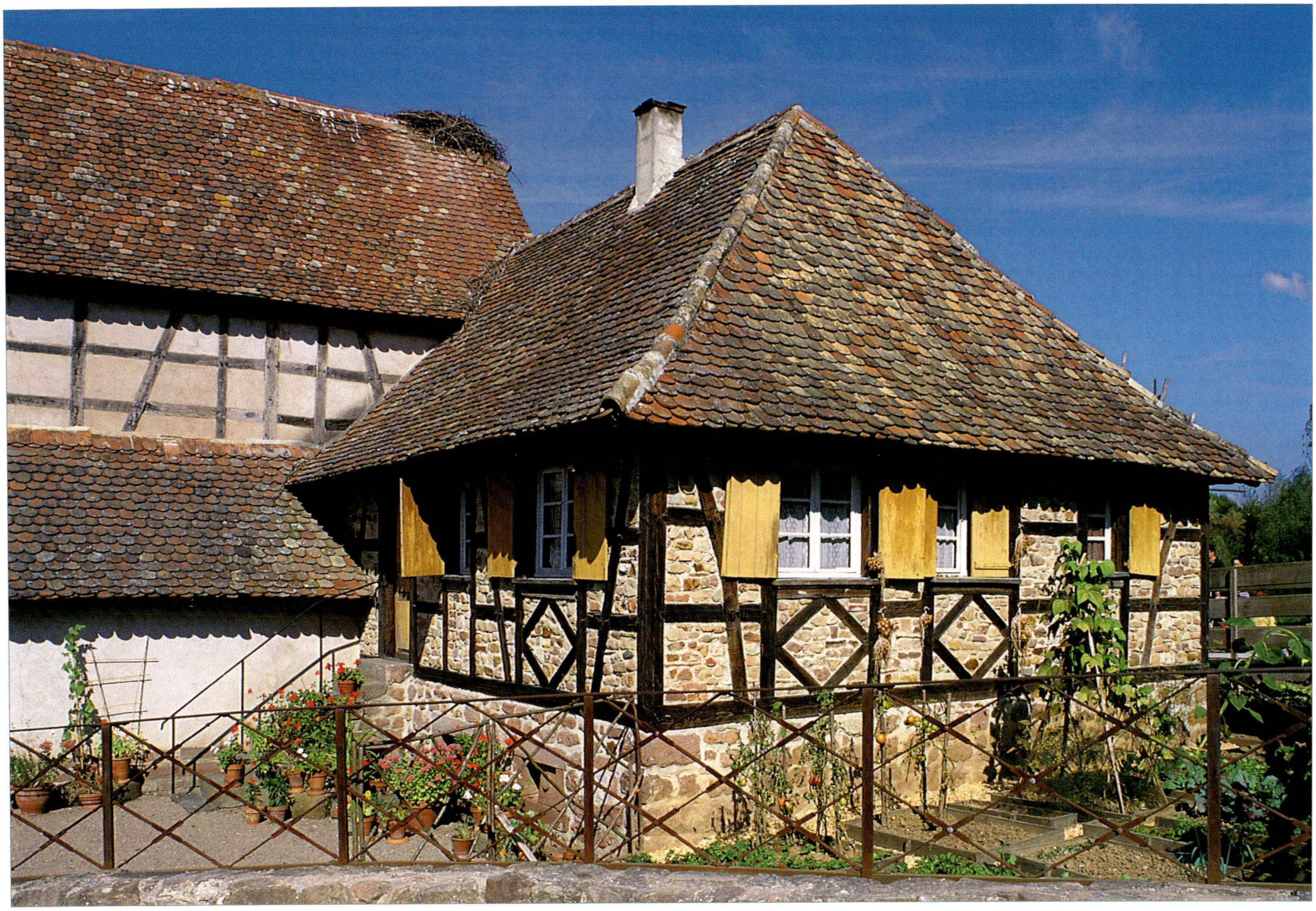

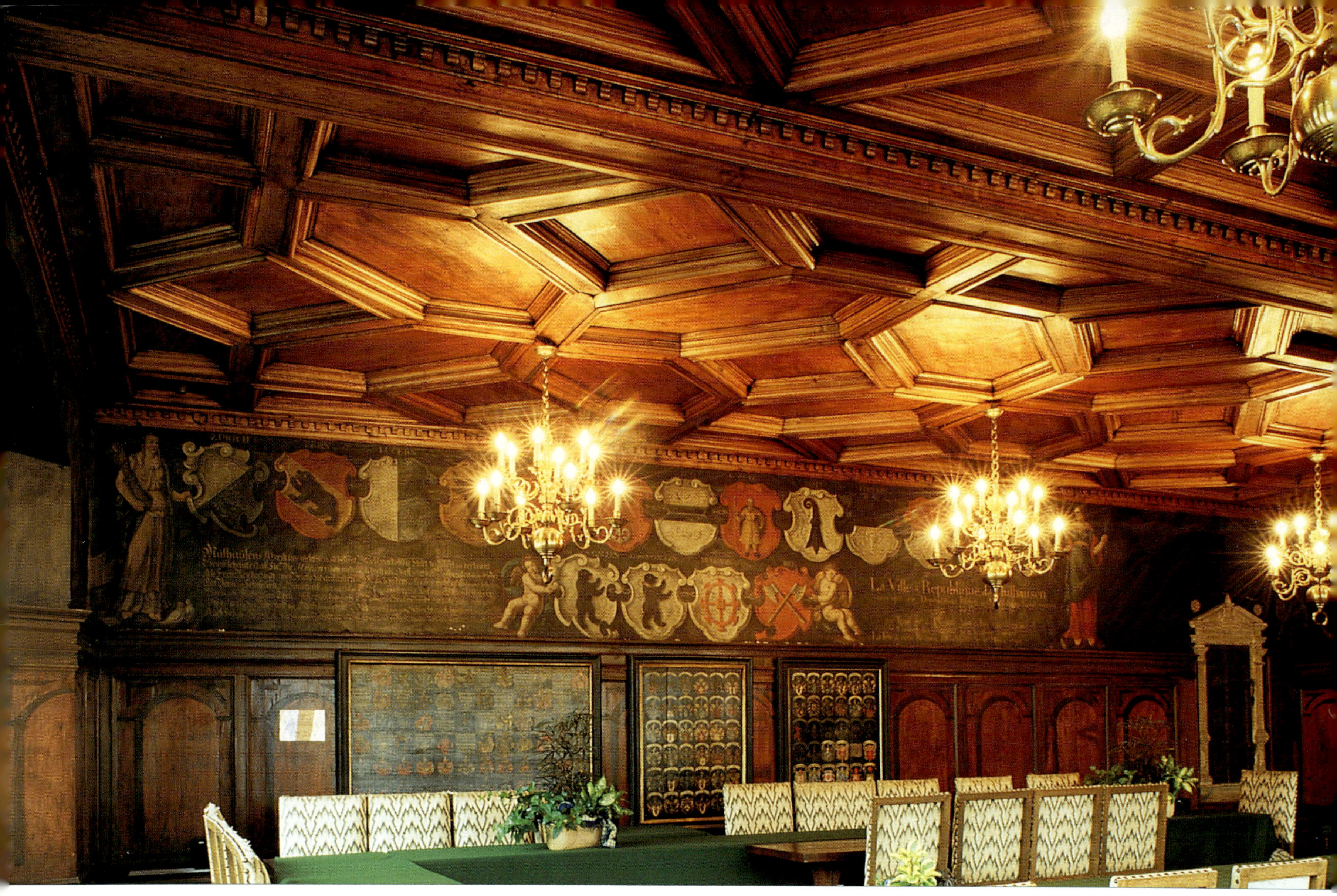

Mulhouse

Mulhouse

Hôtel de Ville, salle d'apparat à plafond à caissons (XVIe siècle).

Ville médiévale citée dès l'époque mérovingienne, Mulhouse eut maille à partir avec l'évêque de Strasbourg. Membre de la Décapole, elle adhéra en 1515 à la Confédération Suisse. Ce n'est qu'en 1798, après de multiples péripéties, que Mulhouse fut réunie à sa demande à la France. L'industrie textile s'était développée depuis 1746.

De la cité médiévale il ne reste que peu de témoins : la chapelle Saint-Jean, de style gothique, les vitraux gothiques du Temple, Saint-Étienne, quelques tours très restaurées de l'enceinte. La Renaissance a surtout laissé le pittoresque Hôtel de Ville au milieu du XVIe siècle. Le XVIIIe siècle est représenté par l'Hôtel Loewenfels (1764). La plupart des bâtiments publiés datent du XIXe siècle : les deux églises Saint-Étienne sont néo-gothiques.

Page de droite : Temple protestant Saint-Étienne. Vaste construction néo-gothique du XIXe siècle.

Le XXe siècle s'est imposé par la Tour de l'Europe qui domine les nouveaux quartiers. Au départ de Mulhouse on peut se rendre à Ottmarsheim en quelques minutes. La célèbre église octogonale a été décrite dans le chapitre conservé aux arts en Alsace.

De Mulhouse à Altkirch et Ferrette

Le Sundgau est caractérisé par une multitude de petits villages de 100 à 200 habitants. Chaque commune a son église et souvent sa chapelle.

À Zillisheim, la chapelle du collège Épiscopal interprète avec talent les recettes du style néo-roman (1866). Au lieu-dit Gereut (les essarts) une plate-forme de tir d'une pièce allemande de 380 qui envoyait des obus de

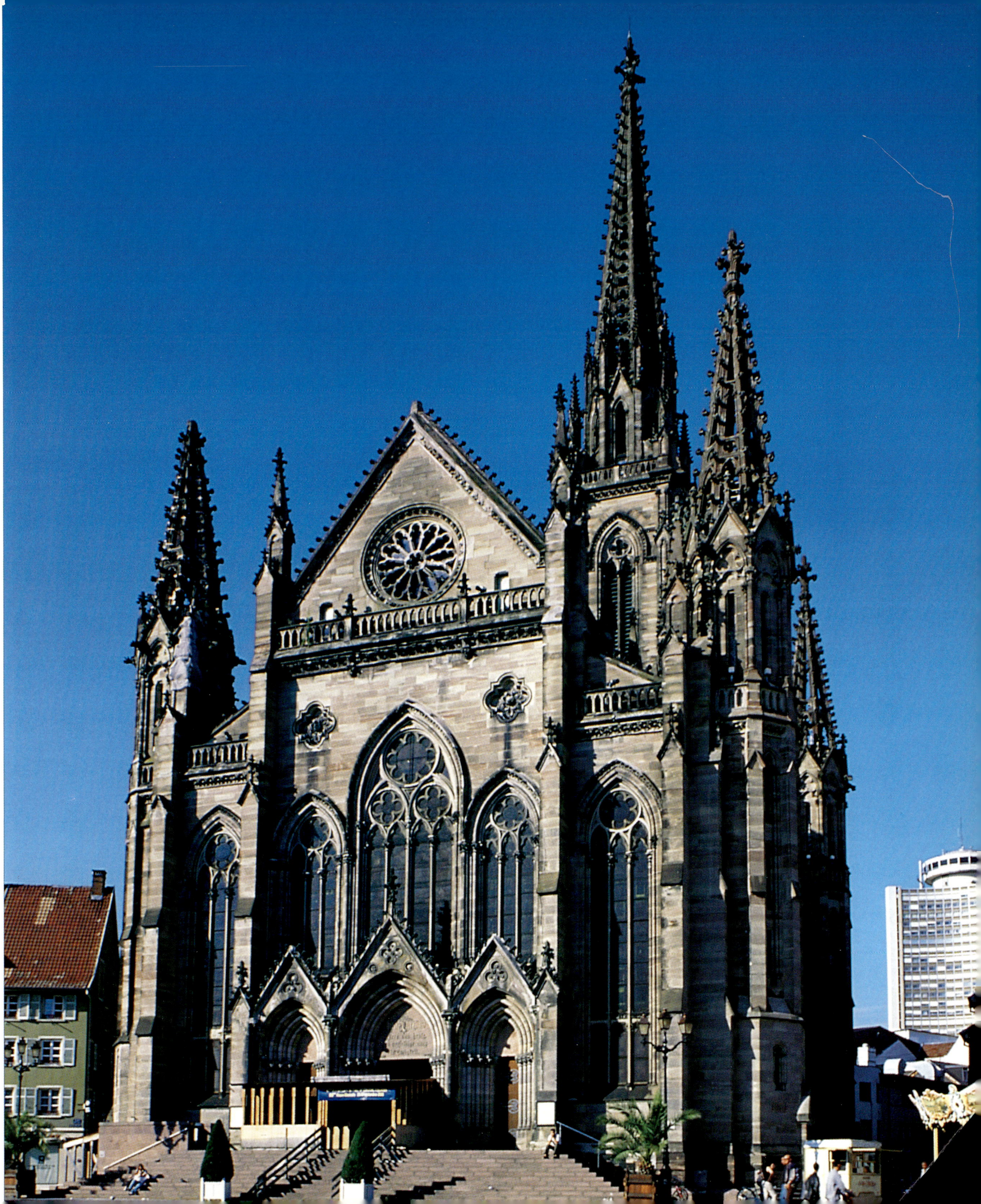

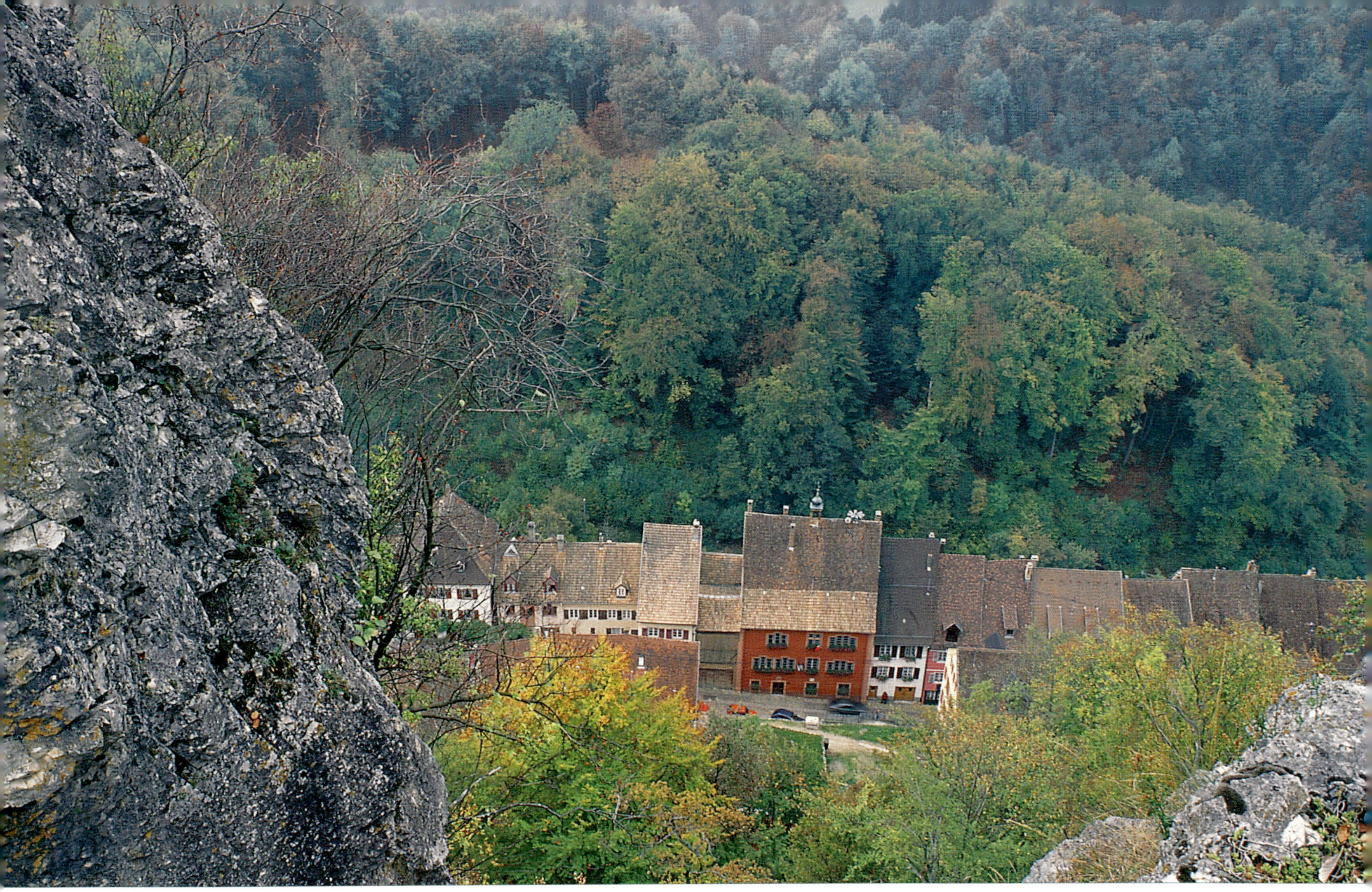

Vue sur la ville de Ferrette du haut de son château.

750 kg sur Belfort est classée parmi les Monuments Historiques.

La chapelle Saint-Martin du cimetière d'Illfurth n'est autre que l'ancienne église-mère de la localité, appelée Burnkirch. Cet édifice gothique conserve des peintures murales et des sculptures du Moyen Age.

À Luemschwiller, l'église abrite un charmant retable flamboyant avec la Vierge à l'Enfant avec sa draperie à plis cassés et deux autres saintes. Les peintures (Voile de Véronique) sont parfois attribuées à Hans Baldung Grien.

À l'origine d'Altkirch se trouve un château des comtes de Ferette. À son emplacement on a édifié au XIXe siècle l'église actuelle de style néo-roman qui marque le début de l'éclectisme dans la région. L'orgue Silbermann provient du couvent d'Unterlinden à Colmar.

L'Hôtel de Ville de style Louis XV est un plaisant édifice à chaînages et fronton triangulaire. L'attribution à Kléber n'est guère soutenable.

L'Hôpital Saint-Morand, construit par les Jésuites au milieu du XVIIIe siècle, renferme une chapelle intérieure ornée de peintures marouflées qui seraient l'œuvre de Giuseppe Appiani (1768). L'église du pèlerinage Saint-Morand, reconstruite en 1885 en style néo-roman, sert d'écrin au tombeau du saint (XIIe et XVe siècle). On y voit aussi le tympan roman de l'ancienne église avec le Christ entouré de Pierre et de Paul.

En passant par Feldbach (dont l'église romane a été analysée dans le chapitre consacré aux arts) on arrive à Ferrette non loin de la frontière suisse. L'église Saint-Bernard-de-Menthon est pourvue d'un clocher d'avant-chœur qui sépare la nef néo-flamboyante du chœur gothique polygonal (XIIIe siècle). Les deux châteaux sont très ruinés : de l'un subsiste la base d'un puissant donjon carré et une muraille flanquée de tours rondes.

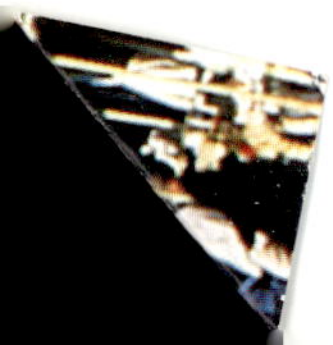

De Mulhouse à Thann et Masevaux

Vieux-Thann est en quelque sorte un faubourg de Thann et a partagé depuis des siècles les heurs et malheurs de sa grande voisine. Son église gothique du XVe siècle se singularise par un clocher d'avant-chœur, ce qui est plutôt rare en Alsace. Le mobilier riche et varié comprend un Saint-Sépulcre flamboyant, des vitraux du XVe et du XVIe siècle, des autels et une chaire du XVIIIe siècle.

Ville de 8 000 habitants, Thann se groupe autour de son ancienne collégiale, souvent appelée la cathédrale, mais qui n'a jamais été église épiscopale. L'édifice gothique a été commencé vers 1320 par la nef à collatéraux. La façade, entreprise vers 1342, ne fut terminée qu'au XVe siècle, alors que le chœur fut entamé en 1351. Le clocher sud, haut de 76 m, s'acheva en 1516, tandis que le clocher nord symétrique resta inachevé. L'église est non seulement une merveille d'architecture, mais aussi un musée exceptionnel de la sculpture gothique. Le grand portail, haut de 18 m, rassemble des centaines de sujets. Enfin, des vitraux d'une rare splendeur transfigurent le vaste volume intérieur.

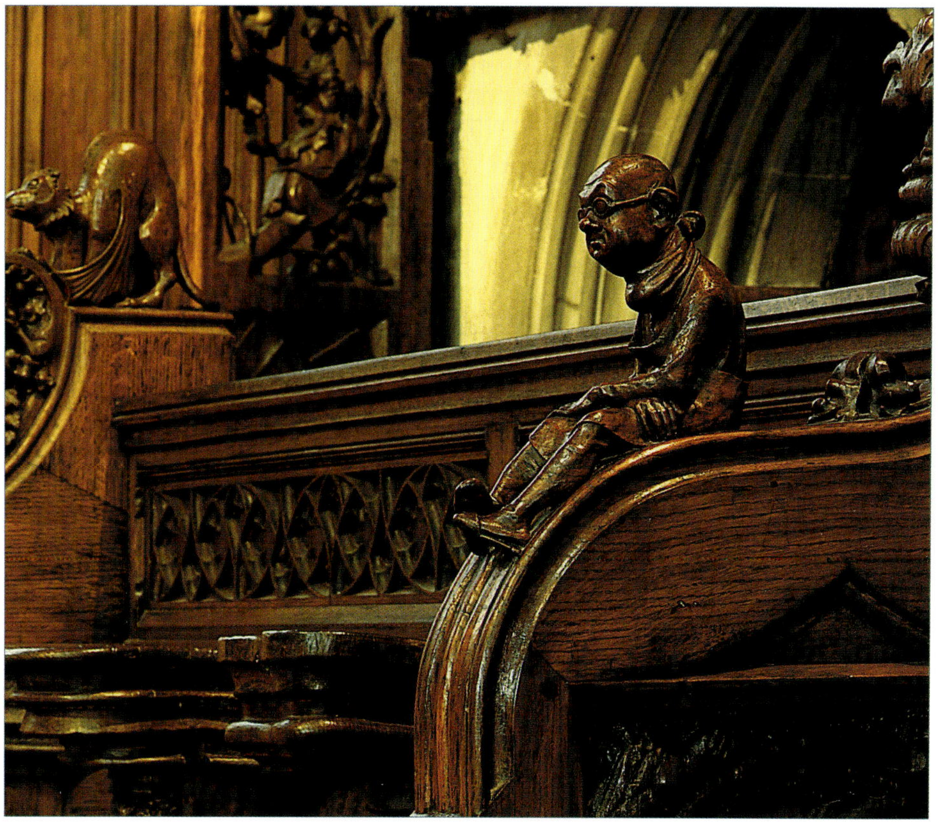

1

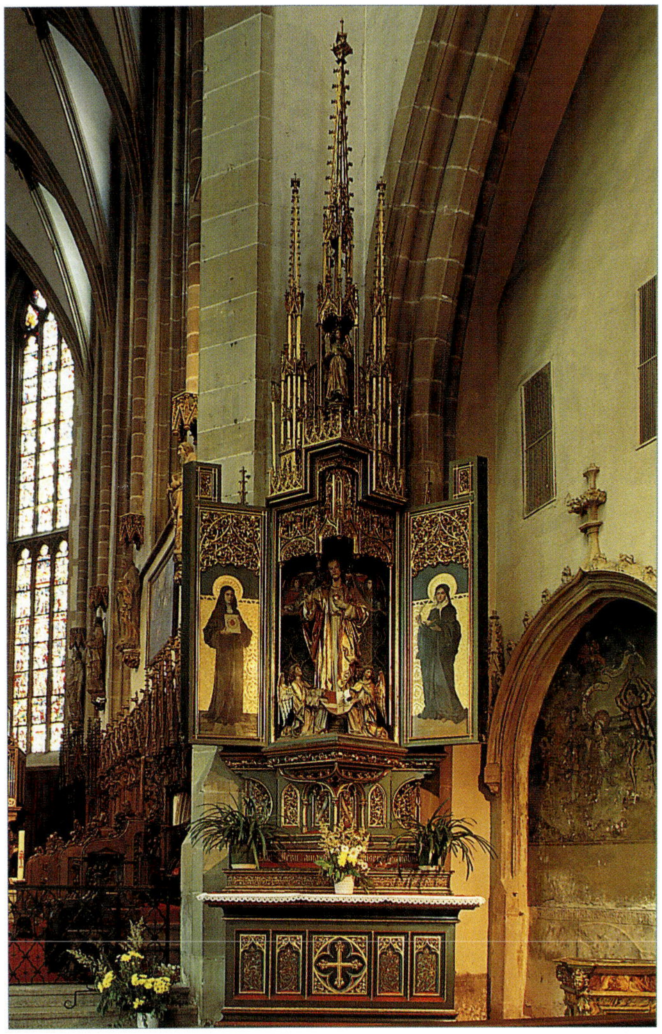

2

Parmi les autres constructions il faut faire état de l'Hôtel de Ville, dû à Jean-Baptiste Kléber, le futur général de la Révolution. De l'ancien château, l'Engelsbourg, il reste une section du donjon cylindrique, appelée l'« Œil de la Sorcière ». De Thann on gagne Masevaux par une route sinueuse. Succédant à l'abbaye bénédictine fondée à l'époque mérovingienne, un chapitre noble de chanoinesses se consacra à l'éducation de jeunes filles de grandes familles. Parmi les jeunes pensionnaires se trouvait en 1744 la future Catherine de Russie. L'église abbatiale gothique a été partiellement détruite en 1859. Il en reste cependant le chœur à quatre travées et une chapelle à étage. Un beau tympan sculpté montre l'Adoration des Mages (fin du XIVe siècle).

L'église Saint-Martin de 1842 a été reconstruite à l'identique après un incendie survenu en 1966.

Ancienne collégiale de Thann

1 : « L'homme aux lunettes », sculpture moderne (début XXe siècle).

2 : Autel du Sacré-Cœur de Jésus daté de 1895.

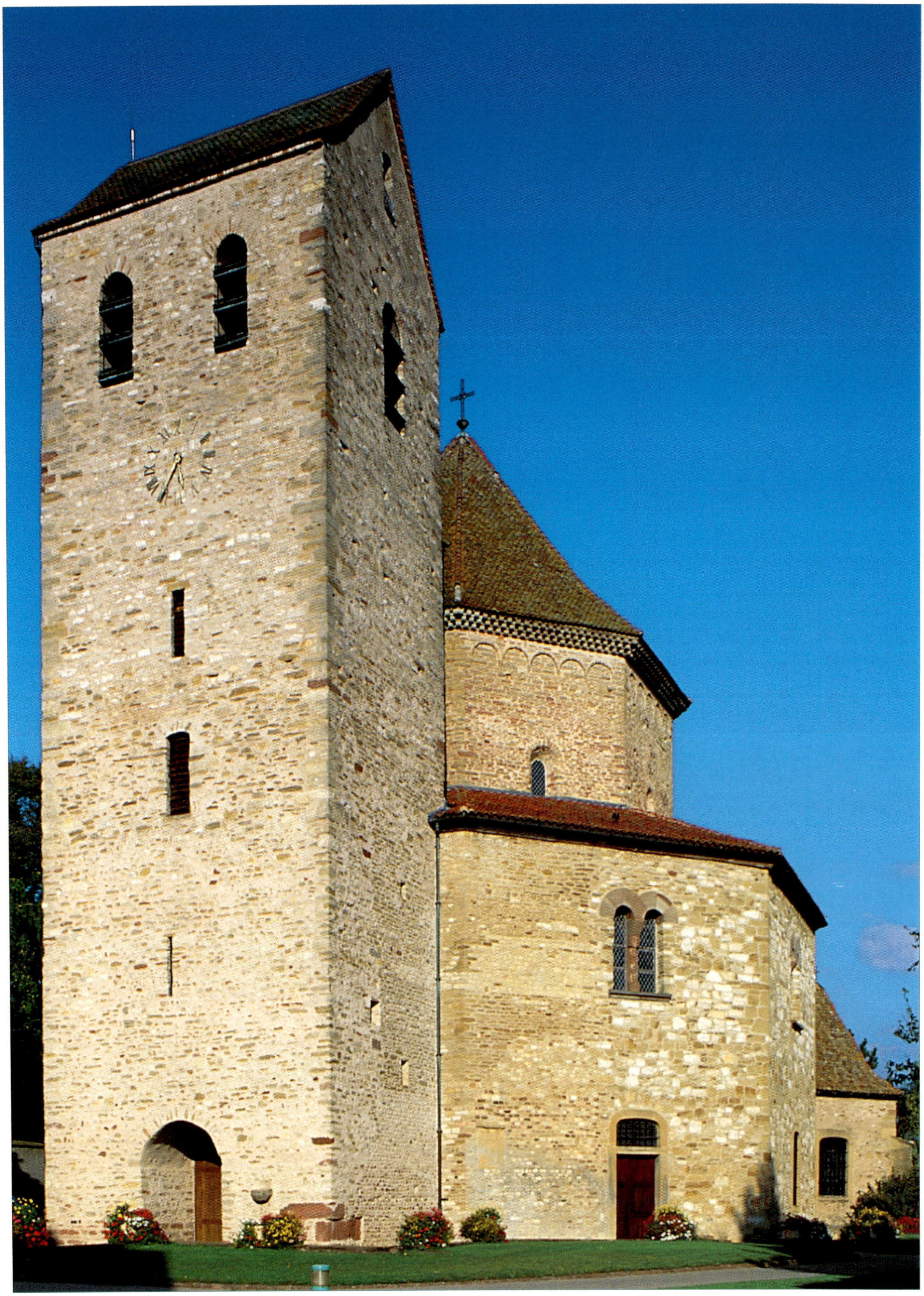

Ancienne église abbatiale d'Ottmarsheim (XIe siècle). Édifice octogonal qui s'inspire de la chapelle palatine d'Aix-la-Chapelle.

Table des matières

L'Alsace au fil des siècles 7

L'art en Alsace des origines à nos jours 21

Strasbourg au carrefour des routes du destin 51

De Strasbourg à Wissembourg 56
De Strasbourg au château de Lichtenberg 58
De Strasbourg à Saverne et en Alsace Bossue 60
De Strasbourg au Struthof 64
De Strasbourg au Mont Sainte-Odile 68
De Strasbourg aux châteaux de Scherwiller 72
De Strasbourg à Sélestat 74
Sélestat, ville des humanistes 75
De Sélestat à Sainte-Marie-aux-Mines 76
De Sélestat à Colmar 78
De Colmar à Kaysersberg et Orbey 81
De Colmar à Munster 82
De Colmar au Florival 84
De Colmar à Mulhouse 87
Mulhouse 88
De Mulhouse à Altkirch et Ferrette 88
De Mulhouse à Thann et Masevaux 91

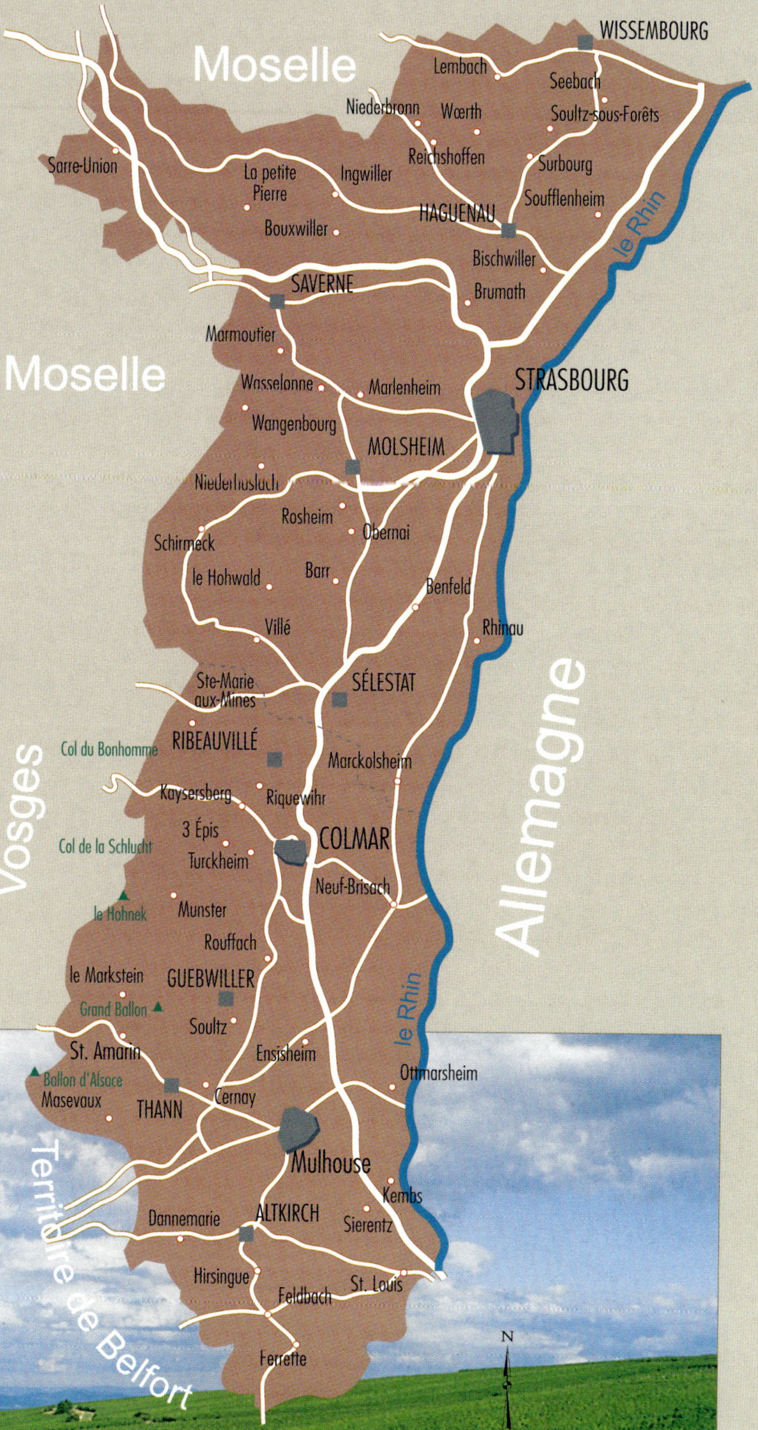

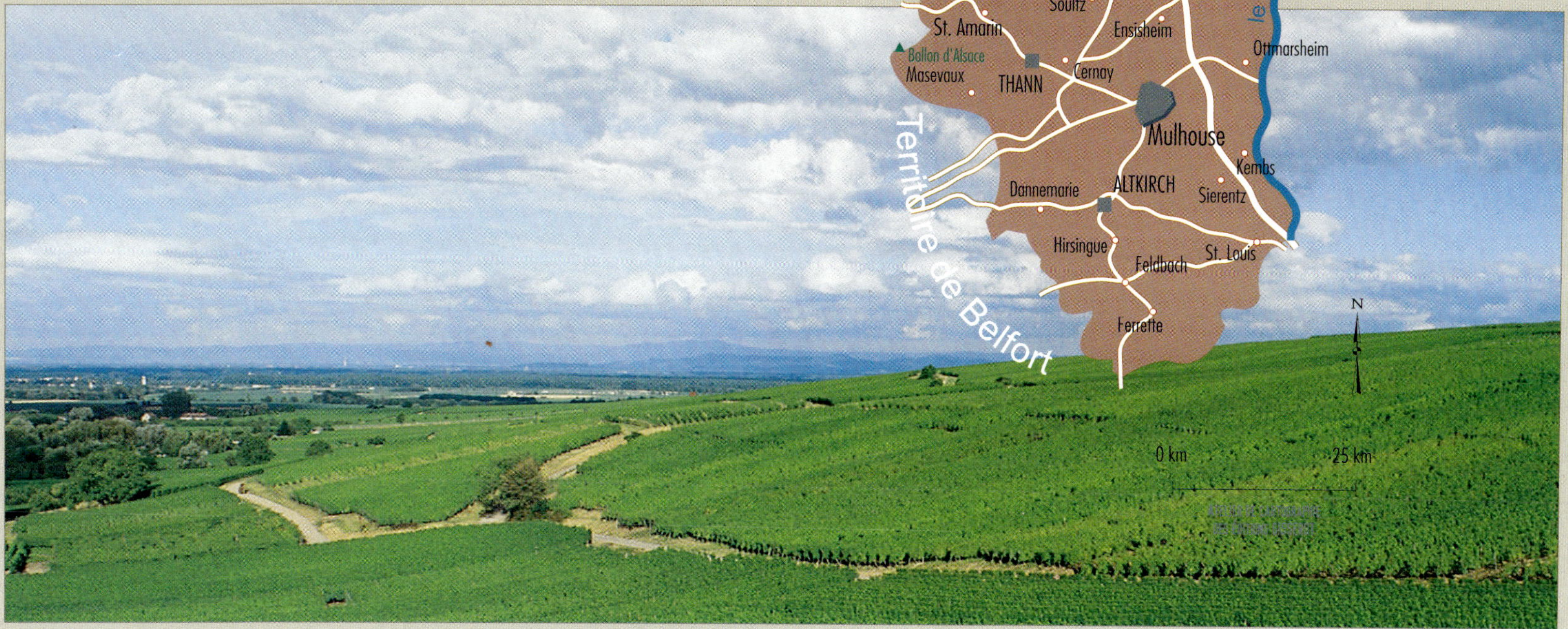

Vignes d'Hunawihr.

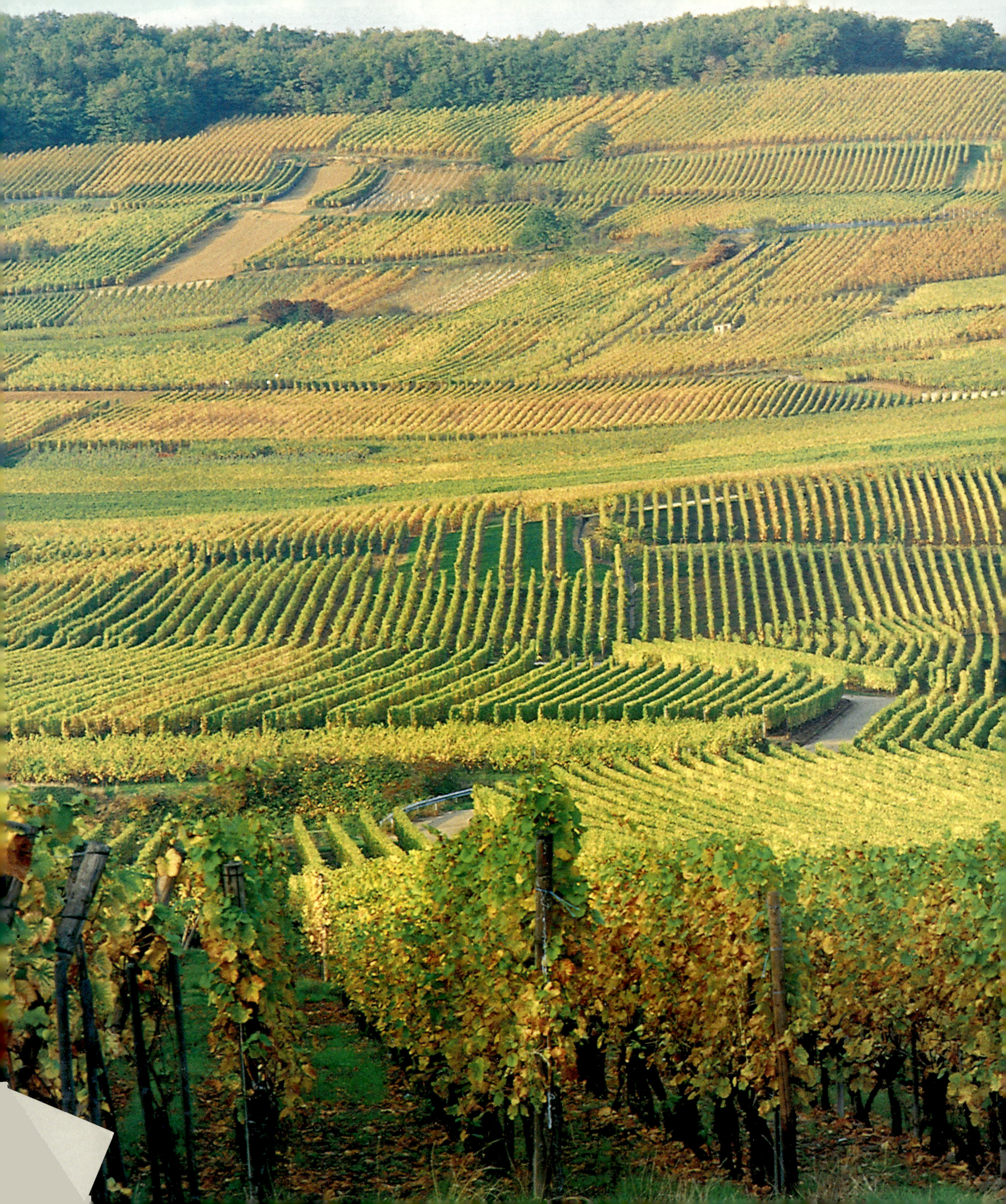